西贝CEO工作日记

董俊义
著

企业管理出版社
ENTERPRISE MANAGEMENT PUBLISHING HOUSE

图书在版编目（CIP）数据
西贝CEO工作日记 / 董俊义著. -- 北京 : 企业管理出版社, 2025. 8. -- ISBN 978-7-5164-3344-7
Ⅰ. F719. 3-53
中国国家版本馆CIP数据核字第20255AX011号

书　　名：西贝CEO工作日记
作　　者：董俊义
责任编辑：韩明慧
书　　号：ISBN 978-7-5164-3344-7
出版发行：企业管理出版社
地　　址：北京市海淀区紫竹院南路17号　　邮编：100048
网　　址：http：//www.emph.cn
电　　话：编辑部（010）68414643　发行部（010）68701816
电子信箱：qiguan1961@163.com
印　　刷：天津创先河普业印刷有限公司
经　　销：新华书店
规　　格：145毫米×210毫米　32开本　13.75印张　369千字
版　　次：2025年8月第1版　2025年8月第1次印刷
定　　价：78.00元

谨以此书献给我热爱的西贝。我们一起喜悦奋斗！

人们喜悦地工作

董俊义

“人们喜悦地工作”，是我的人生召唤。

在西贝 33 年，我的人生召唤一共改过 3 次。

最开始我的人生召唤是“人们感受到爱，实现人生价值，创造喜悦人生”。

后来我体会到：其实人不要给自己设限，追求“实现人生价值”也是在给自己设限。于是我把它改成“人们喜悦地创造一切可能”。

最后，又把它改成“人们喜悦地工作”。

字越来越少，越来越简单，越来越“放下”了。

放下什么呢？什么都放下，化繁为简，活在当下。

我发现这 3 个人生召唤，正好是 3 个层面，很有意思。

第一个，“让人们感受到爱，实现人生价值，创造喜悦人生”，还是在物质层面上要实现个人价值，要有成就。那时候我还不明白从满足物质欲望一直到创造喜悦人生这个过程恰恰不能完整体验到“喜悦地工作”。

为什么只有工作而没有生活呢？顾客来西贝体验的生活正是咱们的工作，其实这也是咱们的生活啊！大家都在人间，这就是“人间烟火气”。

喜悦地工作，不再紧张地创造什么价值，不再为业绩焦虑，才有可能回到当下，专注当下，活在当下，“创造一切可能”。

“人们喜悦地工作”，完全可以“落地”，因为过去、现在和未来都在当下。

我常说这句话“工作是为了开心”。

当你只想“追求”什么时，那就不能开心，这个过程太痛苦了！工作本来就是为了开心，所以我们为什么不开开心心地工作呢？

2024 年春节以来，我一直不停地焦虑着，还任由焦虑不断地升级，我好难过。其实就是因为我心里想着业绩。我既不想当逃兵，又想把生意做好，这样就给自己增加了很多压力，包括道义上的压力。

最后我想到，身体都垮了，还要啥呢？老板给我讲的是：身体是 1，没了 1 后面的 0 都不重要。

我终于想通了，其实这都是老板给我的命题，就是让我想通的命题。通了我就彻底自由了、自在了、自主了，可以活在当下，喜悦地工作了。

因此，我的人生召唤的 3 次改变，都直接反映了我当时的心性和真实处境。

这本工作日志，是我近年工作阶段性的汇编。以下是我做过的一份普鲁斯特问卷，也是阶段性的总结。

注：我的人生召唤——人生召唤就是一个人的最终意图（比如西贝最终意图是“创造喜悦人生”）：这辈子为什么而活？想活成什么样？什么状态最鼓舞自己？在领导力教练的帮助下，每位西贝干部都找到了自己的人生召唤。

我的普鲁斯特问卷

时间：2024 年 11 月 20 日

01. 你觉得最完美的幸福是什么样的？

当你在专心工作的状态、心流的状态当中，那你就是幸福的。

02. 你最大的恐惧是什么？

我最大的恐惧是怕自己丢面子，因为面子是心里的底线，那眞是煎熬。现在放下了，是在 2024 年 10 月 5 日放下的。

我原来的想法是：我要低调，若不低调别人就会把你灭掉；现在明白：面子不能当饭吃，而是给狗吃的。

03. 你最痛恨自己的哪些特质？

我没有自己不接受的特质，我喜欢自己，包括我的黄牙、驼背和近视眼。

04. 你最痛恨别人的什么特点？

懒，不靠谱，不按标准来，不一以贯之；靠嘴皮混，会说的不会干，会干的不会说。

对不喜欢的人，我就少接触，面子上还要过得去。

05. 还在世的人中你最欣赏谁？

曹德旺，因为他靠谱，不装，特别朴实。

06. 你最大的奢侈品是什么？

手表吧！各种表我都买过，比如宝博、劳力士。自己爱一下自己，满足一下自己的虚荣心。

07. 你目前的心境怎样？

相当爽！2024 年 10 月 5 日之后就相当爽！老板去了精英训练营，问同事我啥时候来，我说我请假了，让同事如实回复。我请了半个月假，因为我 4 年没有休息了。晚上 10 点多老板又给我发语音，让我 7 日去。我回信说："我带上韩茹，10 日再来，咱们按规矩来，我已经请假到 10 日了。"他说："好好好，那就按你的来。"老板让我去，我该不该去？我不能把老婆放下就去。什么事就是什么事，你不喜欢就不喜欢，一点没有纠结。之前随叫随到，会放下一切，随时挤压自我。有时候内心有想法也必须服从工作安排。10 月 5 日以后，我就有了自己的标准，放下了，回到常规的标准之中，回到内心的自我节奏了。

08. 你认为哪些美德是被过高评价的？

忠诚、能力强。这是最基本的德行。我经常要对标的，哪怕说"放下"，我内心也有一个对标。我不会让你想得我会有多差，我的门店即使拿不到第一也绝不会倒数第一。

09. 什么情况下你会撒谎？

不同频我肯定会撒谎。不要跟任何人嘴上争输赢，因为争输赢没有意义。我现在放下了才知道很难，市场环境不断变化，你很难持续地挣钱。有时候听各分部老大算账的逻辑，我能听出来哪些是真实的、哪些是敷衍的。

10. 你对自己的外表哪一点不满意?

没什么不满意，从小到现在我都没有什么不满意。上帝就是这样对你的，那你为什么要管它呢？只有活出自己来。

11. 还在世的人中你最鄙视谁?

身边的人都是上帝的安排，所以我不至于鄙视谁。上帝是谁？上帝就是自己嘛！对身边的人，我就得包容。10 个高管当中有 9 个不行，达不到预期，我也要包容。如果非要我说鄙视谁，那就是职场老白兔——油腻员工。

12. 你最喜欢男性身上的什么品质?

坚韧。

13. 你最喜欢女性身上的什么品质?

有气质。

14. 你最常使用的词语或短语是什么?

别瞎想，我说啥你对啥，别瞎扯，别扯远了。

15. 你这一生中最伟大的爱是谁 / 什么?

我最爱“我是不是牛人”这件事，我会看高管们在综合项上还有谁比我更牛。

16. 何时何地让你觉得最开心?

投入、专注地工作的时候。

17. 你最想拥有哪种才能？

给人们赋能，把坚韧不拔的品格传递下去，传帮带。

我老怀念当店长的感觉，给大家赋能。

18. 如果能够改变自己，你会去做哪件事？

学习养生。

19. 你认为自己最大的成就是什么？

现实版的自己。

20. 如果有转世，那你希望自己成为什么样的人或物？

我若是有来生，一定会多读一点书，踏踏实实地找个师父学习。因为我读书太少，去学习的时候我对老师讲的内容究竟是什么含义理解不了。一开始我很恐惧，讲的我也听不懂，慢慢地才一点点听懂了。到美国学一堂心灵成长的课程，我都不愿意去。我读书这么少，去干啥呢？老板激我说："你有脑子吗？"我说"有"。"有耳朵吗？""长眼睛了吗？"我那个教练（指老板）太厉害，我成长的 99% 都靠他。他给我一张表让我填，又把我难住了。上课填不了表就到不了会议室，那我就不上了。老板看见了，就让齐立强帮我填写。听完课程之后，我们在华东建了个西贝大学。

21. 你最想住在哪里？

包头。我在农村也有房，逢年过节还回老家。

22. 你最珍贵的财产是什么？

我在西贝这 33 年的经历。

23. 你认为程度最浅的痛苦是什么？

失恋。这种事是缘分。我最开心的是我的缘分都按自己的梦想一步步地实现了。

24. 你最喜欢的职业是什么？

当教练，特别是领导力教练。领导力最重要的是全力以赴，最核心的是区辨力，懂人性，保证全力以赴。

25. 你最显著的特点是什么？

能牺牲自我，把自我克制住；用服务心态面对老板和分部老大、各个管理层，把自己融入西贝的战略和事业中；几乎可以做到“无我”，即使这个“无我”过程没有那么丝滑，也是一定程度的牺牲。跟老板之间的这种互动，我每时每刻都想着老板的意图是什么、想达成什么样的成果。有人说，贾国龙拥有董俊义是幸运，董俊义拥有贾国龙是幸福。我非常有归属感，也很煎熬，但其实更主要的是归属感。我清晰地知道自己的命运是什么，对这个是有确定性的。

26. 你最看重朋友的什么特点？

放下，什么时候都能放下。例如，55 岁的同事周昕又去美国开店，有松弛感、节奏感，活得通透，该做啥就做啥。

27. 你最喜欢的作家是谁？

二月河。

28. 谁是你心目中小说里的英雄？

《大染坊》里的陈六。

29. 你最认同哪位历史人物？

汉武大帝，他坚韧不拔，为我们的国家开疆拓土，是绝对的伟人。

30. 谁是你现实生活中的英雄？

贾国龙。

31. 你最喜欢的名字是什么？

董琦瑶，也即我女儿的名字；董俊义，我大哥给我起的名字。我大哥比我大 16 岁，叫董体俊，二哥叫董俊生。梁山有个卢俊义，大哥就给我取名“董俊义”。马姨（西贝创业史上的功勋干部）讲过我的名字对我的身体不好，但对我的事业很好。上帝给了这个就不给那个，哪有那么多全能选手？

32. 你最不喜欢什么？

悲哀、悲观。人活到啥程度自己没点数吗？团队里有很多悲观的人。我就问他：“第一你是不是人？第二你是不是男人？这样活着有啥意思？要不你讨吃的去，讨吃很难的。”让他讨吃去，什么焦虑都没有了。在我们老家巴彦淖尔有间华澳大饭店，开业 23 年了，我每次回去都看到一个人在那饭店门口讨吃。我说这样的人可不能让他在我们西贝的店门口站着，否则就有败相了。我经常给他刷 30 块钱，可是一旦你不在他就会又去门口站着。美国讨吃的叫“流浪汉”，遇到你会跟你要烟。美国在酒店门口划有黄线，流浪汉不能进黄线以内讨吃，客人也不能进黄线之内抽烟。不过我再也不想去美国了，洛杉矶的大街上不是尿味就是大麻（吗啡）味，满大街搭着流浪汉的帐篷，贫民区没人管，晚上不敢乱跑。龙龙总是七八年前去的美国，他是第一届西贝好汉（类似西贝卓越领导者的至高个人荣誉），当年总共3位；我是第二届的西贝好汉，总共8位；第三届13位；到2025年共评选出六届61位西贝好汉。

33. 你最大的遗憾是什么？

父母没有得到我的直接回报。

34. 你希望自己以哪种方式离开这个世界？

这个好像不是自己能决定的，我想最好不要给别人添麻烦。久病床前无孝子，因为我能看到我爹娘的去世：我爹得了肺气肿，前后没有一个月就走了，只有67岁；我娘得了骨癌，天天打杜冷丁，61岁时没的。我过上有品质的幸福生活时，爹娘都不在了。我二爹，得了尿毒症，一个月打一针，一针9 000块钱，坚持了3年，我出钱。活着时给他过寿，没了之后给他操办白事，都是我出钱。我爹交代我照顾好二爹，我安慰我爹，让他老人家放心。我就想老年人的眼光怎么那么厉害？为什么他偏偏跟我交代？最后还是他的眼光厉害，早就觉得有可能我能成才——虽然我那会儿还在打工。我娘临终时交代我：把你二哥照顾好。我二哥二嫂有1个孩子，二哥特别善良。其实老人一句话就会把你带入那个命运般的场景。

35. 你的座右铭是什么？

从未被认可，一直在超越。

◀ 图 1

董俊义（左一）童年照

图 2 

21 世纪初，董俊义硬碰硬地带领包头海鲜店扭亏为盈

◀ 图 3

西贝大学的特聘教授董俊义

图 4 ▶

2020 年秋天，内蒙古阿尔山，贾国龙、张丽平为董俊义颁发西贝最高荣誉“西贝好汉”

◀ 图 5

2024 年春，董俊义在美国旧金山金门大桥下

图 6 ▶

2018 年 12 月，在澳洲参加女儿大学毕业典礼时全家合影

目录

2020年

9月5日—12月31日

我们缺的不是能力，而是信念。有了信念，才能找到力量。

我们的工作没有高难度动作，只有基本功。不玩花招，不走捷径，不取巧。

最关键的是和公司战略同频，链接老板意图，链接公司战略，战略的一致性比战略的正确性更重要。

2020 年 9 月 5 日

今天和忠其沟通了“草原美食节”的产品规划，主要是突出羊肉系列，增加羊汤产品、羊肉的组合产品，聚焦于牛羊莜产品上，进一步深挖。

2020 年 9 月 9 日

今日休息，在家里吃了功夫菜酸菜鱼、咖喱鸡泡米饭，觉得很好吃。

2020 年 9 月 13 日

今天和忠其、马燕、北京分部的老大一起讨论确定了新的顾客满意度问卷，对问卷的措辞进行了反复沟通讨论。新的问卷在表述上简单明了，让顾客能准确地理解我们想要调查的内容。

下午听取了 4 季度服务和厨务裁判方案，在此过程中进行了互动沟通。聚焦做好基础管理，激发一线员工的活力；守住底线，遵循标准，奖励创新，导向胜利。

2020 年 9 月 14 日

上午和白丽沟通了营销工作，和严谨沟通了会员工作，和李春瑞沟通了亲子活动和魔术环节，确认了魔术环节是加分项。老板说，变魔术要找专业人员才能给门店加戏加分。接下来，确定亲子活动和魔术是门店加戏，不但要做，而且要做足。要按照时间节点落实每家店的儿童墙，还要请专业的魔术师。

下午老板给我们开了会，感受到自己的想法和老板的还是有差距的，所以还要不断地提升、调整自己。只有眼量放大，看到未来，境界才能不一样。

2020 年 9 月 16 日

今天看了慧姐的分享，我的洞察和区辨是：

第一，做生意是种文化。顾客要的是饭菜、服务、环境三位一体的综合体验。

顾客要的是需求，我们给的是价值，不只是物有所值，而是物有超值，缺了三位一体顾客就会觉得不值。西贝有自己服务的客户群体，低价不是我们的方向。

第二，要思考在现有的菜单框架内销售手段是什么、怎么往上提拉，形成销售主张的组织文化。

2020 年 9 月 17 日

今天盯全国甄选展车管理。商品没货的，展车该撤就撤，不能空荡荡地出现“败相”，要保证甄选展车的氛围感。分部老大和支部经理要盯一下门口摆放的东西，不能有“败相”。

2020 年 9 月 22 日

今天召开了分部 4 季度工作沟通会。

安排落实功夫菜植入门店档口工作，由支部经理负责寻找门店黄金位置，提前计划功夫菜销售。

落实“那达慕美食节”原料申购计划，细化门店产品推荐销售工作，烘托门店美食节氛围。

2020 年 9 月 24 日

今天上午听了魏骅然对各个部门的汇报，计划把每个部门内部重复的职能合并成立后台，由后台服务支持各个部门，以提升效率。

今天下午听了双子广告和华与华关于“那达慕美食节”的汇报，现场进行了沟通梳理，27 日将再次汇报。

2020 年 9 月 25 日

上午参加了人才盘点会议。人才盘点工作基于公司未来的发展展开，只有了解员工现状，才能有针对性地提升他们的能力。

下午参加了秀松总主持的食品安全会议，明确了食安和安保工作意外事件报备流程和完善机制。

注：西贝人才盘点制度。人才盘点是通过定期对内部人才进行梳理、评价和再配置的过程。

2020 年 9 月 26 日

上午参加了物资部人才盘点。

第一，人才盘点是工具，不是盘点现在的人才水平是什么样的，而是要通过工具摸底支撑人才不断地得到提升，把工具用好。

第二，人才盘点最核心的是促使员工成长，通过人才盘点，员工有了提升，企业才有发展。

下午去蓝色港湾看了春瑞组织的魔术师现场表演，魔术师表演专业自信，店长在现场忙着带客，候餐喊号的声音和魔术表演的音乐声混杂，思考魔术如何才能和现场融为一体。

2020 年 9 月 29 日

今天继续落实“那达慕美食节”工作。全国门店有节奏地分 3 批落标。第 1 批每个支部选一家店打造成标准版样板店，其他门店再分成两批，按样板店的标准落标。

2020 年 10 月 6 日

今天会议收获：

一、对“管理升段，体验升级，品牌登顶”的理解更深了。意愿度不代表能力，能力是要下功夫，投入时间精力去不断提升的。

二、稻盛和夫曾经讲过：“我们缺的不是能力，而是信念。有了信念，才能找到力量。”事情还是那个事情，不能让事情把人堵住。团队最大的堵点就是沟通不畅，有了信念你就会主动去沟通，解决堵点，发现真正问题，找到真正解决方案，把事情做成。

三、OKR（Objectives and Key Results）中的 O 就是目标。挑战目标时，市场是变化的，管理是动态的，对于管理者来说，就是要随机应变，见招拆招，面对危机要敢于变革、探索，才能达成目标。

注：OKR（Objectives and Key Results）是帮助组织实现目标管理，推动执行与协作的工具。在使用过程中通过持续跟进 OKR，激发西贝伙伴挑战高目标，创造高价值。

2020 年 10 月 7 日

今日感受：

看了电影《夺冠》之后我想到我们的功夫菜事业，下面分享两个关键词：

第一个关键词：信念。中日女排赛事中中国女排不畏强队，一分一分地往上打，拿下了第一个世界冠军，振奋了一代国人。贾国龙功夫菜是一项全新的事业，未来在研发、生产和销售端可能会遇到困难，但只要我们坚定信念，相信我们的组织能力，敢打敢拼，就能创造全新的未来。

第二个关键词：力量。新一代女排队员在郎平教练的启发下找到了自己为什么打球的源动力、内驱力，从而在赛场上更加自信地打出好成绩。功夫菜是全新的事业平台，我们希望有更多的年轻人通过参与这项事业成为更好的自己。

2020 年 10 月 8 日

一、关于功夫菜植入门店，今天落实了以下工作：

（一）和分部老大们沟通并达成共识：功夫菜档口必须有 30 平方米，这是硬任务，并确认了时间节点。

（二）和分部老大们沟通并达成共识：2021 年功夫菜销售额达 20 亿，每个战区、门店要有独立的销售团队。

二、今天中午参加了壮壮女儿小子木的满月宴，小子木很可爱，祝福她快乐成长！

2020 年 10 月 11 日

今天会议收获：

一、想明白、说明白，未来才能干明白。目标与现状的差距是什么？评价是什么？怎样才能有能力？要靠不断追踪解决问题来提升，要创造性地工作，才能把目标与现状链接打通。

二、了解市场，怎样为业务设定目标？要有行动方案。怎样做到高质量？每月提炼报告解读真问题，老大们关注解决。目标设定的机制要落实到管理行动流程的闭环中。

三、开功夫菜餐厅体验店，让顾客看到、闻到和吃到功夫菜。2021 年，美食顾问要能讲出烹饪故事才是销售核心。

注：美食顾问是 2021 年打造的岗位，核心工作是推广贾国龙功夫菜品牌。美食顾问要有足够的菜品原料知识积累，喜欢美食，爱分享美食，为顾客讲好美食故事。

2020 年 10 月 13 日

今天会议收获：

老板提出西贝莜面村 2021 年第一目标：彻底去平庸化，打造一个超凡脱俗的新西贝。反思：自己来事业部一个多月了，还激发不出自己的力量，老板梳理出这个目标后，我有了方向感。

一、SOP 从源头升级服务理念为真心诚意的待客之道，做到不平庸。

二、营销不能玩技巧，老板说“百术不如一诚”。

对顾客体验来说，诚是最关键的，诚也要分清顾客的感受，你做的事价值点在哪里，你的行动才是加分项。诚，是西贝多少年的待客之道，但是现在丢了，我们要用行动找回来。

三、和 13 位分部老大沟通，贯彻老板的意图。接下来，我和忠其要跟 13 位老大，包括运营人员，亲自下手制订 SOP，包括生产标准。

注：SOP 是 Standard Operating Procedure 这 3 个单词中首字母的大写，意即标准作业程序，把影响结果的过程关键环节全部确定好对应的指标，以确保结果可控。在西贝各个岗位都有 SOP，也被称作“作业指导书”。

2020 年 10 月 14 日

今天作汇报，对于老板提出的“2021 年西贝莜面村彻底去平庸化，打造一个超凡脱俗的新西贝”，自己感到没谱。营运和营销板块都不懂，跟老板的思维差距很大。认识到“董体”和老板说的差距还很大，没有“董体”这一说。

接下来思考自己从哪里升段，要和新团队融入进去。

2020 年 10 月 15 日

昨天晚上写报告到凌晨 3 点钟，自己作了思考，和忠其、骍然、国慧、龙龙和齐立强沟通了报告的思路。感谢齐立强现场分享讲述《创变》。在老板讲述服务板块时，林男说“超凡脱俗首先是思想上的超凡脱俗”，从这句话中我认识到：人一定要先从思想上贯通，才能找到力量。感谢林男！

2020 年 10 月 16 日

从今天起，我担任《西贝铁军沙漠穿越》课程第 29 期课程督导。沙漠穿越锻炼的是学员们高效协作的团队精神。晚上参加开营仪式，鼓励参训学员互帮互助，不掉队，顺利完成此次沙漠穿越。

2020 年 10 月 18 日

今天从包头到北京，明天召开美食顾问会议。和团队沟通了明天的会怎么样开好，首要的是把老板在沙漠中定的战略跟大家贯通一下。西贝去平庸化，打造一个超凡脱俗的新西贝，破局点是：西贝莜面村每家门店增加 10 个底薪 1 万元加 5% 销售提成的美食顾问。

2020 年 10 月 20 日

一、参加美团关于人才成长的讲座后分享：美团人才成长的 5 条方法是人才成长的基本功，是在实战中不断摸索总结，挑战突破原有边界，反复练习学习而沉淀的。

二、基本功是管理的底层逻辑，就像盖房的地基，只有地基打牢了，才能盖好高楼。我们的工作没有高难度的动作，只有基本功。不玩花招，不走捷径，不投机取巧，投入时间和精力把基本功练扎实。

三、基于未来的长线思考、长跑思维，是管理者应该修炼的能力。

注：功夫菜是西贝旗下零售业务贾国龙功夫菜的简称。所谓“功夫菜”，就是费时、费工、费料的急冻锁鲜菜。意即：地道美食，加热就吃，让人们在家吃遍天下美味。2019 年 9 月 16 日第一道功夫菜“草原羊蝎子”诞生。

2020 年 10 月 24 日

今天作业：未来 3 个月，你首要的任务是什么？如何创造性地完成？

要打造一个超凡脱俗的新西贝，美食顾问是破局核心动力。

一、思想上的超凡脱俗：

（一）未来 3 个月完成美食顾问的招聘，养人、养店、养素养，接下来才能打胜仗，最终在市场上让顾客感受到一个新西贝：有文化、有素养，完全不一样的新西贝。

（二）美食顾问是创新出来的，变革是成本领先的。为什么我们要变革？我们就是跟常人不一样，要做到高素质、高文化和高体验。超凡脱俗，生命力就强了，变革就是要看得远。

（三）打造美食顾问没那么容易，本身是难点，需要我们共同去攻坚克难，尤其是我们的高级管理者，一定要进得去、讲得清，不能只想眼前利，因为眼前利不会长久，因此一定要想得远一点。只有想得清、看得远、听得懂，做到位，才能把眼前3个月打造美食顾问的重要任务落实了，这才是长久生意。

（四）只有把高待遇给到位，才能破局；舍得给，才能把我们整体的文化素养提升起来。

二、招聘：

（一）高待遇吸引优秀人才，月薪直接给到1万元。培训完不合格的直接淘汰，确保留下来的都是高素质的人才。培训完被淘汰的人，有“复活”意愿的可以给他们“复活”机会。

（二）人从哪里来？三分之一来自内部优秀员工的转化，三分之一来自社会招聘，三分之一来自优秀的应届大学毕业生。

（三）对于美食顾问招聘，支部经理要亲自上手，这样才能招到我们想要的美食顾问。

（四）招聘的时间节点：分部老大成立专项招聘组，12月完成招聘工作。

三、培训：

（一）教材的编写是培训的核心工作。通过高薪招来的优秀人才具备较强的学习能力，我们的教材给到他们，他们可以自学。

（二）分部老大成立教材编写专项组，共同来编教材，38道莜面村经典菜、牛羊莜核心菜，一个分部3道菜，最后汇编成一本教材，形成我们的知识库。教材要讲原料的故事由来、原料的特性、营养价值、产地、味道，以及每种原料背后的风土人情。

（三）美食顾问不但要学习我们的菜品知识，而且只要是有关美食的书都可以学，这样才能够提升产品素养。有了足够的知识储备，美食顾问就能自信地讲出来，用自己的语言体系讲，顾客的体验就会不一样。

（四）美食顾问培训由西贝梦想大学和西贝美食艺术学校完成，实施集中滚动式培训，淘汰率 30%，不断筛选，直到选到符合标准的人才。

（五）门店三剑客和支部经理要当学员去学习，尤其是我和 13 个分部老大，必须积极参与所有培训课程，不断下到门店、培训现场，有了体验之后还要不断共建、提升。

四、团队的力量：

通过 3 个月的任务，凝聚团队的力量，打造出一支能把脏活、苦活和累活全部硬碰硬地干下来的精兵强将的队伍，凸显门店的文化素养。有了专业知识架构，西贝的能量场就完全不一样，能够让顾客体会到这是一个有文化的企业，感受完全变了。

2020 年 10 月 27 日

今天是分部会议第 3 天，听了标杆门店评价报告，联系到昨天的人才盘点，我想明白了。

一、人才盘点的核心是管理者对自己标准的校准，只有管理者提升了自己的标准，才能帮带下级提升标准。

二、美团的王兴说：想明白，讲清楚，听得懂，做到位，美团人才的成长靠苦练基本功。今天听完标杆门店评价报告后，我看到团队现在的基础工作不扎实、基础能力弱。确定了 4 季度团队考核激励的方向只有两个维度：练基础、做生意。通过激励机制的设定，推动支部经理主导提升门店的基础，帮带“四梁八柱”提升，增强团队组织能力。

2020 年 11 月 10 日

今天在北京参加了魔术招标会，给春瑞做了 2021 年亲子活动和魔术工作的定位。

一、魔术由门店的美食顾问表演，具体有以下 3 个场景：工作日表演魔术可以让上班族解压，节假日表演魔术主要针对小朋友和老人，增强用餐体验。亲子活动表演魔术有传播的功效，是给亲子活动加分的。

二、亲子活动的关键是保质，要重质量，而不能单纯追求数量。

2020 年 11 月 17 日

今天听了各分部经营分析和功夫菜项目发展汇报，我的收获有：

一、带团队打仗一定是敢打、敢挑战难的事。不敢打仗、不敢挑战，就会把带团队的心力丢了。带团队只有一直打到爆才有势能。

二、好领导既要带好团队，又要做好生意。好领导的关键是要有生意经，这是一个闭环。做生意一定要感知顾客的感知，顾客的需求也在我们的价值观里。基于市场，满足顾客需求。

2020 年 11 月 27 日

一、今天参加老板主持的电话会议，集团公司将成立客户关系规则运营部，统一制订全国的问店运营规则。

28 日和 13 个分部老大开会沟通以下事项：

（一）接下来最关键的是和公司战略同频，执行老板意图、公司战略。战略的一致性比正确性更重要。

（二）同市场菜单必须同价格。大家在同一个市场上是命运共同体，这样才能链接住战略。菜单可以根据地区差异分为高价版、中价版和低价版。

二、接下来全国关键是菜单问题，全国菜单的源头是核心，要跟大研发沟通全国菜单。现有的菜是按 10 人食的分量，而现在的顾客基本是三口之家，需求是品种多、吃得丰富、有滋有味。菜要往精致和小份上靠，还要突出主体的牛羊莜，并通过盛器的美感解决顾客感觉贵的问题。

2020 年 12 月 1 日

对“一知、一悟、一做”的区辨：

“知”是感知到，主要是体验感，体验感没有进去，就感知不到顾客、员工和团队，这是一个闭环。

“悟”是吃苦耐劳，抗打击能力强，人要吃一堑长一智，才能慢慢感悟，并且悟出来。

“做”是要吃苦耐劳，要有心劲、想做、自信、执着、有梦想，才能做到，这是一个闭环。

对员工首先是用脑，讲执行力，然后就是用心，最基础的是沟通能力。

沟通能力最核心的就是造个场，把对方引领过来。

2020 年 12 月 6 日

今天继续召开全国总厨会议，收获如下：

一、跟总厨确定了二、三代店菜品库 135 道菜。一代店菜品库呼、包、鄂已确定统一。北京、上海一代店由魏强、王起龙牵头进行整体梳理和升级。

要同城、同菜、同价，还要同盛器、同菜品图片，如果不一致就会给顾客传递不同的声音。菜品图片质量要高，让顾客有食欲，还要从盛器上提升菜品的价值感，杂粮餐具和炒莜面餐具都要提升。

二、跟总厨达成了厨师长能力提升方案的共识，对厨师长进行赋能和文化的传导。打造标杆厨师长，有激励、有分享，将厨师长能力提升起来。

要与分部老大沟通确定厨师长薪资待遇统一，考虑北上深福利区别于二、三线城市，稳定优秀的厨务干部。

能力提升是件大事，就像功夫菜一样费时、费工、费心。总厨就是传导文化的桥梁，想要改变团队，首先要改变自己。只有自己改变了，才能影响支部总厨、厨师长，激活档口主管、工匠师傅。当团队的人改变了、能力提升了，就可以发挥领导力驱动团队持续往高打。

2020 年 12 月 12 日

全国菜品库梳理完成，统一了全国新增菜品、停售菜品、餐具和售卖规格，给顾客传递统一声音。有关调整内容已下发文件通知给 13 位分部老大。

一、全国统一新增了冻秋梨（有冷、热两款，适合不同年龄段人群的口味）。西贝草原羊汤预计于 12 月 20 日起陆续上市，原有的美食节产品“西贝羊汤”和“草原手扒肉系列”停卖。

二、统一售卖“封缸肉烩豆腐”，保留西贝特色风味，突出产品价值感，取消了部分地区售卖的“肉沫烩豆腐”。

2020 年 12 月 13 日

一、在南京开了授权会议，创业分部授权董海龙全面管理分部工作。给支部经理和总厨讲述了未来的发展蓝图，让大家信任海龙。在企业这个平台上，海龙将带领大家服务好支部和门店。

二、2021 年的重点工作是提升服务能力。高级管理者（包括分部干部、支部经理和支部总厨）要以服务的心态去赋能。给干部们区辨了机制和赋能。机制的核心闭环是要设法把工作落实下去，赋能的核心闭环不是你给他什么，而是我做你看，带着他一起去攻坚克难。管理者真正进去，投入时间和精力，就会创造不同。

三、跟大家作了 2021 年的预算规划，带领大家找出明年的增量在哪里。美食顾问是破局点，要彻底解放思想，让美食顾问在现场绽放，全年持续打造。在“大众点评”上五星商户，提升线上流量。“会员唤醒”突出主题，全年 12 个节日加上 4+2 和顾客进行情感链接、互动。

2020 年 12 月 17 日

今天下午在奈伦大厦 7 楼召开营运支持会议。

一、美食顾问是破局点，文化置顶是核心。文化置顶能带来上下一致的改变，这才是内心的力量，才能找到打开边界的力量、破局点的力量。至于美食顾问培训，分部干部、支部经理、支部总厨、店长和厨师长都要参加。

二、跟白丽沟通了点菜 PAD 款式和菜单版面设计，重点是把牛羊莜产品和儿童餐放到前面。

三、付宇婷汇报了上功夫菜之前全国同城同菜同价的一些情况：上海和华南是统一的，而北京地区还不统一，接下来要跟北京区 4 个分部老大一一沟通。

别的餐饮大品牌是一个品牌一个声音，因此我们不能各想各的、各做各的，要想在品牌势能的运营点上，想清楚统一战略。我们是大品牌，做长久生意，所以要心往一处想，劲往一处使。

以我的分部为例，上海地区和慧姐分部一致，二、三线城市就一个菜单。菜多一道少一道、价格高一些低一些，对生意影响并不大，闭环不在这儿，关键是核心的主题——劲往哪儿使、使的核心点在哪儿。我们的内功是关键的，是激发一线员工和我们硬碰硬地管理。我们的核心是牛羊莜，这是关键。大家的劲要往重心上使这个重心，就是顾客好吃了再来。

文化置顶就是把最重要的战略置顶，把老板的战略变成文化置顶，这样才能上下一致，贯彻落实，否则就没边没框，无法执行。

例如，前 3 年做儿童餐，“家有宝贝就吃西贝”就把儿童餐的文化置顶了。“一个品牌一个声音”指的是：西贝就是贾国龙，贾国龙就是西贝。品牌战略也是“力出一孔”。

2020 年 12 月 22 日

一、推进喜隆多打样店工作，与营运团队、李老师团队深入现场，找到问题，区辨真因，提出解决方案，目的是要把喜隆多店打造成大家都想来学习的门店，从人、货、场上思考清楚，找到突破点。

（一）“人”——美食顾问的重点是有与顾客深度链接的能力，要会聊天、恰到好处，洞察顾客，找到为顾客讲菜的切入点。打造美食顾问的真办法是什么？是爱。打造爱的场，文化置顶，让它绽放。她绽放了情感就会自然流露。

（二）“货”——功夫菜正好对莜面村产品进行了补充，但门店主体还是“牛羊莜”。功夫菜重点是试吃、办储值卡、到家，所以要制订流程、强化培训，教伙伴怎么点菜、迎宾，才能自然地切入，还让顾客吃舒服。

（三）“场”——档口植入时一定要跟莜面村融为一体、热火朝天、热气腾腾，不能成为冷美人，所以要加人加戏，充满生机。

二、召开供应链端相关事宜沟通会，主要讨论了原料、设备和物资统采的相关事宜。

2020 年 12 月 25 日

《伍登教练是怎样带队伍的》读后感：

伍登教练说：团队精神——甘于为团队的福祉而牺牲个人利益或荣耀——作为一股切实可感的强大推动力，让只是按部就班做事的个体转变成为了团队的利益而全身心地投入工作的人。

个体不会赢得比赛，一整支队伍才会。一个团队和一支球队是一样的，带团队就是要将团队成员的“小我”统一到团队的“大我”上来。

最近，大营运推进菜单的同城同价同菜同标准同图片、美食顾问进入西贝梦想大学接受统一专业系统培训、全国储值政策统一，就是推动大家统一到公司战略上来，落实公司战略。在战略一致性的原则下，上下一致，力出一孔，一以贯之。

2020 年 12 月 27 日

今天跟马姨在爱丽格斯拍“马姨精神”故事片，参加拍摄的还有马姨当时带领的财务伙伴。今天主要拍摄的故事情节是：马姨虽然退休了，但每年都会组织当时的财务伙伴一起过“5.29”。大家回忆了和马姨一起工作时她坚持财务原则的故事。

我当年在爱丽格斯跑采购，在“天天活羊店”当经理时，马姨在财务方面给了我很多的帮助，很感谢马姨！

“马姨精神”是老西贝人的精神，公司通过拍故事片的形式把这种精神传承、延续下去，让年轻人能够学习到。

注：马姨原名马践春，是西贝第一位专职财务人员，在西贝工作了 20 年（1991 年—2011 年）。20 年间，马姨在财务岗位上创新管理、建章立制、堵漏补缺，为西贝财务体系夯实了基础。退休时，马姨被授予“西贝终身员工奖”。马姨是个真实、正直和负责任的人，马姨精神是“做不好跟自己没完”。

2020 年 12 月 28 日

晚上跟分部老大开会沟通 31 日汇报的事情。

一、分部老大在报告中要深度参与，找自己的体验感，想明白、说明白、干明白。由分部老大共同优选出 7 份报告，给大家立标杆，树榜样。

二、看 5 年，想 3 年，干 1 年，未来的梦想要大，要敢想。未来 3 年要开出多少家功夫菜体验店、社区店，队伍建多大，市场往哪儿打，不能局限在现有的市场上。

三、2021 开局年是最重要的。莜面村生意的增量靠功夫菜，对功夫菜的未来要大胆地畅想，立个大目标，靠美食顾问和顾客的强链接把功夫菜打上去。工作日桌均 1 道菜，节假日桌均 1.5 道菜。

美食顾问要强淘汰，优中选优。2021 年挣的钱再投入到美食顾问身上和队伍能力提升上，就是投入在顾客身上。

投入到队伍能力提升上，就是投入在顾客身上。人们都说西贝的饭菜真好吃，其实不只是饭菜好，是服务、环境和饭菜三位一体，哪一项差了都不行。不要以为投在队伍身上就是花了很多钱，其实都是顾客买的单。管理不是靠体能好，关键是能抓到每个管理岗位的核心点。例如，厨师长的职责和核心点是什么？带好人，稳定交付，团队稳，出品没问题。把这些要点闭环变成管理的手法，形成管理者的标准，就会带出强大的团队来。

2020 年 12 月 31 日

今天——2020 年的最后一天，第一届西贝合伙人代表大会胜利闭幕了，我非常自豪成为第一届西贝合伙人。2021 年，我带领大销售团队撸起袖子大干 12 年，创造未来无限可能。

2021年

1月1日—12月31日

2021 年重点工作是彻底去平庸化，去平庸化从干部年轻化开始。

心力的核心是梦想。我是谁，我要成为谁，我要做什么，在梦想中找到自己的驱动力。

不能急，不能慢。面对市场机遇不能慢，构建组织能力不能急。

不能站在自己的认知里面做事，一定要站在公司战略和发展当中，站在顾客价值当中去做事。

2021 年 1 月 1 日

今天上午召开新年第一场营运会议，就美食顾问、菜品和赛场等事宜进行了讨论。

一、2021 年的工作重点就是美食顾问招、选、训，招聘部将为各分部匹配专人对接，根据分部需求的质量和数量设立目标、制订激励机制，保障高质量供应。培训上，西贝大学每季度对能力欠缺但有潜力的美食顾问进行回炉培训，分部对能力不足且不具潜力的强制淘汰，淘汰的前提是保证人员供应充足，如果没有足够的人，那么淘汰就是句空话。同时每年对管理层进行轮训，要与美食顾问文化融为一体，美食顾问就是未来的创业店长和小老板。只有文化上下一致贯通，才能融为一体，往上打。

二、2021 年赛场模式将发生改变，赛场是守底线、导向胜利，经与各分部讨论赛场重点盯底线项，计划不再进行 A+、C− 排名，而是各分部评比标杆门店，每季度评选 20% 的标杆门店、标杆店长进行激励，评选时重点看店长带领美食顾问链接顾客、功夫菜储值、到家的能力，为顾客推荐新品和美食，成为顾客的美食管家。

三、莜面村销量低的非标菜要坚决砍掉，销量高的要与研发部沟通将它们纳入统标管理。2021 年菜品贯标落标工作还须持续并重点进行，各分部一定要配备导师消化研发部负责标准的培训，各研发部也要派专组进行莜面村门店菜品的巡检、帮带，保证菜品高品质。

四、价格方面要介入管理，对价格敏感的菜品进行规格调整和价格限制，黄米凉糕、烤羊排、烤羊腿和西贝面筋等规格要变小以适合 3 人食，并审核定价，以防止特色菜品价格太敏感。老板昨天讲到核心价值观第一项就是爱顾客，用我们的产品让顾客幸福，一切为了顾客。如果你算计顾客，那么顾客也会算计你，所以我们要站在顾客角度思考，真心诚意地让顾客吃到我们的好产品，而不是为了自身利益伤了顾客。

2021 年 1 月 3 日

组织全国各门店学习老板新年贺词：用我们的产品让顾客幸福，一切为了顾客！大营运中心、分部、支部、门店所有干部和员工，都从上至下学习领会；上下一致，把文化贯下去，没有断层、堵点，最终实现“一切为了顾客”！

2021 年 1 月 4 日

一、规范了各部门对外发布招聘信息的审批流程，公司所有部门（包括大学和学校）对外发布的招聘广告都要经过人力资源、法务和企业文化部审核，以保证公司对外品牌形象统一，防范风险。

二、临近春节，保证春节期间整体的营运顺畅度是重中之重。最核心的是人，要提前有用人计划，和员工沟通春节休假安排，合理补充假期工并培训到位，保证春节期间的顾客体验。

2021 年 1 月 5 日

梳理菜单菜品规格、成本、毛利和定价，对于敏感性菜品要定价格上限，如胡麻油调黄瓜、葱油秋葵 / 罗马生、铁板包菜炒粉丝等，这些菜品原料比较大众，顾客对素菜、凉菜本身有一定认知，如定价过高就会引起顾客敏感，说“太贵”。爱顾客就是用我们的产品让顾客幸福，一切为了顾客，不但要好吃还要让顾客觉得值，不能有被算计的感觉。因此，我们的定价不能一味地追求毛利、把所有的成本累加到顾客端。要节制，也要通过规格、原料组合的调整，让成本和售价达到平衡，达成双赢。接下来我还要与总厨和导师沟通，对部分菜品规格、投料进行调整，确定价格上限。

2021 年 1 月 7 日

与华北区总厨逐一梳理菜单，每道菜根据其成本、毛利数据并与华东、华南售价进行对比，调整价格上限，对顾客较敏感菜品如凉菜、蔬菜等调整幅度较大，并对部分菜品调整为小分量，既从顾客角度出发，又基本上保证了毛利，顾客选择多了单客也不会低，找到顾客价值和利润空间的平衡点很重要。同时，对外卖平台菜品价格作出要求，必须与堂食菜品价格一致，可以做活动走审批，但价格不可高于堂食的，将由技术部后台统一管理。全国三代店菜单于 1 月 20 日前印刷到位并完成更换，同城、同菜、同价。

对一代店菜单进行梳理，一代店菜品在精不在多，留下最少，做到最好，突出牛羊莜，将各地区销量好的菜品进行融合，取消销量低、不符合品牌的非标菜，月底前落实更新到位。

2021 年 1 月 12 日

从昨天到今天在广州考察的感受有：

之前自己也来广州考察过，自己的资源面太窄，跟老板带队伍考察的边界完全不一样。老板接触的高手、资源也不一样。天下名食在广东，来广州成立研发中心相当正确，能直接使用当地的大师资源，打开功夫菜的认知和思路。

老板讲，人的堵点在认知上。认知跟目标有关系，目标够大即使让人怼了也愿意。因为你要的目标不一样，这就是学习力。人最关键的学习力是承受力。被怼了之后快速反应过来，积极改变，这就是老板讲的“傻 X 速率”。提高认知力需要经常出来。

2021 年 1 月 14 日

今天在广东考察，感受有：

一、功夫菜是一种模式，要按模式去运作。高费用推动高营收，取平均利。大量的费用中间花掉，作为资源投入，为未来培养竞争力。

今天看了厂家的餐具消毒发生器：下面是蒸汽发生器，上面是一层一层的笼屉。蒸汽发生器可以变频，再加上智能预约，就是一个好的功夫菜加热设备。老板让我联系智米设计出材质好、有档次、有美感的功夫菜加热设备。

二、优质平价，东西要好，价格要实，货真价实。顾客关心的是产品好不好、价格实不实，而不是价格低不低，我们不玩低成本低价的游戏。一切为了顾客，不取巧，硬碰硬地把基础打上去，做好产品和服务，把价格稳住。

2021 年 1 月 20 日

今天晚上参加了老板主持的顾客关系管理会议，收获有：

一、顾客关系管理的源头是我们的核心价值观，从心出发，爱顾客，用我们的产品让顾客幸福。我们制订的储值规则最终都是要为了顾客利益和“一切为了顾客”。

二、顾客关系管理是人际关系管理，对顾客关系要精准管理，分级分类，不能拿一个规则去服务所有的顾客，可以根据顾客不同的消费形态、习惯去制订不同的规则。顾客要的是满足需求，我们给的是价值。不只是物有所值，而是物超所值。顾客价值是建立顾客关系，终身服务。

2021 年 1 月 21 日

今天晚上继续参加老板主持的顾客关系管理会议。志刚的方案逻辑清晰，简单有效，要向他学习。

一、顾客关系管理的核心是价值取向管理。会员服务要更单纯，现在的积分被取消，会员价被取消，VIP 被关停。我们就是真东西、实价格、零距离、重体验和强链接；不玩花招、不投机取巧，实实在在做到，链接顾客。

二、对会员的特权进行了梳理：包邮、尝新和特供。上了新菜，就给会员寄过去，让他尝新，享受会员权益。

2021 年 1 月 25 日

我对这么多负面报道的看法是：

一、负面报道中说贵的产品主要是顾客敏感度比较高的蔬菜、豆腐等家常菜品卖的价高，顾客说贵是必然的。门店过去各种动作变形、乱涨价，现在我们已经统筹全国同城同菜同价，从公司后台对价格进行统一管控。

二、我们是大品牌，媒体对我们的关注度自然会高，我们现在在外面的声量比较高，负面报道多，顾客反响大。接下来，我们要管理我们对外的声量，宣传力度要小，主动缩小对外声量。

三、门店端的价格贵、动作乱，我们要从源头上找问题，思考公司层面应做哪些改善。我们做什么事情，不能离顾客越来越远。一切为了顾客，顾客要的是需求，我们给的是价值。我们不再去想现在挣多少钱，少做会带来负面报道的事情，好好协调各个部门提高效率，控制好开支节奏，聚焦做好顾客的事，让顾客感到物有所值甚至物超所值。我们要减少跟顾客无关的动作，聚焦未来长久的生意怎么做。

我们做什么事情，都不能离顾客越来越远。

注：2021 年初，西贝遭遇“被骂价格贵”的负面舆论。

2021 年 1 月 26 日

尽管目前遇到了一些负面舆论，但我们不要陷入对媒体的恐慌当中，束手束脚，而要坚定信心，回到现实中来，聚焦战略，遇到问题就解决问题，硬碰硬地往上打。

今天组织团队讨论，鉴定了以下问题，找到了对应解决办法。

问题一：西贝在社会上的发声过于频繁，引起社会各界的关注，馒头只是导火线。

解决办法：

（一）西贝是个大品牌，尤其是老板对外发声要由专业团队把关内容，日常有专门的发言人统一对外表达，不引起外界的误解。

（二）员工合同条款中增加“不得在开放性平台上发布有损公司品牌形象的内容”。

问题二：产品定价体系没有统一管理机制，各分部自由定价。

解决办法：

（一）建立产品定价管理机制，确定取多少利要考虑当地客群的消费能力。对于顾客敏感的家常菜品、主食，要严格控价。

（二）同城同菜同价，公司后台统一管控，控制门店的涨价欲望。

（三）我们要坚定信心，持续在“好吃”战略上发力，真正做到好吃。

问题三：费用大，门店直接涨价取利。

对费用大的区辨：未来的发展大有大的趋势，小有小的规模，大费用支持大目标。

解决办法：

（一）组织提效：为了战略目标落地，“一切为了顾客”导向，总部专门设置职能部门，由委员会评估审核确定，采取 1+1 工作模式，整体提升人员效率。

（二）环节效率提升：对于原料价格、央厨加价率、配送物流加价率，要定指标，公开透明，以减轻门店压力。

2021 年 1 月 27 日

今天继续跟团队讨论，拿出相关产品的解决方案。

一、对内部产品结构有信心，突出我们的牛羊莜特色，让顾客觉得好吃、舒服、不贵。莜面村一定要进攻我们的牛羊莜。虽然功夫菜是新模式，我们正在进攻、开辟市场，但在此过程中不能把莜面村丢掉，这才是核心的。

二、牛羊莜、产品结构突出来，在市场定价上有权力。现在的羊排干巴巴地端上去，客人没感觉。例如，盘子选得特别有档次，配上羊排有感觉，才能把价格问题解决了，把顾客说贵的事情解决了。服务人员说菜，介绍我们的产品价值，顾客是不认的。不是原料好，顾客就认你的价值的。顾客只认一个——好吃又不贵，就认你的价值。最后，生意好顾客才认你值；生意不好，顾客永远不会认你值。环境、服务、产品、价格 = 价值，这是硬功夫。

三、突出牛羊莜特色，梳理产品架构、价格（高的高上去，低的低下来）、味型、器皿，也梳理几人食（以 3 人食为主）。

四、现在的菜单要改，过完年后一步一步地让莜面村有变化，在菜单的出新上有不一样的变化。在原有的产品上出新，让顾客有满感的。价值不是我们说出来的，而是顾客吃出来的。

2021 年 1 月 28 日

今天继续跟团队讨论，解决负面报道中反映的顾客体验问题，并拿出服务的解决方案。

一、解决的核心在我们内部。美食顾问是 2021 年打造“超凡脱俗新西贝”的破局点。美食顾问素质高，颜值高，意愿度强。提升顾客体验，要发挥好美食顾问的作用。

二、美食顾问通过储值引导顾客功夫菜到家。储值是实现到家业务增量的关键。储值要有节奏，不能为了储值而储值。储值的前提是顾客体验好，感觉值。分部和门店在办储值上面要坚守“一切为了顾客好”的原则。办储值不仅仅是要守住莜面村，而且要提升，把功夫菜的新模式推向市场。靠美食顾问好的服务一传十、十传百地形成口碑。一点点地优化产品，最终得到市场认可，让爱好西贝这一口的顾客认可。

三、危机倒逼我们成长，不要浪费一场“转危为机”的机会，要快速解决遇到的问题，提升我们的能力。

“一切为了顾客服务中心”的建立，从一个入口收集顾客需求和意见，从一个出口快速解决落地。一切为了顾客好，各个环节持续改善、优化。

我们要从内部矛盾的解决中找到自己的心力。市场足够大，我们的心力也一定要够，做生意的核心闭环就是要找到团队核心的力量，形成敢打仗的文化。未来三五年，要继续进攻，硬碰硬地往上打。

2021 年 1 月 29 日

一、跟产品经理作了沟通，了解了他们现在的工作方式。他们年轻有活力，学习力强。

跟他们共建了工作法。在工作过程中要真正地把自己代入进去，找到体感，发挥桥梁连接作用。

工作以结果为导向，敢于沟通、承担，找到自己的心力，打开自己的边界，敢于行使公司赋予的权力。一切为了顾客，打通全链条每一个闭环。

二、跟韩金沟通 400 服务中心的建立问题，核心就是收购一家公司，快速地组建起来。对服务中心客服人员的来源做了规划，即由每个分部选派优秀干部和美食顾问组成。

三、对现在运营南区北区的组织架构作了调整。

2021 年 1 月 31 日

一、上午参加了老板主持的“一切为了顾客服务中心”工作例会。

（一）老板把西贝定位为高品质的家庭友好餐厅。命名即战略，新的定位更有场景感，特别好设计产品。

（二）功夫菜是外卖的强替代，也是在家烹饪的强替代。功夫菜品质稳定可预期，顾客想几点吃就几点吃，可预约，成本能降下来。

功夫菜老板“小饭桌”就是我们为企业老板提供的解决方案。

（三）功夫菜门店和线上商城一个价，通过到家服务，提升顾客体验，形成复购。

二、下午跟分部老大沟通，在战略一致性的前提下，对推进以下工作达成共识：

（一）分部老大跟西贝梦想大学进行共建，包括美食顾问的招、选、训。每个地区由分部老大担任组长：华北地区由高总负责，华东地区由慧姐负责，华南地区由齐总负责。

（二）统一全国美食顾问鉴定方案，一个出口，一个标准，对美食顾问的素养进行统一把关。

（三）跟分部老大、张力钧团队共同解决品鉴装数量多、门店冰柜放不下的问题。

2021 年 2 月 1 日

一、确认各研发部给运营生产支持的导师，重新组建贯标导师队伍，明天上午组织导师开会。

加强生产支持部力量，设立华北、华东、华南 3 个贯标组，负责门店莜面村菜品和功夫菜产品的建标、贯标、落标、查标和修标工作。通过持续的体检、反馈、追踪、培训和鉴定，逐级提升分部导师、支部总厨、厨师长、档口主管的贯标、落标能力，硬碰硬地提升生产标准化段位，持续推进标准化工作落地，保证门店工匠师傅的出品与总导师一致。

二、跟韩金梳理“一切为了顾客服务中心”的组织架构，整合各业务模块，开始编写各业务模块的 SOP；确定各分部输送优秀客服的数量，人员在春节前到位。

三、跟付建人力资源团队沟通美食顾问和“一切为了顾客服务中心”客服人员工资结构拆分思路。在合法合规的前提下对工资结构进行拆分，拆分后的结构分为基础工资、加班费、社保费用和住宿费用，降低企业用工风险，由人力资源团队明天提供细则方案，确定后下发分部统一执行。

四、依据最新营运区划分方案，梳理华东、华北、华南3大营运区组织架构和人员配备，人员安排新老结合，以老带新，快速提升营运业务能力。

五、跟会员部骍然团队沟通顾客VIP权益工作。

六、跟产品经理团队梳理工作，帮助他们找到自己的工作定位，明确工作方向，解决堵点。产品经理的定位范围就是体验产品的交付，解决方案产品的交付。产品经理要培养、提升解决问题的能力。

帮助产品经理明确了内部工作分工，采用1+1工作模式，提升工作效率。

2021年2月2日

组织导师开会，确定导师工作方向。

一、产品的贯标落标，做到门店工匠师傅出品与总导师的标准一致。

二、导师从央厨生产端梳理分管产品，拿出合理解决方案，提升生产效率。

三、莜面村产品的高品质呈现：突出牛羊莜，打造牛羊莜系列产品，按3人食设计。增强产品活度，按季度填补区域的应季蔬菜产品，经研发导师审核通过后售卖。蔬菜原料由央厨统一配送，保证品质。

四、导师工作的关键是要有先进的思维，有服务意识，不断地提升自己。通过现场体感，帮助门店优化改善。导师巡店时重点帮带问题多的分部提升。

2021年2月5日

2020年的工作总结：

一、我来总部4个月了，最大的感受就是大营运也是大销售，既要服务好13个分部老大，又要服务好公司每个职能部门，当好桥梁，打通全链条，在公司战略下一起做事。这是最大的职责。

二、具体工作成果如下：

（一）统筹全国菜单，同城同菜同价。

（二）统筹推进美食顾问和功夫菜档口落地。

（三）统筹停办 VIP，聚焦储值，锁定顾客未来消费。

（四）大营运的核心是解决门店问题，向上协调公司各职能部门，向下给分部、门店提供支持，让一线的工作不再“费劲”。

2021 年 2 月 6 日

2020 年工作总结：

一、反思：从分部来到总公司，刚开始有些不适应，最大的感受就是跟原来自己在分部是两个概念，不是自己在分部想的那么简单。事情多，有时候会感到没有心力。

二、个人成长：

（一）面对挑战，自己特别自信。心力的核心是梦想——我是谁、我要成为谁、我要做什么，在梦想中找到自己的驱动力。

（二）不管政策好与坏，关键是能否行得通。想清楚了自己的最大职责是什么，沟通协调各个职能部门，打通全链条，大家在公司战略下面做事，服务、支持好门店，最终实现“一切为了顾客”。

（三）新组建了大营运团队，团队成员年轻，干劲足，有想法。我是从一线打出来的干部，教大家如何不断地在公司战略框架内梳理工作法，服务支持好门店。

2021 年 2 月 18 日

对 2021 年“精益营运团队”工作的思考：

一、对精益的理解：团队全部聚焦于公司战略上，在战略上持续做功，不浪费，产出成果。

精益营运的每个部门对照公司战略梳理自己的产出成果，以成果为导向梳理部门内部的工作闭环。

二、精益营运团队的成果产出聚焦以下 3 个方面：

（一）卖好功夫菜：这是首要工作。组织 13 个分部老大，办好储值，让顾客的储值转化为消费，全年实现 20 亿元的功夫菜收入。

（二）莜面村管理升段：

1. 文化先行：全国形成“一切为了顾客”的整体文化氛围。通过各种形式的宣导立标杆，树榜样，表彰先进，把门店的行动导向“一切为了顾客”，用我们的产品让顾客幸福。

2. 以顾客体验升级为核心：现有美食顾问植入之后，莜面村整体服务有了很大提升。接下来，要把美食顾问的好服务沉淀、转化为高段位的服务标准，推广落地到全国。

（三）团队立起来：营运团队的核心工作是服务支持好分部和门店。打铁还需自身硬，要提升营运团队的学习力和执行力，营运团队真正体感进去，支持门店，通过不断反馈推动工作落地。

2021 年 2 月 19 日

今天参加了老板主持的高管工作总结会。我的收获有：

一、莜面村的管理升段是一个持续向上的过程，这个过程没有终点，只有更高的段位。

对于管理者来说，管理升段首先是自我思维意识的升段，在此过程中始终要有“不争第一，我们干什么？”的西贝精神，才能不断地挑战自己。

二、2021 年是功夫菜打基础的一年。高管们在下店体感过程中肯定会发现各种问题，而问题要靠时间一点一点去解决，关键的是我们面对问题的态度。贾国龙功夫菜是我们合伙人共同的事业，所以我们自己就是解决问题的主体。为了顾客有高质量的到店体验，当下我怎么解决？我要向上游反馈什么？寻求什么样的支持？这些都需要我们想清楚最大的能力就是把自己代入进去，把问题变成团队共同解决的课题。

三、优秀是卓越的绊脚石。因为优秀，所以难以卓越。优秀只代表过去，现在各行各业每天都在飞速地进步。要达到优秀，就要用更高标准来要求自己。

2021 年 2 月 20 日

今天参加了老板主持的“一切为了顾客服务中心”开工会和“精益场景设计部”开工会。我的收获有：

一、2021 年的重头戏是莜面村的整体全面提升：服务提升、菜品提升、营销提升等。管理升段、体验升级、品牌登顶，打造超凡脱俗的新西贝，是精益营运部的核心目标。超凡脱俗首先是思想的超凡脱俗，精益营运团队要打通上游，贯通下游，分部和门店的问题到营运端口必须要解决掉，问题到我为止。

二、2021 年的重点工作是“后撤、收窄、下蹲、起跳”。“后撤”是撤回到全面提升西贝莜面村，去平庸化，打造超凡脱俗的新西贝。2021 年最基础的工作是对莜面村现有门店的提升，消除“败相”，由精益场景设计部去实施，打造莜面村持续的基础竞争力。

三、今年要开一家贾国龙功夫菜超级旗舰店，这是全面提升西贝的一个环节。要植入大型演出（比如唐宫夜宴），吃饭看歌舞，用沉浸式手法做到非常有创意，餐饮、零售 + 演出，一定会有轰动效果，把品牌带到一个新的高度，整体提升品牌势能。

30 多年来，西贝一直做餐饮、服务，我们做演出是有经验的，知道顾客最本质的需求是吃、场景、艺术和整体美的感染力。

2021 年 2 月 24 日

一、今天晚上看了《马姨》微电影，我感动得流下了眼泪。当年因为葡萄买贵了我被马姨罚了 30 块钱，当时想不通，后来明白了那是马姨对我的严格要求和爱。马姨让我采购时货比三家，规范供货商跟财务结账制度，对我的成长帮助很大，我特别感谢她！

二、2021 年彻底去平庸化，打造超凡脱俗的新西贝，没有精神肯定是打不上去的。超凡脱俗首先是思想上的超凡脱俗，去平庸化要从自己开始，去除自己平庸的想法、做法，激发力量，带领团队打上去。

2021 年 2 月 26 日

一、今天全天听了各个小组的报告，感受到了大家满满的正能量、对未来坚定的信念。

彻底去平庸化，打造超凡脱俗的新西贝，关键的是心力要够。

我的最大职责是：带领团队打通堵点，解决难点，一切服务顾客，用我们的产品让顾客幸福。

二、西贝去平庸化从干部年轻化开始。培养年轻干部，最核心的是给他们成长机会，要给他们创造包容的成长环境，鼓励他们敢于试错。

爱年轻人就是爱西贝。接下来精益营运团队要重点培养年轻干部，为组织的发展培养中坚力量。

2021 年 2 月 27 日

今天召开营运工作会议，我收到了老板的赋能。

一、目前最重要的任务是把功夫菜档口成功植入西贝莜面村，要招聘好、培训好、用好美食顾问，这是上半年的主要工作。

二、会议上跟老大们达成共识：

彻底去平庸化是 2021 年的重点工作，去平庸化从去平庸化干部开始。要狠下心，玩真的！学习慧姐分部干部 12 分淘汰制度，并推广到全国，每季度要强制淘汰 5% 的店长、厨师长，大胆起用年轻干部，激励干部和团队。

2021 年 3 月 2 日

今天是分部南京开工会第 2 天。

一、围绕“去平庸化，打造超凡脱俗的新西贝”进行比拼。全体参会伙伴分成 16 组，最终选出 8 组进行奖励。经过昨天的赋能，大家今天的报告质量都不错，能够对照公司战略链接自己的工作，找到自己平庸的表现。我是一切事情的起因，去平庸化的核心是去除自己平庸的思想和行为，这样才能带领团队打上去。

二、彻底去平庸化从去平庸化干部开始。今天下发了《干部淘汰机制》。干部触及红线行为、赛场底线任何一个扣完 12 分，就对他降职降薪一个季度。每季度强制淘汰 5% 的店长和厨师长，淘汰带不了团队、顾客体验差、功夫菜和美食顾问落地差的干部，大胆起用年轻干部，给他们机会，激活团队。

2021 年 3 月 3 日

今天给海龙赋能。

授权海龙管理分部已经 3 个月了，这次回来分部参加开工会，看到了团队的表现，结合这段时间和他的工作对接，给他赋能。

一、时刻贯彻公司战略，在战略主体框架内做事，不能按照自我习惯作取舍。分部和支部是总部的派出机构，共同落实公司战略，服务好门店。

二、改掉自己身上一些不好的管理习惯，自我升段。

（一）容度要够。带团队的人，容度是最核心的。每个人都有优点也有缺点，怎样把他激发好才是关键。团队有不同的声音，自己要有洞察、有区辨。

（二）放权给团队。如果老给团队答案，那么团队的思考力就会弱，承担力就会不够。只有放权让他们干，他们才能成长，把自己解放出来聚焦做战略核心的事。

三、大胆起用年轻人，积极鼓励他们，给他们机会，手把手教他们，区辨哪些自己上手、哪些不上手。

2021 年 3 月 4 日

“从心出发爱顾客”群推进了以下工作：

一、下发了《店长过程中淘汰制度》，从心出发爱顾客，服务好每一位顾客是我们的职责。对顾客特别差的店长要淘汰。淘汰平庸的店长，大胆起用年轻干部，给他们机会，激活组织。明确了要按周淘汰发生恶性服务投诉事件的店长。

二、下发了《顾客体验差评问题的整改回复制度》，明确了报告的责任人是店长，事不过夜，当天的问题当天解决；明确了报告的关键点，核心是解决方案，由 3 大营运区追踪落实。

三、今天在 13 个老大群里说了重话，骂了大家，因为老大们没有在今天中午 12 点前把支部经理和店长全部加进群，没有 100% 地落实真人真名真头像。这件事反映的是老大们工作领导力差。去平庸化，老大们要带头行动，自己先精益起来，不官僚，亲力亲为，只有这样，门店的基础问题才能得到解决，管理才能升段。

2021 年 3 月 7 日

一、上午到龙龙总的北京新辰里购物中心店参加试菜。老板说，一定是我们现有的餐具能跟莜面村的餐具符合了，融进来。将来我们有 100 个 SKU，融到莜面村菜单里面尝鲜补新，也许是 20 个 SKU 会替换掉莜面村的 20 个 SKU，还可以去掉莜面村现有的非标菜，因为各地区的非标菜品质不稳定。

二、下午跟老板到北京悠唐店看了现场。老板赋能后，自己不断地想、反思。

（一）现场的问题：台布颜色不统一，这就是小心思，想省钱。这是给品牌减分的，而不是加分的，所以该换的就要换，必须保证品质，才能给企业加分。

700 平方米的店 1 个月卖 110 多万。功夫菜档口植入根本没理解战略，功夫菜档口空荡荡的，不提气、不聚气。外面是加热台，里面是空荡荡的，原来的甄选车摆上功夫菜，在外卖的角落里，不在一个视线范围内，太 LOW 了！不是一般的 LOW ！他们没悟到什么叫战略，大家看上去是跟战略靠齐的，实际上只是表了个决心，摸见了战略皮毛而已，自己根本没把体感代进去，一看就没走心，没过脑；就是收到个指令，水过地皮湿，段位很低，差距很大。尤其是老干部的体感，还是在传统思维里。

（二）像这种店自己一定要亲自下店，跟场景设计部、分部老大作沟通。要符合我们莜面村的店面，色差要有温度，有暖的感觉，有一种生活感。现在看了这家店，觉得这种店虽然看上去没有破烂，但太不上档次了！做生意最重要的是人气，这么大的店没人气也是败相。那如何去败相？可以变成小规模的，创造性地聚人气又提气，才能脱颖而出。

2021 年 3 月 12 日

中午参加老板主持的专题会议。

一、收到了调研报告反映的一线问题。我是从一线打拼上来的，门店制订目标没有错，传达目标的激励方式才是关键。接下来要快速跟老大们解决这些事，彻底地下硬手，才能破了这个局。

西贝要把一线的问题解决好，员工的体验直接反映顾客的体验。爱顾客，对顾客要“宠”；爱员工，通过激励、激发和激将的方式帮助他们成长。

想让顾客体验好，首先我们不是老跟员工要、要、要，而是给、给、给。我们先给员工赋能，给到员工很多的爱，这才是管理者的领导力。

二、快速反应，链接战略意图。自己跟老大们在深圳开会，没想清，屁股决定脑袋，说了 3 个月的美食顾问破局点，包括我们定的机制，现在反思过后觉得是有问题的。自己要走心，而不是仅仅过脑。带领 13 个老大，正确认识战略意图往上打，从“爱顾客、爱员工”出发，重新制订美食顾问薪资方案。爱员工，才能感动员工，继而感动顾客。

三、解决一线问题，我的行动是：

（一）优化 SOP，爱顾客、一切为了顾客。SOP 不能框死员工，要放开现场服务活度，给够一线员工爱顾客的权利，支持他们在一线服务好顾客。

（二）精益营运部核心职能：设定激励机制，打造标杆文化，每周、每月选出“爱顾客的优秀员工”“爱员工的优秀干部”，每季度评选出优秀教练，奖励标杆教练，传承爱的文化。

淘汰平庸干部，大胆起用年轻人，激发组织活力。

四、2021 年要下定决心：不挣钱也要把品牌打上去。门店人员必须超配，大家一定要共同去做这件事，把今年挣的所有钱投到核心战略上来。爱顾客、一切为了顾客，不是喊口号，老大们一定是有力量的，敢于承担、挑战。老大们要反思自己带队伍的能力和领导力够不够。如果不下决心、不在一条船上，那这条船就走不动。大家一定在内心做好打大仗的准备。

2021 年 3 月 16 日

呼市满都海事故的反思：

一、自己没有尽心、尽脑、尽力。“全国菜单统一”有行动，但最后没有统一到底。老板说，一切经营围绕菜单。老是顾及各个地区的不同，其实是自己没想明白每个人是不是老板心态。

制度比英雄更重要。英雄是个体，而制度是公司整体文化。企业越来越大，要在制度上下功夫。

要跟分部老大联动起来，不仅是服务心态，而且要站在老板的角度去统筹办事。

二、最核心的是跟老板链接，用好老板资源。自己的站位要高，在“从心出发爱顾客”的维度上思考，满足顾客需求和利益，学习马姨精神，若事情做不好就跟它没完。

不怕自己段位低，用好老板资源，提升自己的组织力。一定要敢于跟老板沟通，如语言表达不出来，那就可以写成文字性信息用微信沟通。

注：呼市满都海事故——呼市满都海店的菜单上没有标明烂腌菜的价格，但服务员向顾客收费，被顾客投诉。

2021 年 3 月 17 日

一、听读“假管理”后，我的区辨是：

（一）真管理以目标为导向，管理者是目标的执行者，事在管人。

（二）假管理没有目标，管理者用自己的职务权力去管理，人在管事，各管一块，产生组织内耗，资源浪费。

二、我的假管理是：

（一）统筹规范了一些事，下发通知之后缺少持续追踪，落实不彻底（统筹菜单、规范对外招聘视频发布后全国各家店仍有违规行为发生）。

（二）对门店品牌承诺考核，导致门店出现公式化承诺，跟顾客没有情感链接。

三、西贝的假管理：

（一）战略的调整比较频繁，我缺乏创造性的组织力，快速细化、落实行动方案，导致战略没有被全面准确地传导到分部老大以下的各级管理干部，基层收不到，所以战略执行效果不理想。

（二）投入大量营销费用去吸引客流。顾客是一桌一桌叫来的，因为体验好而产生复购，跟营销关系不大。营销费用可以投到激励员工成长上，激发他们更有动力去服务好顾客。

四、老板的假管理：

（一）我们的战略先进，但一直没有聚焦持续发力，在顾客心目中没有形成口碑优势。

老板是战略的源头、组织的大脑。战略老变，底下跟不住、收不到，门店的业务基础就会变得薄弱。

要慢下来，持续打造组织力，提升门店竞争力。

（二）西贝是为顾客而存在的，从源头上想清楚很重要，重点资源导向顾客、员工，减掉多余动作。

（三）制度比英雄更重要。制度是企业共同的规范，大家都要遵守；英雄的行为也要在企业框架内，要管好自己。

（四）营造一种氛围，让大家敢说真话，听完之后再作区辨。

真管理以目标为导向，管理者是目标的执行者，事在管人；假管理没有目标，管理者用自己的职务权力去管理，人在管事。

2021年3月18日

今天的思考：

一、要回到现实中来。爱员工，激发每一位员工；爱顾客，“宠”好眼前的每一位顾客。品牌力是通过一桌一桌顾客的口碑积累起来的，组织力是通过一桌一桌服务好顾客打造而成的。经营企业就像春天播下种子，要极度专注当下，投入时间和心血，才有秋天的收获，没有捷径。企业只有一个产品——就是员工。员工的能力提升了，我们的组织力就提升了，这需要一点一点练基本功。

二、紧紧把握市场需求变化，根据市场作出经营决策。市场是由顾客组成的，市场的变化代表顾客需求发生变化。我们的好产品、好服务、美的环境只是基础，而价格才是顾客最关心的。顾客为什么选择我们？因为我们有特色、性价比高。一切经营活动围绕菜单，如何设计菜单结构才能让顾客觉得值，这是我们要思考的。

三、跟自己比，不依赖外物。作为餐饮头部品牌企业，外界会拿我们去跟别的企业比，我们也拿自己跟别的企业对比。每家企业都有自己的优势，这是时间积累和选择的结果。不要拿别人的优势来比我们的不足，而要思考我们做对了什么、我们现在选择做什么，这样才能与众不同。

2021年3月19日

关于“好吃”战略如何在门店落地，我的思考是：

从心出发爱顾客，用我们的产品让顾客幸福。公司的“好吃”战略落到门店端就是每一个工匠师傅的每一道菜品。工匠师傅的菜品质量代表“好吃”战略的落地水平。

一、招好人。用高薪选优秀的人，待遇在市场上有足够的竞争力。

二、训好人。全国统筹，每周都有训练计划，细化到周一、周二、周三和周四训练什么内容。周五、周六、周日“排兵布阵”。

三、用好人。营造尊重、认可的文化氛围，关爱吃住，激励工匠师傅。工匠师傅经过我们鉴定后，公司后台对他们管控，按制度涨薪。

2021 年 3 月 20 日

今天参加老板主持的“好吃”战略落地会。

一、自己的反思：

（一）说真话的环境一直都在，要有谦虚的心态，有敏感度，培养自己听真话的能力，从顾客意见和员工声音中区辨真问题。

（二）战略的调整变化是公司开创新业务，需要不断探索，寻找适合的道路，要见招拆招，随机应变。

二、认识到自己的段位还很低，要不断学习提升；主要是不要怕怼，怼是为了提升自己的段位。

“好吃”战略落地不能只看眼前利，算小账；要下大棋，重投入，硬碰硬地往上打！心态是源头，什么样的选择决定什么样的未来！接下来，要快速把低级的问题解决掉。

2021 年 3 月 22 日

今天跟孟德飞总带领的研发导师团队召开会议，共同梳理莜面村菜单和导师贯标组织架构。分部老大代表忠其、李刚、海龙参与讨论。

一、梳理莜面村菜单：

（一）梳理 1 帅 9 将 40 兵，核心是对售价、分量、盛器和呈现形式进行梳理。

（二）聚焦牛羊莜特色产品，对 1 帅 9 将产品进行优化提升。关于牛大骨，增加顾客喜欢吃的牛肋排占比，优化棒骨的选料，增加带肉率，同时开发新部位，提升牛大骨整体的见台率，持续巩固牛大骨1帅的优势。

二、好菜单进行全方位梳理，聚焦“家庭友好餐厅”定位，在产品上重视饮品、甜点、儿童餐和老人餐；对儿童餐和老人餐进行了梳理。忠其在儿童餐上提出了很好的建议，挑选适合儿童口味的功夫菜进入儿童餐，满足顾客对儿童餐的需求。李刚在产品的精致呈现上给总导师们提出了很多符合莜面村的建议，给了很多帮助。

三、梳理莜面村产品导师的贯标组织架构：

导师的贯标组织架构是保证“好吃”战略落地的核心。总部贯标导师队伍分别与13个分部的支部总厨共同组成贯标小组，全面负责分部的菜品贯标、落标、查标和修标工作，由分部总厨制订培训计划并落实，共同拧成一股绳，力出一孔，对门店菜品输出负责。

注：1帅9将40兵指西贝莜面村当时的菜单结构：1帅——招牌菜牛大骨；9将——烤羊腿、烤羊排、浇汁莜面、西贝面筋、羊肉串、黄米凉糕等9大核心菜；40兵——西北风味、五谷杂粮等菜品。

2021年3月24日

今天参加老板主持的董事会。

一、预算管理可以推动管理升段，是管理升段的重要一环。预算管理是一种很好的管理行为，什么事都要算账，跟事情大小没关系。事前有沟通，事后有确认，这就是习惯。小事养成习惯，大事就会没问题。

反思年初组织分部老大制订2021年预算，没有想清楚，跟预算管理差距相当大。今年公司的战略是打大仗、夯基础，要重投入，硬碰硬地往上打。

二、现在的审批流程过长，一定要缩短流程，谁管的业务谁审，无关的就没必要审。要从现实出发，流程才会非常严密，关键是要有人负责，花钱的人要对花钱负责，对钱花出去的效果负责。

重新梳理跟精益营运部相关的审批流程，明确负责人，减掉无关的审批人，提升审批效率。

2021 年 3 月 26 日

一、老板对亲子莜面体验营活动作出了重要指示。我们现在定位是家庭友好餐厅，一定要把亲子莜面体验营活动加强、加强、再加强！亲子莜面体验营是顾客重体验、强认知的接触点，量越大密度越大，影响力也就越大。

（一）今年亲子莜面体验营活动质量要更高，聚焦孩子和父母一小时高质量情感链接，形成口碑传播；由优秀的美食顾问专门主持，活动氛围突出孩子由“精致妈妈”或“都市爸爸”的陪伴这一主题，通过情感链接打动人。

（二）每个老大都要重视起来，投入时间精力，高质量地办好每场活动。

二、下发了《精益营运管理制度》。

从心出发爱顾客，通过建立激励机制，奖励爱顾客的好员工、爱员工的好干部。

激励创造激情，才能感动员工和顾客。每月评选“爱顾客之星”“爱员工之星”。分部组织门店开表彰会，授勋章、发奖金、立标杆、树榜样，激发门店形成干部爱员工、员工爱顾客的文化氛围，提升门店势能。

2021 年 3 月 27 日

顾客是一个一个来的，也是一个一个走的，服务好每一个顾客是我们的职责。

打好服务百日攻坚战，为顾客提供良好体验，其核心是每一个员工都训练有素。

一、新员工进店之后要到西贝梦想大学参加培训学习，过企业文化和素养的筛子，从入口上保证员工的质量要高。

二、分部营运、支部经理是服务的贯标队伍。每周要对店长和“四梁八柱”进行训练。一线是最好的训练场，训战结合。针对顾客体验、员工现场服务问题，给干部赋好能，让他们有能力训练好员工。

三、建立师徒带训制度，通过手把手、一对一帮带，把好的服务传承下去。

新员工必须有带训师傅。中级、高级美食顾问具备带训能力，经过店长鉴定，可以成为带训师傅。增加带训津贴，激励师傅的带训积极性，做到带训常态化。

2021 年 3 月 28 日

组织团队开始优化服务 SOP。

一、服务 SOP 是门店的服务教材。服务 SOP 统一了服务的底线和基本流程，还要给现场留足活度，鼓励一线基于现场去创造，一切为了顾客满意。

（一）服务 SOP 优化的源头：从心出发爱顾客，用我们的好产品让顾客幸福，一切为了顾客。源头是最关键的，内容都是为了实现源头的计划而设计的。

（二）SOP 的优化要突出我们“家庭友好餐厅”的定位，宠孩子、宠女人、宠老人。“宠”就要设计相应的服务产品，通过产品跟顾客产生链接，让顾客有好体验，形成服务口碑。

二、SOP 优化只是开始，关键的是后期的贯标、落标。

SOP 是动态的，在此过程中要不断优化，“一切为了顾客”。

精益营运部建标，分部营运和支部经理贯标，门店执行标准，互相协同，共同提升服务。

2021 年 3 月 29 日

今天思考如何提升莜面村的服务。

一、服务就是人之常情，热接热待。服务动作的设计要聚焦战略、少而精。易于门店一线员工操作，才能单点突破，持续打透，形成口碑。

二、一个核心：围绕产品做服务。

（一）服务是为“好吃”战略锦上添花的，服务动作围绕产品。产品介绍、打理，通过产品跟顾客实打实地互动，传递产品价值，用我们的好产品让顾客幸福。

（二）员工的产品知识能力是基础，有了好教材，就要反复训练，才能做到心里有产品，把产品介绍清楚，打理好。

三、一个能力：沟通能力。

好态度，会沟通，服务才能“活”起来。对业务如数家珍，底气足，就能自信地跟顾客沟通。

2021 年 3 月 30 日

今天继续思考如何提升莜面村服务。服务要回到基本面，围绕产品做服务。

一、今天跟慧臻对接了产品教材的进度，本周能给出初稿。精益营运部拿到教材之后，核心工作是训练员工怎么说。

二、掌握产品知识是基础项，必须做到，然后就是现场活学活用。训练员工产品互动就在现场，干部带头说，员工跟着学；员工上手说，干部给指导。营造产品互动的氛围，大家要养成习惯。

三、产品互动是为顾客服务的切入点。以羊排为例，说原料要描述清楚草原羔羊，在过程当中关注火势，及时打理，让顾客吃到更适合自己的味道，吃得舒服。

莜面鱼上桌后，必须为顾客分餐，盛一碗，还要说原料、工艺：“有机莜面，手工搓制”。

产品互动和打理是为了让顾客体验到牛羊莜特色的最佳风味。

2021 年 4 月 1 日

今天在上海参加慧姐组织的“华与华西贝家庭友好餐厅”创意

沟通会。张屏总团队、孟德飞总、齐立强、忠其和海龙参加会议，一起参与共建。

一、对比西贝和海底捞服务体验布局，儿童服务是西贝的口碑服务。“家有宝贝，就吃西贝”是西贝重要的品牌资产。

（一）过去我们儿童服务缺少显性化、标准化，虽然在做，但质量和深度不够。西贝家庭友好餐厅将西贝儿童友好服务显性化、标准化。大家对西贝 8 大儿童友好服务、两大惊喜服务，孩子吃高兴了大人才能吃得舒服达成共识。对孩子友好就是对家庭友好。

（二）开展儿童餐专项研发。儿童餐既要有零点的产品，又要有多款组合套餐。功夫菜中西红柿牛腩、黄金咖喱鱼蛋等儿童喜欢吃的产品进入套餐。开发小莜面蒸饺，造型是儿童喜欢的。

二、宠女人、宠老人，服务从产品入手。

（一）顾客现在寻求的是产品的丰富性——花样多一点，分量小一点，还能吃得挺好。顾客消费是多场景消费，开发小份菜能让顾客点菜更灵活，选择更丰富。

（二）开发部分产品的小份菜，同时还保留原来的大份菜。大份和小份相结合，满足顾客多场景的消费需求。

门迎岗要做足我们的特色——陈皮白茶、小米粥、瓜子，要单点打透，给顾客留下记忆。

2021 年 4 月 8 日

今天继续学习王耀路老师的《空间之美》课程，我的感悟体会有：

一、每个人都有自己的个性，耀路老师用扑克牌的 4 种花型讲述了 4 种不同的个性：红桃、黑桃、梅花和方片。

组织的领导者最重要的能力就是识人用人，要了解每个人的个性，细化到哪些人适合做红桃的工作、哪些人适合做黑桃的工作、哪些人适合做梅花的工作、哪些人适合做方片的工作；根据员工的个性，给他安排适合他做事风格的工作，用人所长，营造美好关系。

二、空间之美的核心是关系——自己和自己的关系、自己和家人的关系、自己和团队的关系，美好的关系构成能量。自己要主动构建美好的关系，让自己所处的空间充满能量，创造喜悦人生。

2021 年 4 月 9 日

今天老板讲了常识与直白，你的呈现要符合常识，表达要直白。

一、常识是人与人之间普遍存在的日常知识，是日用常行。

（一）常识就是我们所说的基础。回到现实当中，产品的知识点就是我们要掌握的常识。为顾客介绍产品，要在掌握知识点的基础上进行互动，不夸大介绍。

（二）日常工作中作决定，也要参考常识，因为常识是经过验证总结出来的。

二、直白是高效沟通能力的表现。表达要直白，用精准、简洁、生动的语言直接述说，突出主题，不绕来绕去，这样对方很快就能听明白，理解正确，因而工作就能很快落实下去。我们都是高级管理者，要主动练习这项能力。

三、常识是基础，直白是方式，两者相结合，这样自己才能说明白，别人也能听明白。

2021 年 4 月 10 日

今天，3 天的《能量管理》课程圆满结束。我的收获有：

一、耀路老师课程感悟：自己是唯一的，自己的人生要自己创造。自己所处的空间就是一个能量场，管理好自己的情绪是核心，积极正向的情绪创造正能量的场。

二、看了茶庄选原料，慢工出细活；想到做功夫菜也要慢慢来，一点一点地打磨。

（一）功夫菜到家是系统能力，要有足够强大的科技实力、大生产和销售能力，还要有到家智厨设备，整体形成闭环。

（二）我们不是卖功夫菜的，而是卖一个“在家吃遍天下美味”

的解决方案，是服务商。把所有能量往到家管道中持续注入，让顾客在家体验到好，比叫外卖、自己做、阿姨做强。

（三）大研发功夫菜，我们今年的节奏是先把“基本款”框架构建起来，“基本款”就是下饭菜+主食，地方名菜置顶。产品只有普及，才有销量。主食包括米、面、粥、粉、包子、饺子、披萨等，形成阵列满足基础人群，地方名菜满足头部人群。

（四）功夫菜的研发必须考虑生产的情况，才能提高效率。大研发要想到采购货源，形成整体闭环。

2021年4月14日

今天跟孟德飞总、李刚总、忠其总、5位总导师、3位分部总厨在上海联洋店试菜，确定新菜单菜品的呈现形式、出餐盛器和分量规格；从源头上梳理菜品，丰富多样、丰俭由人，用我们的好产品让顾客幸福。

一、牛大骨取掉牛扇子骨、牛拐骨和牛后棒骨等几处顾客投诉多的部位，保留牛前棒骨，增加顾客满意度高的牛肋排供货量，并在源头上进行分割（500克/块），让顾客点起来没有压力，可多可少。

二、在盛器的选择上考虑餐具要大气简约，符合莜面村场景格调，能够突出菜品价值，通用且清洗方便；确定了80%菜品的盛器，剩下菜品的盛器不太理想，回北京后再继续测试。

三、目前莜面村顾客桌均2.6人，我们对于一些分量较大的菜品（干锅花菜、烩酸菜）进行了调整，让顾客可以多点几道，吃得更丰富。

2021年4月21日

一、跟外卖团队对接分众广告资源使用问题。“西贝外卖，值得信赖”，西贝的外卖品牌也要通过持续投入广告资源强化。

2020年分众广告在外卖宣传上主要投入在3个方面：疫情期间

点西贝外卖，暑期烧烤季，助力年轻人喜爱的电竞比赛，带动了外卖生意增加。

2021 年，在分众上继续投入资源提升外卖曝光度，和节日主题绑定，继续强化烧烤季。同时跟研发部沟通，设计符合外卖场景的功夫菜产品。

二、储值送功夫菜。跟分部老大沟通确认测试门店和规则，计划明天开始测试一周时间。通过测试，最终要定出全国统一的规则，共建给顾客介绍的语言，形成全国各门店的基础版本。

2021 年 4 月 22 日

今天收到老板关于美食顾问工服、工鞋和帽子的问题。

门店出现问题，一定要从源头上查找原因：标准有没有？好不好用？

一、红色礼帽问题：

（一）补充完善了红色礼帽清洗标准：清洗帽子要用带有洗衣液的凉水浸泡 5 分钟左右，用手轻轻揉洗后晾干。

（二）原来的标准中只有帽子的佩戴标准，没有清洗标准。清洗时用刷子刷，用手拧会出现帽子皱、开线、毛边的现象。

二、工服问题：

（一）衣服不合体是管理问题，由裁判现场巡店反馈，精益营运部追踪解决。

（二）从源头上管理美食顾问工衣洗涤问题，由门店统一外送清洗。美食顾问每人配 3 套工服，保证每天穿到身上的衣服是干净平展的。

三、工鞋问题：

美食顾问在现场穿红色运动鞋，与小红人服装形象不搭，显得特别土气。关于新的工鞋我已和曹萃确认过，目前已打样，将安排在门店试穿。

2021 年 4 月 25 日

今天给老板汇报美食顾问专题工作，随后老板进行了点评。

一、老板点评美食顾问标准复杂，套路多。

自己反思：原来在分部时候挺简单，来了总部之后要化繁为简，因为一线需要的是简单；总部要守住底线，定好核心标准，留出容错空间。

二、重新定位美食顾问在莜面村的定位，回到最初的设计——就是高素质的功夫菜推销员。

（一）美食顾问在功夫菜档口做好试吃品鉴，给顾客讲好功夫菜，办好储值。

（二）功夫菜是大战略，美食顾问成熟一个就只上一个，不能凑数，要循序渐进。每家店 2 ～ 3 人，若没有那肯定不行。这件事情体现的是老大对公司战略的拥抱程度和能力。

三、对战略的思考：

（一）"可做"是顾客需求，是市场空间有多大。功夫菜是无边界生意，服务全时段、全场景、全人群，未来的市场无限大。

（二）"想做"是愿力，跟我们的企业愿景直接相关，一顿好饭随时随地，我们的愿力足够强。

（三）"能做"是组织系统能力。持续构建组织能力，组织能力越强，战略"该做"的空间就越大。

"可做"是顾客需求，"想做"是愿力，"能做"是组织系统能力。

2021 年 4 月 29 日

一、参加丛龙峰教授《组织逻辑》授课学习；感受到了龙峰写书的不容易。为了写好企业案例，他多次远赴非洲收集素材。因为功夫下够、诚意足够，所以他写的书特别打动人。

组织能力是靠机制逼出来的，好的机制能激发人的意愿，提升人的能力。

二、解决“吐槽大会”员工反映的问题，关键是我们的态度：做事不怕事，见事不躲事。

（一）由林男总精益企业文化部对问题进行分类，总部相关职能部门参与解决。

（二）分部和支部是总部派出机构，上下必须一致。精益营运部统筹，跟分部老大召开会议，共同解决问题。

（三）对“吐槽大会”反映的员工餐、员工宿舍问题，精益营运部统筹制订标准，纳入常态化管理。

2021 年 4 月 30 日

听完胡老师讲课，我的收获有：

一、有目标才是组织。组织要根据战略设定有挑战性的目标，还要把战略变成一线员工每一个手指间的动作；上下一致，一以贯之，力出一孔。

二、SOP 持续升段优化。原来我们把 SOP 当成了天花板，训练员工必须按标准操作，而没有根据现场员工使用情况及时进行优化，因此 SOP 特别僵化。

今天听完课，我对 SOP 有了新的认知。SOP 是地板，员工是 SOP 的主人，发现地板有不平的地方，可以基于一线操作的方便性进行优化。让一线员工参与进来，跟他们有关系，才能激发他们的能动性，他们才有成就感，能力才能得到提升。

接下来，精益营运部跟胡老师对接学习。在胡老师的专业指导下，不断地优化部门工作，硬碰硬地往上打。

2021 年 5 月 5 日

今天召开海鲜事业部服务提升专项会议，我的收获有：

一、爱顾客就是“宠”。用真诚宠爱顾客，跟顾客在现场有情感链接、话题互动。好态度是基础。

（一）调整服务人员薪资，以招到优秀的人；美化服务人员妆容，请专业人员对他们培训；夏装换新，优化工鞋；整体突出服务人员形象美。

（二）宠孩子、宠女人、宠老人，设计专属服务点，做到增值服务，给顾客留下美好印象。

（三）迎送、承诺和产品服务是服务的必做项，持续做到，服务基础才能扎实。

二、爱员工就要“激”。通过激励、激发和激将的方式，激发员工服务好顾客。

（一）设立月度“爱顾客之星”奖，奖励服务标准做到位、顾客评价好的员工。

（二）设立月度“爱员工之星”奖，奖励帮带训练好、关爱员工、带领团队有状态、执行标准到位的“四梁八柱”。

2021 年 5 月 12 日

一、老板说：产品力即一切！用产品力击穿一切！产品力 = 好吃 + 吃好。

我的理解是：

（一）产品力是产品的核心价值。顾客要的是满足需求，我们给的是价值。只有物超所值，才能跟顾客产生持续链接。

（二）产品力是顾客综合体验。好吃是产品的功能属性，也是产品的情感属性。

功夫菜零下 40 度急冻锁鲜，锁住出锅时的味道，满足顾客对“好吃”的需求。

“吃好”突出的是服务体验。美食顾问介绍好功夫菜，小红人最后一千米配送服务到家，到家 3.0 智厨设备预约加热，一切为了顾客吃好。

（三）产品力的核心是组织能力。大研发、大采购、大生产、大支持、大销售、大服务和大宣传，全链条构建产品力，一切为了服务顾客。

二、跟老板去潘虎工作室。

美食要靠美器衬托。餐具既要设计得有质感，考虑造型、材质、颜色和厚度等细节，又要突出实用性，方便收纳，菜装进去之后还要显量。

2021 年 5 月 13 日

今天参加广州研发中心挂牌仪式、老板组织的会议。

一、收到了程刚反映的很多问题。

关于铝箔盒打包的问题，我跟郗丹作了沟通，确定了思路，共同拿出解决方案来。

跟陈刚成立微信群，讨论大众点评等方面的问题，将来他将不断地往群里发，精益营运部不断地解决问题，回复整改结果，强有力地对接，形成互动。

高级干部犯的低级错误的背后反映出的高级问题是什么？管理天天都会有问题，发现问题后快速地去解决，才能提升我们的能力；有问题不解决就是低级错误。

二、用一顿好饭让顾客幸福，一切为了顾客吃好。顾客最终买的是综合体验，而不只是一道菜。服务就是要为顾客吃好创造出一种氛围和感觉，核心是服务人员跟顾客的情感链接、沟通互动。

2021 年 5 月 21 日

一、消除低级错误的前提是充分暴露问题。

5 月外卖在每个分部选了一些门店做广告精准投放测试，5 月 8 日财务给美团汇款充值时，由于汇款方式操作不当，导致 6 个分部汇款失败；后来经过沟通，于 5 月 14 日前完成了二次汇款。这是低级错误。

问题既是成长机会，又是成长训练教材。高级管理者消除低级错误，先从形成正确的认知开始。

二、跟进外卖工作。

（一）“西贝外卖烧烤节”将于6～8月举办，我们优化了产品售卖形式，主打夏季撸串场景。烧烤集装箱物料已统一配送到店，分众广告月底同步上线宣传。

（二）外卖15分钟出餐占比由4月的48%提升到了57%。全国推广“出餐宝”扫码统计出餐时间，分部拿到数据之后，基于现场情况优化出餐流程，加快出餐速度。

2021年5月24日

一、跟进解决“北京右安门店顾客无添加投诉”的问题。

（一）落实全国门店和400客服中心培训统一回复话术，培训以照片形式反馈，全国统一口径答复客人。

（二）落实北京地区门店晚餐时间播放《关于北京右安门店顾客反馈问题处理公告》，公示我们需要优化的地方。

二、过全国菜单。一切经营活动围绕菜单。

（一）菜单的核心是定价。部分产品设定限高价，克制自己涨价的欲望，要毛利额而不是毛利率。

（二）增加了10款产品的小份菜，满足顾客对产品丰富性的需求。

三、优化西贝莜面村原料自采、菜品调价、调整标准和新增菜品的审批流程。缩短流程，谁负责谁审批。明确审批流程中有关部门的职责，把好关，服务好门店。

2021年5月26日

上午参加《我的西贝我吐槽》首映式。

一、员工吐槽问题的背后是对企业的关爱，核心是收到吐槽之后区辨真问题，快速解决；同时建立常态化的反馈机制。

二、战略就是心力、脑力加体力。除了体力跟脑力之外，好多硬仗拼的是心力。我们要聚焦战略，众志成城，登上功夫菜这座山。

2021 年 5 月 27 日

一、今天上午参加老板主持的董事会。我作了营运端经营工作汇报，老板进行了赋能指导。

（一）2020 年疫情期间外卖突破 10 亿元，为公司做了大贡献。

2021 年外卖的机会巨大，要持续发力。功夫菜业务特别适合做大外卖，可以创造出大单量的外卖和外卖的大单品，把我们的产能满满，这样成本就会降下来。

（二）今年功夫菜档口植入莜面村就等于植入了一棵果树。果树第一年最关键的就是要扎根。每店限售 10 道，每桌限售 1 道。美食顾问认认真真地给顾客讲好功夫菜，讲产品的功夫点，推广好“贾国龙功夫菜”品牌，传递功夫菜理念，一桌一桌顾客去链接宣传。

（三）打大仗之前要先建组织，把能力建在组织中。用产品力击穿一切，做出又好、又多、又便宜、又方便的产品是系统能力。做大事的前期投入必须是巨大的。

二、下午组织相关部门召开白兰瓜、月饼上市会议；跟相关部门确认分工、工作重点和推进节奏。

（一）白兰瓜的主题宣传画面沿用去年的设计，持续给顾客留下记忆。

瓜杯的设计要优化，对标学习优秀企业，全国统一改标准；整体呈现要有美感和品质感，给品牌加分。

对门口堆头进行优化，让它们既有堆起来的感觉，又有视觉冲击力。

（二）月饼延续去年的口味，优化去年的包装，包装设计要对标，可以借鉴“鼎泰丰点心”包装。

包装盒不能突出礼品属性，一定要简约时尚，就像“优布劳精酿啤酒”包装一样，看着很简单但有美的感觉，又有质感。

2021 年 5 月 28 日

一、今天参加老板主持的精益启动沟通会。

（一）老板决定往窄收，单点突破。精益咨询公司赋能研发、生产、采购团队，深入到业务当中，共创共建接下来的工作。

（二）老板说，关键绩效指标反映你和你的团队专业功夫的段位和下功夫的程度。"功夫"是在解决问题、持续改善中练就的。基于现实，一切从现场出发，想办法解决问题，能力就能得到提升。

（三）跟孟德飞总团队召开线上会议，传达老板关于精益启动会的指导意见，沟通关键事项。

二、参加2020年度"西贝荣誉员工"颁奖会。

明星员工、忠诚员工和功勋员工是企业发展过程中的优秀员工代表。他们在自己岗位上辛苦付出，跟随企业一起成长。

展望未来，公司战略将转型到功夫菜事业，市场机会无限大。明星员工、忠诚员工和功勋员工在公司平台上有更多机会能够实现梦想，创造喜悦人生。

2021年5月29日

一、参加"新西贝，新青年——西贝33周年生日会"。大家欢聚一堂，共庆西贝华诞。

（一）"新西贝，新青年"，不管我来了西贝多少年，每天都是全新的一天，怀有一颗年轻的心去挑战、去创造，如果不争第一，那我们来干什么？

（二）感受到现场年轻人的活力和创造。西贝是一个成长学习平台，不管你从哪里来，西贝通过组织系统为你赋能，帮助你成长，实现梦想，创造喜悦人生！

二、我的10年梦想：

未来10年我只做一件事：实现公司战略意图，重仓年轻人，培养年轻干部。

因为西贝，人生喜悦！

2021 年 5 月 30 日

一、在周昕总数智部和曹萃团队的大力支持下，全国三代店 PAD 菜单于 5 月 29 日升级为华与华优化版本。

新版本为横版格式，顾客点餐体验更加顺畅，增加了特色产品的视频和价值点，使菜单画面既有美感又生动。

全国一代店 PAD 菜单计划于 6 月 5 日更新为升级版本，目前正在整理菜品库和菜品图片。

二、全国门店新款儿童餐：三代店已于 5 月 27 日上市，一代店已于 5 月 29 日上市。

目前分部正在进行儿童餐上市之后的跟进、优化工作，让到店的孩子品尝到新款儿童餐。

三、门店西贝儿童友好服务 15 秒宣传和吃播视频已于 5 月 29 日上线播出。

分众西贝儿童友好服务 15 秒视频从下周一开始播出。

从门店到商圈传播儿童友好服务理念，提升品牌势能。

2021 年 5 月 31 日

“学华为，想西贝”读后感：

一、学华为：

（一）企业生存发展的根本出路是开源，而开源的关键是创造价值。

（二）发展是解决一切问题的总钥匙。企业发展需要持续学习，不断地学习、试错，通过耗散获得成长。能力建设都是面向未来的。

二、想西贝：

（一）不算小账，面向未来：功夫菜模式是在莜面村业务上成长起来的第二曲线，又好、又多、又便宜、又方便。一顿好饭随时随地，服务全场景、全时段、全人群，市场无限大，是满足顾客价值需求的解决方案，也是餐饮的效率革命。

今年是功夫菜元年，功夫菜档口植入莜面村相当于在莜面村植入一棵果树，第一年就是往深扎根。现在遇到的顾客对功夫菜不认可导致功夫菜库存多，我们要有足够的耐心一点一点地去解决，在此过程中见招拆招，随机应变。

我们的算账周期不是眼前的一个月、一个季度、一年，而是面向未来的3年、5年、10年。只有在更长的周期中，才能明白公司的战略。

（二）不断进攻，提升能力：

又好、又多、又便宜、又方便是功夫菜战略，是整体系统的组织能力。

每一个部门都跟战略有关，都要跟公司战略高度一致，在一个管道内发力，敢于突破、挑战，不断进攻，下功夫共同提升组织能力。

2021年6月2日

跟进全国儿童友好7大服务执行情况。

一、昨天是“六一”儿童节，通过裁判检查和后台反馈，收集到了儿童友好7大服务执行中存在的问题；有些门店上菜超时，没有按照公司标准落实服务动作，宣传广告没有按照公司要求做到位；对问题进行了充分暴露，接下来跟分部老大去优化整改。

二、就具体问题制订解决方案，团队落实推进。

（一）优化儿童友好服务视频内容，增加菜品售卖地域差异提示；跟物资部团队协商增加儿童餐具小勺，增加大孩子用的筷子。

（二）优化出餐流程，解决超时问题。

三、儿童友好7大服务落地是公司整体战略的事情，分部老大要统一到战略下面做事，在一线亲自体验，发现问题并快速改善。孩子吃得高兴了，大人才能吃得舒服。

2021年6月8日

晚上老板给大家“过”功夫菜战略务虚会报告，进行了点评、赋能。

一、我们战略的起点就是我们的愿景，功夫菜是实现我们愿景的解决方案。功夫菜又好、又多、又便宜，能够服务各种场景。一顿好饭，随时随地；因为西贝，人生喜悦！

二、蓝图要反复练习，不管哪个部门提炼文化都要在蓝图里，不能自己乱造词，一定要和我们的蓝图互相强化。

战略首先是想做，看愿力有多强，只有用心才有链接的纯度。往蓝图上走，往战略上靠，力出一孔，一以贯之。

2021 年 6 月 10 日

今天参加功夫菜战略务虚会。

老板用一棵树表述了西贝战略。

（一）大研发、大生产、大采购、大支持和大服务是“土壤”，供“血液能量”，树上挂着 8 个果实（8 个渠道），大销售和大宣传相辅相成，强运营是树干的核心部分。

（二）战略就是可做、想做和能做的交集。“可做”是市场机会，“想做”是愿力有多强，“能做”是基于战略配套的组织能力有多强。组织能力越强，战略就越大。

（三）能力是长出来的。干大事不能急，关键是团队能接得住。首先要想清自己，要有强大的精神力量，团队要选什么样的人？选想干、想冲和想要的人，只有愿力够，才能打上去。

2021 年 6 月 12 日

一、亲子活动宣传视频重新录制完成，用于门店和商场举办亲子活动宣传。

新版的亲子活动视频以“西贝家庭友好餐厅”定位为主题，突出宠孩子，以 1 小时“都市爸爸”和“精致妈妈”跟孩子的情感链接为主线，孩子和爸爸妈妈一起互动，有趣、好玩，有参与感、仪式感。

二、组织分部总厨开始试应季时令蔬菜，丰富菜单。应季时令蔬菜选取当地广泛普及原料。目前北京地区已开始试菜，试菜标准按流程报研发部审批后方可售卖。

三、梳理全国售卖的酒水，保留符合莜面村格调的商品，不符合的就下架。酒水和菜单一样，全国统筹管理。

2021 年 6 月 21 日

一、参加老板主持的外卖研讨会。

（一）现有莜面村门店的外卖包装、产品要优化，增加功夫菜，丰富外卖产品。

（二）西贝外卖（专门店）是功夫菜战略的突破口，通过西贝外卖跑起量来，大研发、大生产和大采购的成本才能拉低，而低成本才能实现功夫菜又多、又好、又便宜的战略，才是顾客要的价值。

（三）用功夫菜、外卖业务来激活组织、年轻人，实现公司战略意图。从第 4 季度起，在北京、上海、广州和深圳开出 300 家西贝外卖（专门店）。

分部老大是立标杆、树榜样的核心，要"重仓"年轻人。总部也要支持年轻人创业，股份占比还是按照莜面村的模式。

二、参加老板主持的外卖包装研发线上会议。

一个品牌，一个包装逻辑，一种包装基本形式，在这个基础上进行变化，把我们所有的菜都装进去。包装拆到最小单位自由组合，满足不同产品的包装要求。

包装设计必须把客人的感觉融进来，要美，有先进的理念，让客人一看就喜欢，一吃就上瘾。包装的创新足够，就会成就好的产品。

2021 年 6 月 24 日

参加老板主持的月饼营销专题讨论会。

一、西贝杂粮月饼卖了十几年，已经积累沉淀为品牌资产。

营销最容易的就是“花式玩法”，垂直打不深就往宽拓，开始变几个花样。

营销最核心的是如何强化和延续，把老故事讲得很有新意，在一点上持续打透。

二、包装的核心是直达本质，体现功能、极简和美。经典包装就是不断地重复、重复。

2021 年 6 月 27 日

今天参加老板主持的“2021–2022 年西贝战略推进沟通会”。

一、高水平的标准化是实现规模化的基础。

接下来，要主导推进各个部门专业的模块化作业，编写标准化手册，把每个业务板块的菜单都拆细，包括产品的名称、卖点、分量、定价、工艺、原料和包装。下够功夫，提高标准化段位。

二、一切经营活动围绕菜单。

每个业务板块菜单梳理的核心是要有经营端思维，梳理过程中要和分部老大、总厨沟通。

2021 年 7 月 1 日

一、参加老板主持的月饼项目沟通会。

今年西贝主打燕麦月饼，传承健康理念。月饼具有礼品属性，包装是核心。老板讲述了工作法——现场、现物、现实。从全国的包装中挑选出适合西贝燕麦月饼的包装设计，是高段位的拿来主义。

好的包装，首先是概念、命名和卖点的提炼，然后就是设计的质感，顾客一看就喜欢。

二、跟周昕总团队对接“一切为了顾客服务中心”服务系统软件需求。

三、推进办公区 5S 管理。

2021 年 7 月 2 日

一、下发《0.25% 赛场奖金考核方案》。

3 季度聚焦战略落地，对儿童友好 7 大服务、美食顾问工作落地进行评比奖励；继续奖励爱顾客的好员工。

二、推进亲子活动工作：

（一）已将亲子活动报名系统迁移到 A+POS 系统，增加了主题活动选项和报名信息查询功能，顾客可以自主选择主题活动进行报名。

（二）下半年开展中秋、国庆和圣诞主题亲子活动专题培训，全国门店亲子活动主持人都要参加。优化亲子活动主持人鉴定标准，组织分部对所有主持人进行鉴定。帮带、鉴定大型商场活动主持人。

三、白兰瓜从 6 月 22 日开始预售。截至目前，门店和西贝商城共预售 9 000 颗。今年核心工作是引流线上，比去年提前 10 天预售，让顾客抢“鲜”品尝到瓜州的高甜白兰瓜。

2021 年 7 月 3 日

一、参加功夫菜新模式体验。

受老板去呼伦贝尔灵感的启发，孟德飞总和张力钧总团队创造了“老孟小卖部”功夫菜新模式，我看了之后感觉特别兴奋，跟原来的功夫菜模式完全不一样。销售端特别轻，价格低，加热方便，轻装上阵，没有压力；丰富多样，丰俭由人。

二、参加老板主持的功夫菜讨论会，畅想功夫菜新模式。

（一）“老孟小卖部”的实验非常有价值，小型化的产品非常丰富，“小可爱”的产品非常有价值，把功夫菜由原来我们摆一柜子的“LV”，一下就变成了我们一直想做的“优衣库”。这些产品补强了外卖产品，让外卖又多、又好、又省、又快。

（二）“重仓”年轻人，关键是要靠一个好模式。

老板讲的“小可爱”核心是要突出美的价值点，特别符合西贝，能彰显西贝价值。

注："小可爱"指的是"老孟小卖部"选出19道功夫菜产品进行内部测试，尝试多种包装形式，像冰棍一样的小份、小价、小包装，呈现功夫菜终端零售新模式。

2021年7月5日

一、了解到北京电影节期间需要营运支持落实的工作，重点是高质量的美食顾问——既要服务品鉴好功夫菜产品，又要彬彬有礼、落落大方，树立好品牌形象。

接下来，要跟北京的分部老大作沟通，从现有的美食顾问中优中选优，提前训练。

二、收到老板关于"莜面村分众广告效果监测会议"的精神。

从广告效果来看，西贝莜面村适合孩子的定位在顾客认知中比较突出，与我们"家庭友好餐厅"的定位一致。

接下来，要持续强化"家有宝贝，就吃西贝"，落地儿童友好7大服务，在一个点上打透。

三、精益营运团队跟秀松总团队、法务、设计、公关和会员中心团队沟通确定了《西贝餐饮对外宣传审核管理制度》细则。

2021年7月7日

一、跟团队沟通明天"全国生产贯标落标复盘会"重点内容。

自导师团队2季度开始贯标以来，菜品顾客满意度上升，差评率下降。对全国门店的工匠师傅进行了培训鉴定认证。聚焦产品提升、人员成长，落地"好吃"战略。

二、了解到会员中心下设的严瑾团队在会员社群内自己卖货自己收钱，卖的货没有经过公司采购和食安团队审核管理，收顾客的钱到个人账户上，违反财务制度。

底线原则：所有销售收入必须进西贝统一系统，杜绝一切系统外的销售行为。

重新明确会员部的功能就是维系好会员、做好会员服务，不碰销售业务，销售业务交给西贝商城做。

三、结合外部公关专家的建议，对门店如何回复顾客清真饮食禁忌这一问题的统一话术进行优化调整，并下发到门店进行培训。

2021 年 7 月 9 日

召开全国总厨沟通会，了解总厨需求，为他们提供帮助。

结合总厨建议，优化了“赛场 0.25% 奖励方案”，对店长和厨师长都进行奖励，但比例略有不同。奖励方案的调整导向店长和厨师长共同协作，上下一致，把一家店管好，共同服务好顾客。

只有稳定的厨房团队，才有稳定的出品质量。从人力资源系统调取数据，对员工离职、复职管理规定进行了优化：明确员工从门店离职后半年内不允许复职到其他门店或部门，复职后的待遇不得高于离职前待遇。定下规矩，让员工沉下心来长本事。

2021 年 7 月 10 日

对 3 季度的赛场规则进行了优化。根据严重程度把原来的红牌项划分为零容忍项和红牌项，零容忍项发生一次直接扣除 12 分，相关责任人当月降职降薪。零容忍项出现之后，要快速处理，守好企业安全底线。

对店长和厨师长的检核项目进行了区分，责任到人，便于他们聚焦本职工作，把基础工作做扎实。

2021 年 7 月 11 日

统一全国台布质量，从源头上管理。台布由门店管理优化成洗涤供应商租赁管理模式。3 年内，由供应商负责免费更换不符合标准的台布。以北京地区为例，原来台布洗涤费是 1.8 元 / 块，后来降到了 1.5 元 / 块，现在是 1.67 元 / 块，贵了 0.17 元 / 块，供应商免费提供新台布。

新的台布管理模式让门店既没有压力，又能统一台布标准。原来门店不舍得换，不符合标准的旧台布一直在用，一家店会出现多种色差的台布。

2021 年 7 月 15 日

跟进草原酸奶冰淇淋专项工作进度。

草原酸奶冰淇淋是一款跟“西贝家庭友好餐厅”定位相关的福利，它跟现在市场上的冰淇淋不一样，是用我们正蓝旗自建奶食基地生产的酸奶制作的。

和老大们作了沟通，要给顾客推荐草原酸奶冰淇淋，让顾客体验到美味，用我们的好产品让顾客幸福，赢得顾客好的口碑。

2021 年 7 月 17 日

我对费敏老师“产品力”思想的理解：

一、产品力的源头是顾客需求。功夫菜是满足顾客“随时随地一顿好饭”的解决方案。有了解决方案之后，我们要细化每一个服务如何触及顾客、选择什么样的路径、从哪里切入市场。只有先撕开口子，功夫菜才能被越来越多的顾客体验到，产品力才能转化为顾客价值。

二、产品力是组织能力的综合体现。

（一）大研发从源头锁定大师手艺，保证高品质菜品。大生产工厂生产线排满，大采购集采有成本优势，大销售源源不断地下订单，足够多的量就会把工厂的成本降下来。物流高质量地把产品交付给顾客。

（二）每个部门都和产品力有关，都要在自己的专业领域内构建专业能力，同时还要服务好上下游，整体协同起来共同构建组织能力，用我们的产品力击穿一切！

注：费敏——华为公司前常务副总裁，EMT（华为最高管理机构）轮值主席。

2021 年 7 月 21 日

营运部跟数智部团队对接落实系统工具，给门店赋能。

门店现在使用的系统有报货系统、排班系统、预估系统和 KDS 系统等。有些门店还没有养成使用系统工具的习惯，还靠干部的传统经验工作。

门店从传统变成系统化作业，系统化的工具需要营运部往下落地。

2021 年 7 月 27 日

经过跟分部老大、分部总厨沟通共识，8 月 1 日起全国门店统一执行新的厨房薪酬制度。

根据城市不同，新的制度规范了工匠师傅和档口主管的工资标准，突出薪酬在当地就业市场的竞争力，吸引优秀人才。

根据能力不同，厨师长工资划分为 3 个等级，从 1.2 万～ 1.5 万元不等。接下来，组织全国总厨细化能力项要求，在 9 月之前完成厨师长的定级定薪工作。

2021 年 7 月 28 日

一、昨晚，西贝莜面村北京金源店代表西贝莜面村品牌登上大众点评“必吃榜”，提升了西贝莜面村商圈品牌势能。

二、关于昨天骍然作业中的一些内容，我通过几组数据帮大家还原一下事实。

（一）关于秒付买单占比搁置：

从数智部调取的数据显示，1 ～ 7 月，秒付买单占比 65.8%（其中微信 52%、支付宝 13.8%），大众点评买单占比 8.7%。

（二）关于大众点评公域流量跟我们会员私域流量：

大众点评公域流量注册会员 7.2 亿，西贝莜面村注册会员 7 月突破 900 万。

流量的核心是如何经营会员，加大会员黏性，提升复购率。互联网时代不存在谁抢了谁的流量，顾客是用“体验值不值”来投票的。

所有的顾客都不会自然而然地成为会员，都需要投入成本。为拉动顾客完善会员信息，从 6 月 11 日起，会员中心给完善会员信息的顾客赠送 20 元券，6 月和 7 月共赠送了 402 万元，共完善 25 万人的会员信息。

（三）关于优免：

1 ～ 7 月，会员权益优免 5 979 万元，占整体优免额的 20%。

大众点评优免 1 553 万元，占整体优免额的 5.2%。

三、每个部门做什么事情都要相互沟通，不能按自己的认知去做事，因为每一个人掌握的市场信息跟顾客体感不一样。

门店反馈淘宝、闲鱼上有西贝代买单业务。经调查，代买单人使用新手机号注册成为西贝会员，然后使用 VIP 兑换码（季卡）升级成为西贝 VIP 用户，完善信息后会收到西贝发放的 60 元生日券；代买单人使用 60 元生日券结账。VIP 兑换码（季卡）是会员中心跟京东合作的活动，共计 50 万张兑换码，实际兑换了 1.78 万张，已于 6 月 30 日结束。这项活动没有按照流程经过营运部审批。

营运部就是要通过沟通把上游打通，协同起来，一起服务好门店，这是最核心的。

我们不是站在自己的认知里面做事，而是站在公司战略和发展以及顾客角度上去做事。

2021 年 7 月 29 日

一、营运部跟北京分部老大对接勺子课堂“超级店长 4 项全能”课程培训。

龙龙总分部报名 21 人，高总分部 20 人，李老师分部 15 人，慧琴总分部 13 人。为北京分部老大的支持点赞！跟勺子课堂对接，给西贝的店长单独开班。

西贝的店长是靠传、帮、带成长起来的，有实战经验，但系统性能力不足。通过参加这次培训，他们可以系统地学习经营、运营、训练和激励知识，将来运用到实际工作当中，提升自身能力。

二、昨天收到慧姐分部反馈草原酸奶冰淇淋的标准在实际操作中不好把控，现有的标准量 80 ～ 85 克，制订不合理，没有考虑到门店的实际操作。

营运部对接研发部优化标准定为 80 ～ 100 克。关于小口径的纸杯，赵力功师傅正在市场上寻找，后续营运部持续追踪。

2021 年 7 月 30 日

营运部跟研发部梁飞导师对接，对牛大骨产品进行优化。

取消了顾客满意度低的牛拐骨和牛扇子骨，牛后棒骨由每套 3 块调整为 2 块。

计划到 9 月下旬增加“牛小腿”部位，一条牛小腿切 4 刀，中间 3 块是带骨腱子肉，两头的 2 块骨头有肉有筋，每块重量达 500 克左右，让顾客多一些选择，吃到特色，吃得舒服。

2021 年 8 月 2 日

依据 3 季度赛场守底线规则，经过裁判检核，7 月分部有 15 人被扣满 12 分，其中店长 1 人，厨师长 9 人，工匠师傅 5 人。根据规则，扣满 12 分后，降职降薪一个月，工资按照 80% 发放。

裁判的职责是守好底线，通过现场和视频检核曝光违反底线问题。通过竞赛机制兑现，让大家自觉守好底线，为管理者提供工具抓手。

2021 年 8 月 16 日

一、到“吃米先生”体验用餐，这家店整体的现场呈现对贾国龙功夫菜小饭馆模式有很大的启发。

“吃米先生”的产品结构很清晰：招牌稻花香米饭、六大头牌下饭菜、18 道现炒有锅气的下饭菜、2 道炒饭、2 道蒸饺、4 款小咸菜和 1 款汤。它的市场目标群体也很精准——面向周边社区客群，人均消费 40 元左右。将来我们功夫菜的小饭馆店也要根据周边商圈的客群定位选品，产品丰富多样、丰俭由人。

二、参加老板主持的预备会。中国小饭馆环境有生活气息，档口有烟火气，设备有科技感，再加上门店加热功夫菜的香气，整体营造出高品质的中国小饭馆场景。

2021 年 8 月 18 日

今天重新梳理外卖专门店构想报告，核心只有两个字——创造。

老板提出万单店的挑战。离首钢体育大厦最近的南城香单月外卖达 2 万单左右，单客 30 元左右。首钢体育大厦周围 3 千米一个月外卖单量是 112 万单，贾国龙功夫菜外卖专门店市场空间足够大，万单店完全有可能实现。

老板说，企业的本质在于创造。他经常作极端假设探索，追求极致，极致就是不断地往上打，挑战自己的可能性。未来不是过去和现在思考的延续，而是创造一种全新的可能。被怼就是成长，每碰撞一次境界就提升一次。

2021 年 8 月 23 日

参加老板主持的贾国龙功夫菜新模式会议，收到他的赋能。

外卖商圈日万单店和中国小饭馆是新模式，我们西贝有 33 年开饭馆的经验，所以我们坚信有能力干好！力出一孔，一以贯之！

一切经营活动围绕菜单。功夫菜标准化程度高，在给顾客呈现时预制程度要灵活，最终要保证顾客体验，用产品力击穿一切！

企业文化部的育新、王月给大家讲述了外卖商圈日万单店和中国小饭馆模式，场景设计部给大家展示了“916”招商大会场景，让大家对这两种新模式有了新的认知。

组织参会人员探讨两种模式的落地方案。主打北京市场，例如：北京 4 个分部，一个分部就是一个商圈，其他分部来开也是一样的政策。一个商圈按 1 亿元来规划，一天 1 万单。外卖专门店和中国小饭馆配合起来，撕开市场口子，打造成品牌。

2021 年 8 月 31 日

今天参加老板组织的汇报会，受到老板赋能。

中国小饭馆和外卖专门店都是全新模式，不能用过去和现在推算未来，要站到未来看现在。未来无法预测，但可以创造。我们现在做对了，才会有我们想要的未来。新的模式既要抢占现有市场份额，又要开拓创造新的市场增量。市场永远没有标准答案，一切都在创造之中。

中国小饭馆和外卖专门店模式是基于大规模连锁经营设计的，挑战的是组织能力。打磨新模式，总部分部一起共创共建！

2021 年 9 月 2 日

今天召开专项会议，统筹落实“916”现场各项工作。

按模块分工推进，我负责营运模块，孟德飞总负责生产模块，贾雨春政委负责指挥协调和进度追踪模块。成立专项群，每天各模块汇报工作进度，我和孟德飞总帮助大家快速解决问题，打通相关环节，一切为了“916”现场的高质量呈现。

“916”现场要真实呈现运营场景，关键是要设定挑战性目标，每个模式的店面都要有自己的销售主张，让大家充分感受到各个模式的魅力。

工作要以成果导向，明确交付的成果，细分到每一天的完成进度，日事日毕，日清日高。

2021 年 9 月 4 日

今天参加孟庆祥老师《企业营销战略系统》学习。

孟老师的课程内容是先进的知识，学习的关键是转化能力，只有不断练习并学以致用，才能成为工作的技能。创新来自工作技能的提升。

孟老师讲了会销的精细套路和打法，每一个步骤都是为顾客而精心设计的。想到“916”大会贾国龙功夫菜 2 周年成果汇展，每一个流程都要提前进行设计，让参观体验的伙伴感受到贾国龙功夫菜战略新模式的魅力，激发大家的创业梦想。昨天成立了活动策划小组，由王育新任组长，曹萃、俊珊、苑苑和慧臻参加共建。

华为成功的主要原因是把每件事“凿深吃透”的态度和能力。华为销售有一整套系统的打法，每个打法下面都有细化的套路、流程，这些都是在实践过程中不断总结出来的。从实践中总结提炼，不断累积成为组织能力。

2021 年 9 月 18 日

今天在“916”活动现场组织营运复盘。

北京 4 个分部的分部总厨、营运干部负责各模式店面的现场运营，他们辛苦付出，高质量地呈现了运营场景，相当给力！感谢北京 4 个分部老大的大力支持！

复盘的关键是收集一线的真实反馈，提取总结优化，指导北京金源店中国小饭馆实践，经营复盘的重点是菜单。根据经营需要，对产品的成本、分量、售价和销售结构进行优化。

大家提出了很多营运效率优化建议：带火菜品的底座要统一，以方便上菜和收纳；需要二次加工的菜品辅料标准要统一，这样效率才高；中国小饭馆餐桌只设 2 人和 4 人方桌，方便 4 人以上拼桌用餐。

营运工作是一个整体的闭环，明天将在首钢体育大厦继续和研发生产、物资、物流板块复盘。每打完一场仗，就快速总结。不断地打、练，总部的系统支持能力就会一点一点地提升！

2021 年 9 月 28 日

今天老板带领我们到中通集团上海总部参观学习。

中通集团的企业文化跟西贝有很多相似的地方。创始人赖总带领团队一路打拼，聚焦自己的行业，为客户创造价值，为员工提供发展机会。

大营运统筹大销售，“一切服务顾客”是共同的大目标。各部门聚焦组织目标，在划好的圈内深入基层，优化业务，提升服务顾客的本领。管理就是务实，落到实处才能为顾客创造价值。

2021 年 9 月 30 日

跟熊金安团队召开人力资源会议。

关注每个部门反映上来的情况，有人原来是总监，因岗位调整，现在干的不是总监的工作，拿的还是总监工资；有人在总部是主管，调到超厨负责库管工作，换了岗位，工资却没有调整。这些都会影响部门的平衡和企业的公平公正。以岗定薪，才是最基本的。

每个部门的一把手要思考得清清楚楚、明明白白，把企业当作自己的企业。大家都是合伙人，这是我们共同的事业；在战略框架内做事，拿成果来说话，划好自己的圈，带好自己的人。

门店就是销售端，而销售端就是顾客端，一切都是为了顾客！每个部门的一把手带高级经理们要有体感，才能服务到销售端。如果思想上追求安逸的生活，那么成长就会变慢，跟不上企业发展的速度。

年轻干部基础条件不错，要给他们上手历练的机会，既要给够他们待遇，还要从严要求他们，有天大的本事在这个时期也要下足功夫，才能成长；下不够功夫，工作投入不够，工作就不会做扎实。

2021 年 10 月 8 日

一、参加老板主持的“总部职能变革方案沟通会”。

总部职能变革的核心是思想变革，每个部门都是价值创造者。聚焦“全员支持销售，一切服务顾客”，落实支持行动，有的支持“多打粮食”，有的支持“增加土地肥力”，都在创造价值。

总部职能变革要走市场化道路，明确目标和职责，拆成精英小团队作战。在西贝强文化的统领下，把每个人的积极性、创造性都发挥出来，自己找活干，服务好门店，形成西贝工作法。总部的强能力、强标准和强管控是在不断探索中逐步提升的，最终导向“一切为了顾客”。

二、召开物流专题会。

财务团队暴露了物流工作存在的一系列问题：系统数据和实物不符、配送费用过高等，所有问题的背后都是管理问题。要给年轻干部赋好能，帮扶到，提升他们的管理能力，这是关键。

财务深入一线找到多少问题？物流团队才盘点过多少次仓？11 个分仓中有 4 个分仓接入了夏晖系统，就出现这么多的问题。一把手只有真正进入业务，才有体感，才能提升能力。

接下来，要求 10 月快速解决现有问题，优化物流管理流程。

2021 年 10 月 20 日

一、参加老板主持的公关团队汇报会议。

于欣团队汇报了《京城十二时辰》和北京国际电影节工作，通过投放广告提升了品牌势能。媒体是工具，是为我们品牌传播服务的。什么时候传播、传播什么内容，跟我们的战略推进节奏相关。

二、组织骅然团队召开部门变革业务重组会议，跟大家作了沟通。

对会员部的工作进行切分，对业务进行重组，营销职能工作归口到林男总品牌营销板块，销售职能工作归口到张萌的西贝商城，以提升效率，更好地服务顾客。

注：“区辨”这个词来自西贝所上的“美国领导力教练”的课程，英文为 distinguish，强调对不同事物进行区分和辨别，以便更好地认识和理解。

2021 年 10 月 29 日

参加老板主持的上海东方路店经营汇报会，受到老板赋能。

总部从源头上对菜单强管控，回到公司的大战略上来。站在公司品牌层面上，我们有品牌主张，也有整体的营销策略。接下来，公司对西贝莜面村进行优化提升，优化55道经典西北菜，回到草原的牛羊肉、乡野的五谷杂粮，强化特色。

反思：自己站位一定要高，因为站得高才能看得清楚，还要把自己做事的原则划好圈。

2021年10月30日

一、收到职能部门报上来的“支持商圈创业精英团队行动方案”。管理层讨论了报告，并进行了优化沟通。方案的核心是卫哲讲的“规定时间完成规定任务”，支持的行动必须具体，要明确时间节点。报告末尾的承诺一定要提气，跟自己团队服务行动直接相关，若做不好就跟自己没完！

二、每个商圈成立专业工作群，以创业精英团队为主导，总部每个职能部门根据项目分工进群支持，总部安排专人在群内协调，整理创业精英团队反馈的问题，跟进相关部门快速解决，事不过夜。

三、4季度保证有、好、快，总部从源头上强管控。不售卖低毛利产品。门店配够人、留住人以提升顾客体验，是最基本的底线，做不到就纳入赛场考核。

四、跟孟德飞总初步选定莜面村菜单，增加了经典的西北风味产品，计划于6日在北京组织试菜，确定后再组织各地区选菜。

五、关于生产研发导师贯标工作，我跟孟德飞总作了沟通。生产研发导师分组到门店和超厨生产车间进行贯标，保证产品以高品质稳定地交付。

注：生产研发导师是指来自总部，负责门店菜品建标、贯标、落标、查标和修标，并进行巡检、帮带，以保证菜品高品质稳定地出品，持续推进生产标准化落地的导师。

2021年11月1日

一、跟团队继续讨论优化4季度赛场方案。

聚焦战略方向，优化赛场机制，从源头上强管控，确保“保证有、好、快”。

分部核心是招人、训人、用人，门店配够人、留住人，提升顾客体验是底线。向下传导压力，从分部到门店，激发干部打好基础、提升能力，一切为了服务顾客。

门店值班进入赛场考核，值班的核心是提升干部能力，培养人才。门店每天必须有值班店长和厨师长。值班的目标就是落实“保证有、好、快”，确保顾客满意。

二、跟林男总团队共建集团品牌营销整合工作，基本原则达成共识，从源头上强管控。

从品牌的整体性思考，统一品牌主张、营销策略。对所有对外传播内容都要统一口径，所有公司对外传播渠道都要统筹管理、整体规划，新增账号必须走审批流程，包括新媒体。加强营销活动事前报批管理，大型活动品牌营销团队主导策划，强化品牌整体性，提升品牌势能。

2021 年 11 月 3 日

一、关于 4 季度赛场增加用人留人考核的思考：

4 季度赛场划分专项奖用于激励分部配够人、留住人。保证有、好、快的核心是人的到位。人的数量够不够、稳定性强不强，这些都会直接影响战略的落地。专项奖金奖励做到位的分部，要激励分部配够人，加大服务密度，提升生产能力，提升顾客体验。生意不是省下来的，而是创造出来的。

二、部门分成精英小团队以来积极探索优化业务，服务支持门店。

亲子活动精英小团队跟微信小程序组共同优化，在小程序界面做亲子活动宣传。系统自动识别带孩子和点过儿童餐的顾客，精准推荐。在顾客点餐界面有活动介绍，结账界面有积分兑换提示，根据店面需求进行推荐展示，助力门店亲子活动招募。

2021 年 11 月 5 日

参加老板主持的莜面村功夫菜档口优化会议，受到老板赋能。

功夫菜档口是零售界面，想象空间要足够大。“天下美食，想吃就吃”，功夫菜产品精致小份化地陈列展示，链接智厨到家。恢复美食顾问队伍，由总部招、配，跟顾客零距离地强链接，推广“贾国龙功夫菜”品牌，提前布局，为“贾国龙功夫菜”到家作铺垫。

年菜是新的市场机会，成立项目组研发精品年菜，营销团队要拿出策划方案。今年先“种下种子”，以提前布局探索。

莜面村堂食新菜 11 月 10 日在上海组织试菜。

注：年菜是指年夜饭大礼盒及单品，2022 年春节前开始推出。

2021 年 11 月 8 日

昨天到北京远洋山水店、北京上品 + 店现场体验。

一、北京远洋山水店环境陈旧，员工不在状态。客流量 160 多万的店，现场配人不够，节假日散服只配 6 个人，今天是周日，所以小时工没有来，导致顾客体验不好。接下来，要强管控，配够人。第 4 季度进入赛场，多少客流配多少员工，必须强管控。

北京上品 + 店的员工状态好，产品基本上没毛病，现场管理有序。

二、这是两个特殊的大店，整体比较干净。看了两家店的环境，觉得需要场景设计部第 4 季度优化环境。

每家店的外卖量每月都是 80 万单。现场外卖打包物料堆放杂乱，打包台小，因此外卖档口必须按标准优化。

2021 年 11 月 9 日

转变思想，敢于想象，对外卖重投入，创造生意增量。

疫情影响了我们堂食的生意，只有持续提升顾客体验，才能保证现在的客流不下滑。

生意突破增长的最大机会就是外卖，大家的思想要转变到外卖上来，对外卖重投入，不能用传统思维去做外卖。大家把精力投到外卖上，全面升级外卖档口，设立专区专间，配够加工和打包人员，优化菜单，提升出餐效率，用积极创造的心态，想方设法地进攻市场。

做生意要敢于想象，基于未来市场。现在投入是为了未来生意的增长，投入之后真的会有回报。

2021 年 11 月 15 日

参加菜单汇报会，受到老板赋能。

一、一切经营活动围绕菜单，销售主导制订菜单，体现经营思路。

大研发、大生产提供产品库，高品质稳定地交付产品，构建产品力。大销售在公司品牌营销战略下构建渠道力。

堂食要创造场景展示产品，只有顾客看到后才想吃到，这样想卖的产品才能卖出去。外卖要根据不同时段、不同商圈人群，确定销售主张，不但把产品卖出去，而且要保证有、好、快，尽量不浪费，形成经营闭环。

二、划好圈，下足功夫把事做好。

全员支持销售，一切为了服务顾客。销售不只是销售部门的事情，还是各个部门协同支持的结果。

要进行战略拼图：老板划好战略大圈，每个部门根据战略划好自己的小圈，精耕细作，下足功夫把事做好。自己要不断地区辨、界定自己的圈，不能出圈损失能量。

三、蹄疾步稳，跑得快，但很平稳。

做事不能急，但也不能慢，要在急和慢之间把握好度，思考区辨。面对市场机遇不能慢，该变则变，因为你慢了竞争对手就会抢先一步；确定战略之后，构建组织能力就不能急，要有节奏地稳步推进。

2021 年 11 月 22 日

今天召开菜单讨论会。

一、莜面村菜单聚焦草原的牛羊肉、乡野的五谷杂粮，十大招牌菜必须经典，真正能代表莜面村的牛羊莜特色风味。新上的产品丰富了整体产品结构，小份多样，给顾客更多选择，让他们吃得丰富，吃得舒服。

二、外卖经营的核心是设定挑战目标：2022 年外卖如何实现营收翻倍，配合什么样的营销活动。

一知一悟一做，核心是悟，在现有资源条件下，找到市场机会的突破口，想清楚线上如何做活动、如何露出广告位，如何设计线下产品（如何丰富一人食产品，家庭餐场景搭配哪些产品）。

三、线上商城零售的经营主张要明确，从我们的特色入手打造大单品，每个节日（如“双 11”“618”）要提前规划产品，配合哪些活动打爆，每一次活动都要链接顾客往会员池引流。

2021 年 11 月 29 日

参加张思宏老师《用户经营飞轮》培训，受到老板赋能。

一、用户经营是企业工作的重中之重。

用户体验落地，要靠一套用户经营飞轮机制来保障。用户经营飞轮的核心工具是按灯机制，基层员工在一线有权力作主解决顾客问题，确保顾客满意。员工随时可以向上反馈问题，流程畅通无阻。

二、2022 年门店顾客体验升级，保证有（沽清补偿）、快（超时半价）、好（不好吃不要钱），确保顾客满意，精益少浪费。建立西贝的按灯机制，按灯机制是报警机制，也是压力传导机制。2022 年，3% 的推广费要投给按灯机制。

（一）下午组织团队讨论细化按灯报警机制、压力传导机制。

2022 年聚焦落地总部顾客体验的核心行动，在顾客端思考做事，给员工赋能。员工做到位，顾客自然会感受到。

（二）协同数智部成立专项精英小团队，从源头上梳理，建立流程，开发系统工具为门店管理者赋能，实现顾客问题压力快速传导，相关部门解决进度实时公开透明。全员支持销售，一切为了顾客。

注：《用户经营飞轮》作者张思宏以亚马逊（中国）前副总裁和首席用户体验官的身份揭示了亚马逊如何以用户反向驱动力为核心，建立用户经营飞轮，实现持续健康增长的逻辑和实践。

2021 年 11 月 30 日

组织团队讨论西贝按灯机制。

一、真正的按灯不是天降奇招，而是用户经营的完整闭环。

聚焦顾客体验，落实“保证有、好、快”，一个一个动作做到位，为顾客创造价值，形成好口碑，带来高人气。2022 年确保顾客满意，精益少浪费，关键是配够人，只有这样员工才能做到位，并高质量地交付。

二、数智化系统保障机制落地。门店通过按灯系统实时上传问题，大营运分成专项精英小团队，协同门店解决问题，洞察顾客需求，细化行动，追踪反馈，形成闭环。

注：西贝按灯机制指的是当时门店为保障“保证有、快、好”而采取的机制——沽清送券、超时半价、不好吃不要钱。

2021 年 12 月 1 日

试食了儿童餐，觉得产品不错。初步选定 7 款儿童餐单品和 3 款套餐。

一、产品一定要具有莜面村特色风味。牛大骨是莜面村的招牌菜，研发的牛大骨套餐符合我们的风味属性。优化浇汁、莜面条调味汁，去除辣味，以适合小朋友吃。

产品造型上突出精致、小可爱，小朋友一看就喜欢。儿童套餐要有多种价位，顾客选择更多样。

门店设儿童餐专属档口，保证出餐效率和产品品质。

二、产品研发要从生产、采购和门店交付一条线整体考虑，优先使用莜面村现有原料，提升效率，减少新增原料新建生产线带来的浪费。

2021年12月3日

《服务中的100个怎么办》（1996年版）读后思考。

一、当年在临河爱丽格斯代表的是最高品质，生意火爆、一座难求，人们口口相传。看了当年于丽娟经理主编的《服务员学习手册》，非常敬佩！

她下功夫整理了现场真实发生的服务问题和每一个问题的解决方案，“有血有肉”，为服务员提供了很好的学习教材；坚持“客人永远是对的”原则，根据现场灵活解决问题，确保顾客满意，形成服务好口碑！

二、深入门店在现场持续打磨中国小饭馆标准模型。边干边提炼总结和优化，同时激发门店参与共创共建，形成标准和流程，将来开店才能复制。

三、每一家门店在顾客用餐的45分钟时间里跟顾客建立并深化关系，让顾客体验好，形成好记忆。

保证有，沽清补偿；保证快，超时半价；保证好，不好吃不要钱——这是我们对顾客的承诺，也是品牌价值主张。投入3%的推广费建立按灯机制，为顾客兑现承诺，激励一线员工尽力地做到，确保顾客有好的就餐体验。

2021年12月4日

一、昨天参加华与华提案沟通会，受到老板赋能。

（一）一切经营活动围绕菜单。经营活动在源头上必须提炼得非常简洁，去掉多余动作。我们做的是西北菜，寻找大西北的好食材，下足功夫做好美食，用美食跟顾客沟通。

（二）“家有宝贝，就吃西贝”，核心是让宝贝吃好。儿童餐专项研发组配精兵强将，专门研发和优化儿童餐；设定目标，进攻难点，链接外部儿童营养专家，下足功夫开发出高标准的儿童餐。

二、到金源中国小饭馆，发现问题，和陈真现场复盘优化。

（一）酸奶勺和汤勺统一用密胺材质，这种材质破损率低，效率高。

（二）米饭铲打饭速度慢，要换成和“吃米先生”一模一样的米饭铲，以提升效率。

（三）顾客下单蒙古冰酸奶后直接上桌，服务员不需要向顾客询问。

（四）女鞋厚底穿着舒服，男鞋穿着脚累，观察后再作决定。

（五）环境优化：现场看到了玻璃墙没有全部贴膜，跟张屏总沟通后确认墙面玻璃全部要贴单透膜，提升就餐空间的格调。红色“66 道经典中国菜”招牌于 12 月 8 日更换安装到位。

三、早上给许宏年打电话，他不接也没有回电话。跟林男作了沟通，决定把许宏年放到一线。

许宏年下午两点多到金源店，主要是处理封口机和打包膜的事情，要在现场掌握一级信息。昨天给他安顿在现场收集一手信息，但他今天上午没来。因此，把许宏年叫到金源小饭馆，对他进行了现场赋能。

全员支持销售，一切为了顾客。高级管理者一定要找准我们的顾客是谁——我们的顾客是门店，服务的也是门店。大家一定要深入门店，找自己工作的落地解决方案。

2021 年 12 月 9 日

一、参加秦歌招聘创业公司工作汇报，受到老板赋能。

（一）西贝只有一项资源——人。产品力、渠道力、品牌力，基础还是组织力，组织力就是人的能力。创业公司要不断地投资能力建设，增强“土地肥力”，做好人力资源的采购供应平台，为西贝服务得更好，同时还可以服务行业里的其他人。

（二）瑞幸 5 000 家店的招人、训人、考核人全部在线上完成。我们从现在开始构建系统建设能力，通过系统提高效率，因为未来的竞争就是效率的竞争，效率里面包含品质。

二、跟团队讨论 2022 年“北京战役”中国小饭馆分部选派精英团队方案。

分部老大派精英团队来北京开店，选人很关键。新模式要大胆起用优秀的年轻人，因为他们干劲足。

每个分部，包括海鲜毡房都要派团队来，根据明年开店节奏，分两批派人。

精英团队到北京后，纳入总部统一管理、训练、考核，统一作战。

三、跟孟德飞总到金源小饭馆。

（一）遇到了老西贝人邓德海总，请他吃了一顿饭。邓总很高兴，感觉小份菜都不错，小饭馆标准高，是快中餐模式。

（二）跟孟总在外卖档口吃了麻婆豆腐和鱼香肉丝，这两个菜是中午剩下的，还在保温架上，还是热的。孟总尝了一下麻婆豆腐，觉得味道相当不错。鱼香肉丝的肉丝有点僵，但没有旧菜的味道，这是我们预制菜通过农科院的高科技转化的成果。

2021 年 12 月 11 日

一、金源小饭馆美团外卖到现在还没有上线，因为我们跟美团在扣点上没有达成一致。安排郗丹、马燕今天上午约“美团中餐”大客户经理见面谈事，郗丹迟到了将近 1 小时。

（一）给下属交代工作，自己一定要亲自盯。中午给郗丹讲得清清楚楚：“快速帮我约美团老大，双方谈未来的发展，未来我们大量开店，美团扣点大是不行的。”

（二）上次安排郗丹优化一托四压膜机，压膜机太大，而手工压膜速度慢，她的解决方案是手工一托一机器，没有快速地想到更好的办法去解决，对话不在一个频道。

在现场跟圣雄和杨旭亮总作了沟通，必须是一托一、一托二的自动化小机器，机器不能大，快速推进。圣雄已经开始跟厂家对接，上自动化机器。

二、点金源小饭馆外卖体验。

（一）在离金源小饭馆直线距离 1 千米的地方下单，下单时间为 12 点 59 分，送达时间为 13 点 19 分，也即下单后 20 分钟送达；整体菜品味道好。

（二）存在的问题：

1. 姬松茸老鸡汤是温的。

2. 宫保鸡丁盖膜未完全封好，有汤汁流出。

3. 麻婆豆腐餐盒表面有汤汁油印，鸡汤餐盒表面有脏印。

4. 骑手将菜品交到顾客手中时没说承诺话术。

（三）金源小饭馆外卖上线第 5 天，我们的干部一直在现场梳理打磨，但首先要做到最基本的——管理干部要有体感。什么是体感？在现场站在顾客体验角度发现问题并解决问题，不能浮在面上，要落到实处，心力、脑力、体力全部进去。

2021 年 12 月 15 日

金源小饭馆：

一、最近两天金源小饭馆外卖商圈配送有超时现象。郗丹团队进行了测试，将没有出订单的商圈配送半径缩短 1 ～ 1.5 千米。

今天上午发现订单突然减少，所以迅速恢复昨天的配送范围，比昨天上午少了 61 单、2000 元。今天整体测试是有效的，发现了哪些地方是“高产区”、哪些地方“不产粮”。

二、跟郗丹作了沟通。今天她在金源作测试，不打招呼，没有原则性。

金源店是打样店，外卖单量一旦下降就会影响品牌势能。做测试必须事前打招呼，我跟陈真去沟通区辨，这是服务门店的原则。

超过3千米有下单的，25分钟内确实送达不了，但占比不超过2%。还没有上线美团，我们一点一点打磨，不能为交差而盲目行动。

2021年12月17日

今天收到老板在金源小饭馆用餐反馈。

晚餐在金源小饭馆现场，跟陈真、耿小平和何海宾沟通效率提升的事情。小饭馆是快正餐模式，要突出高效率。

今天老板用餐时导师刻意给他现打现加热弄的米饭，这些是假动作，都跑偏，因为老板也是顾客，要正常接待才是打磨的真实场景。

米饭与第一道菜一起上，数智部开始优化系统设置，从系统流程上实现。

手机点餐界面上菜品按周销量自然排序。每周一道功夫菜作为顾客扫码成为会员的见面礼，周周不重样。

顾客下单蒙古冰酸奶后直接上桌，由顾客自己分，减掉服务员分酸奶的多余动作。

跟陈真团队复盘工作标准的落地情况。之前已将蒙古冰酸奶、米饭和上茶水的标准通知给大家，但现场没有做到。优化流程，成立全员学习群，将优化完的标准发到群里，现场盯着做到。

2021年12月20日

参加金源小饭馆现场会，受到老板赋能。

一、带人带作风，管人管行为。总部干部在作风和行为上必须去掉“大爷”习气。总部的人到现场有3个角色——体验官（当顾客）、运动员（干活）、裁判员。

总部的人来现场干活按岗位排班，把所有流程全部体验完，只有真正沉下去，才有体感。

二、自己这段时间也到小饭馆现场打磨，优化了一些标准，但没有按照工作站一个一个地去打磨，缺少系统流程化思维。

小饭馆模式要向全国快速推广，必须把这家店当作作品，一点一点地亲自打磨，一个一个工作站“过”。学习是最基础的，只有改变了自我认知，有了体感，才能养成自我习惯。

三、化繁为简即高手，实事求是就是神。价值是提炼出来的。美、好吃、通用都是价值，为我们的价值主张服务。

2021 年 12 月 23 日

关注儿童餐研发，受到老板赋能。

儿童餐研发是西贝研发的大工程。儿童餐项目组由市场专家、营养专家、烹饪专家和食品工程专家组成，由市场端的人来主导。他们对市场有感觉，充分调研后组织项目组研发测试。要敢于选年轻人主导项目研发，给他们机会，锻炼他们。

2021 年 12 月 27 日

晚上参加老板主持的儿童餐战略务虚会，受到老板赋能。

老板发出贾国龙功夫菜首位品类 CMO 召集令，加大投入，进行饱和攻击，撕开功夫菜到家业务的口子。

老板一直在洞察市场，创造新模式，梦想驱动看的是未来。儿童餐是功夫菜最大的突破口，能链接千家万户，服务亿万儿童。

“家有宝贝，就吃西贝”，聚焦“家庭友好餐厅”，把儿童餐卖好，服务好儿童。全员支持销售，一切为了顾客。

2021 年 12 月 31 日

一、参加老板主持的“自建骑手队伍”专题会议，受到老板赋能。

下定决心从现在开始自建骑手队伍，创造性地用高薪招到优秀人才，春节前快速打开局面。创业精英亲自当骑手，找到体感。

骑手形象要好，衣服要穿得干干净净，车维护得整整齐齐。每个骑手都是地推，遇到顾客主动打招呼、递名片，代表“贾国龙功夫菜”品牌跟顾客的深度链接，为品牌加分，他们是活广告，也是亮丽的风景线。

二、参加跨年活动，迎接 2022 年！

年轻人组织的跨年活动现场氛围热闹，很感染人。节目内容有趣、新颖，有代入感，看着他们劲歌热舞，感觉自己也浑身散发着朝气。新西贝，新青年，新作为，新气象！新的一年，祝大家新年快乐！

要一致。之前跟志刚开过会：第一，不能虚高；第二，做活动定价运作是要沟通的。因为每个分部都在线上商城叫顾客卖货，价格不一致，就会给顾客留下西贝价不实的负面印象。

我不懂零售的定价原理，姜总现在做零售，应让他来定这个事，商城该卖什么样的价格大家要一致，在顾客界面不乱价。

三、北京地区上周六有16家店堂食营业，周日有18家店堂食营业。周日，北京合生汇店全天坐了86桌（185人），蓝色港湾店全天坐了61桌（142人）。阳完的顾客开始到店用餐，客流在慢慢回升中。

2022年12月20日

我们一家三口已经阳了两个，今天晚上我也开始发烧了——头疼、嗓子疼、眼睛疼、浑身疼，明显感觉就是阳的症状，故吃药，多喝水。

2022年12月21日

一、参加高管工作安排例会，受到老板赋能。

昨天老板布置了作业：让大家对想象中的2030年中国本土（含港澳台）餐饮品牌10强进行排序。今天老板从战略角度作了解读分析，自己提升了认知。研究战略要从赛道研究开始，什么样的赛道就用什么样的赛车，你是什么样的赛车手最终决定了成绩怎么样。

正餐赛道会分化到各个地方的地方菜，中国地大物博，正餐一定是各种风味餐厅，只要做得好，一定有固定的客人。莜面村是风味餐厅，现在儿童餐在市场上很有竞争力，机会很大，2023年持续追击放大，儿童餐的堂食、外卖跟零售都要创造性地增长。莜面村是基础老业务，稳字当头、稳中求进。

快餐赛道是真正的最大赛道。对未来要敢于想象，贾国龙酒酿空气馍是企业第二曲线，也是未来的第一业务，战略敲定之后就要聚焦专注，往上配组织资源。西贝下一步的方向是“强总部、重品牌、轻资产”，总部的整体系统能力会变得很强大，品牌越做越大，门店端的资产会越来越轻。

二、截至目前，今年全年共举办亲子莜面体验营活动 13 646 场（其中门店活动 13 538 场，商场活动 108 场），共链接了 126 918 组家庭。

亲子莜面体验营活动聚焦高品质亲子陪伴，打造好体验，传播好口碑。今年专业儿童餐推出之后活动进行了升级，加入了儿童餐品鉴、美食课堂环节，生动讲解营养知识，产品 DIY，跟小朋友家长互动起来，传播推广好专业儿童餐。

2022 年 12 月 22 日

北京堂食陆续开始营业，昨天有 38 家店堂食营业，店均开台数 27 台。

龙龙总分部的门店在客流量少的情况下积极创客，主动给顾客发信息，告知可以堂食的消息，贴心关怀顾客身体健康，邀请他们来门店用餐，并做好防疫消毒工作，让顾客很安心地吃上一顿饭，餐后还送上小零食，让他们带回家给没能一起来店里的宝宝，顾客对此很感动。2023 年堂食要为顾客提供高质量的体验，真心诚意的服务是基础核心。

2022 年 12 月 23 日

昨天公众号推文儿童餐零售产品，销售额 103 万元，其中儿童餐销售 20.8 万元。4 种彩蔬海虾饼最贵，但在儿童餐产品中其销量及销售额都是第一，售卖了 760 袋，销售额 3 万元。其他销售额较高的产品是牛肉胡萝卜小水饺、完熟番茄牛肉酱莜面条和牛奶果蔬小馒头。销售额排名前 10 的产品中，儿童餐产品占了 4 个。

通过几次对比推文，我发现儿童餐产品推文拉动销售效果特别好。商城 2023 年以儿童餐为突破口，聚焦儿童餐零售产品及牛羊肉杂粮产品，服务莜面村会员。莜面村的家庭客群是追求品质的生活

2022年12月30日

一、思考2023年大外卖如何出彩。

3年疫情期间，堂食受到影响，带来外卖市场的增长机会，我们3年的外卖营收持续增长。2023年疫情结束，社会恢复正常，堂食开始回升上量，外卖市场的自然流量减少。面对市场的新变化，更要坚定信心进攻，用品质外卖、品牌外卖引领市场。

大外卖的“锚”就是品质外卖。用好华与华专业创意，策划线上营销活动引流，不打低价，突出价值感。大外卖项目组的产品研发要跟营销活动相匹配；门店的交付落地要做“实”，聚焦消除顾客差评；团队的外卖业务能力还要升段，培养一批懂线上推广运营的外卖干部，提高线上投入产出比。

二、亲子活动部评选全国7个分部12家门店的主持团队为优秀主持团队。

亲子莜面体验营活动高质量地举办，优秀主持团队是关键。亲子活动部通过活动场次、参与家庭数、顾客满意度和留餐率等方面进行评选，奖励认可优秀伙伴，激发门店培养出更多伙伴成为优秀主持人，把亲子莜面体验营活动持续办好，传播好口碑。

2022年12月31日

一、参加“贾国龙酒酿空气馍誓师大会”，感受到各个团队的士气特别高。创业战队点亮商圈开店，职能部门提供专业支持，大家全力支持贾国龙酒酿空气馍“北京战役打胜仗”。莜面村团队2023年下半年参与进来，为贾国龙酒酿空气馍市场破局做贡献。

二、参加公司年会，送走疫情，迎来春暖花开，所有的美好都将如约而至！

各种奖项的颁发特别鼓舞人心，会场充满了正能量。3年疫情期间，分部老大们带领团队迎难而上，创造性地落地公司战略。龙龙总分部是大外卖战略落地和会员商城贡献标杆，慧姐分部是系统建设标杆，李老师分部是带团队打硬仗标杆，齐总分部是儿童餐战略落地标杆，忠其总在公司产品研发上持续做贡献。其他分部老大也带领团队积极创收，提升了组织能力。

感谢李老师、慧琴总、武卫总多年来给公司做出的贡献。他们把接力棒交给了新团队，营运部将继续服务支持好他们，传承好公司文化，带好团队，落地公司战略，服务好顾客。

获得了老板颁发的“火车头奖”，该奖既是荣誉，更是挑战。2023 年跟分部老大、营运团队一起稳扎稳打，在顾客端持续发力，高质量地发展。

向丽平总学习，学历很重要，但学习能力更重要。虽然我学历不高，在新的一年里我将继续提升学习能力，充满好奇心和渴望去学习新的东西，提升自己的段位。

贾国龙小吃市集的场景很有感染力，美食丰富多样，体验特别好。

三、跟华与华贺绩团队沟通“西贝‘2·14’亲嘴打折节”方案。

亲嘴打折节 2023 年已经是第 8 届，是我们持续累积的品牌资产，要继续优化传承好。2023 年疫情结束，亲嘴打折节将成为人们表达爱、传递爱的场。优化门店物料布场，突出亲吻照片墙，提升氛围感染力。提前活动预热，综合用好抖音、小红书 KOC 全面传播，提升活动热度。

2023年

1月4日—12月31日

现场有神灵，2023年的核心就是带上营运团队巡店，下门店解决问题，提升现场。

专业儿童餐，核心是产品力，坚持不妥协地向低标准挑战，做不好跟自己没完。

表情是释放能量的，表情不对，能量就释放不出来。

餐饮冠军赛竞争的是极致体验，极致体验需要标准设计加极致执行。

2023 年 1 月 4 日

一、到六里桥莜面村研发中心参加儿童餐新品品鉴会。

儿童餐研发要往我们牛羊肉特色属性上靠，我在现场试了好多西餐产品，虽然呈现很漂亮，但不一定适合我们。我们现在卖的“番茄牛肉酱莜面条条”口味比较单一，可以参考空刻意面：一个意面有多种口味，横向作产品拓展，顾客有更多选择。

我们现在的“4 种彩蔬海虾饼”口感不太好，有腥味。今天试的新虾饼很好——虾和鳕鱼混合，口味、口感比较好，确定替换现有的海虾饼。

试了很多儿童餐零售品，零售品一定要依托于堂食，堂食顾客有了好的体验再做零售。如果直接上零售品，顾客没有体验过，那么对零售品就会缺少信任感。零售堂食线下体验和线上销售 2023 年要彻底打通，顾客线下体验丰富的儿童餐产品，门店重点往商城上引流，商城是零售的大增量。

二、参加六里桥旗舰店亲子乐园设计方案汇报会，受到老板赋能。

六里桥旗舰店亲子乐园方案张铭老师参与定调，整体风格明亮温暖，充满童趣。首钢一层儿童课堂跟儿童美食超市的设计由小雨换成宏晓，保持儿童餐整体界面风格的一致性。

三、营运团队优化客访问卷，聚焦高质量的儿童餐体验。

客访问卷是顾客体验反馈的主要渠道，儿童餐服务原来的5项内容已经常态化，简化合并成一个问题，增加儿童餐零售产品介绍询问，推动门店儿童餐零售。对儿童服务顾客吐槽的问题作专项追踪，分类曝光推动，消除差评，提升顾客体验。

2023年1月5日

一、参加贝爱公益《贝爱有约》节目录制，分享自己的成长经历。

感恩企业的培养，来到西贝30年了，在这个平台上一路成长，老板也在不断帮助我。对一个人的成长来说找到一个好企业、好平台特别重要。

能力在不断学习中提升，只要突破舒适圈，经历的事情多，自己不断总结，能力就会提升得快；成功没有捷径，就是靠实打实地辛苦付出。学历重要，但学习能力更重要，学习是一直持续的事情，量变带来质变。

能力靠阅历支撑，年轻人得靠老干部传帮带，带年轻人要给方向、时间，给他们承担兜底，以老带新，老中青结合，发挥团队作战的优势。

二、跟分部老大召开"第8届'2·14'亲嘴打折节落地沟通会"和"抖音本地生活全国落地沟通会"。

分部老大们对"2·14"活动方案很认可，根据公司节奏推进，高质量落地，关键是现场氛围效果。

老大们对抖音本地生活很感兴趣，积极性很高。抖音是堂食业务增量入口，2023年要重点投入。春节期间抖音官方平台非常看好西贝线上的增长空间，给我们配了平台资源。全国门店都已经开通本地生活功能，春节前在抖音平台上线新春套餐，先做起来再优化。

2023 年 1 月 6 日

带领大营运团队跟陈利波、王起龙营运区团队召开交接座谈会。

跟大家交流互动，给大家赋能。陈利波、王起龙新团队新气象，干劲十足，士气很高。陈利波任营运区总经理，王起龙任副总经理。生意的核心是团队创造，要把年轻团队服务好、激发好，稳扎稳打、一点一点提升基础，增加“土地肥力”，提升组织力，才能“多打粮食”。

陈利波、王起龙非常感谢公司平台，接下来要清楚公司战略方向，目标非常明确，2023 年带领团队稳扎稳打提升顾客体验，创造好结果。大营运全力做好服务，支持他们解决一切问题，打造更强的战斗力，打硬仗，出成果！

支部经理分享了收获感受，只有用服务心态才能提升组织力，融入年轻人中，精准赋能，激发好年轻人。不能想方设法地给顾客销售产品，而要一桌一桌地服务好顾客，让他们口口相传，再来买，做长久的生意。

感谢慧琴总培养出来一支优秀团队！

2023 年 1 月 7 日

一、在六里桥旗舰店召开划分何娅娜、赵小丽营运区沟通会。

李老师根据两人的管理经历作了划分，在会上进行了确认。何娅娜营运区分管 5 个支部（包括武汉李明友支部、长沙独立门店、石家庄王佳支部、北京蔡鸿支部和北京高海燕支部）。赵小丽营运区分管赵小丽支部、李梦玉支部和六里桥旗舰店。

新团队老干部新气象，在此过程中跟大家交流互动，扶上马送一程，两个新团队要用好李老师资源，多学习、多请教。营运团队在儿童餐、大外卖、营销、营运和生产重点板块协调资源重点服务支持，让新团队更有信心。

新团队分享说，感谢公司平台给的机会！新的岗位有更大担当和挑战，要不断学习提升，传承好李老师带团队打硬仗的精神，

2023年打好基础，带好团队，培养训练四梁八柱，提升组织力，落地公司战略。

李老师分享说，一定会帮助两个新团队紧跟公司战略，不折不扣地执行，最终让顾客满意。西贝人要有西贝人的精神，虽然成两个团队，但还是西贝人，既然是一家人就要相互支持，赵小丽多向娅娜师姐学习，人家毕竟在分部搞了这么多年营运，要多请教、多互动，自我提升。生意是个纸老虎，不能盯住数据要结果，只有盯住过程结果才能水到渠成。

跟新团队一起在六里桥旗舰店聚餐，提前预祝大家新年快乐！

二、跟俊珊、瑞青沟通儿童餐新品研发接下来的推进优化方向。

2023年"六一"儿童节前要开发出爆品，现在提上议程的新品要开始推进优化。要聚焦我们的牛羊莜特色做研发，不适合我们属性的不做。

开发莜面系列、酱系列产品，丰富口味，增加产品种类。堂食儿童餐开发"牛肉汤莜面鱼鱼"，同步推进零售品研发。蒙古奶酪饼是莜面村爆品，开发儿童餐奶酪产品，做成披萨形式，打成爆品。牛肋排儿童套餐上线之后顾客反响不错，在源头强化原料标准，保证品质和供应，春节后全力在堂食和外卖上推成爆品。

2023年1月12日

亲子活动春瑞团队组织北京地区新款儿童餐魔术培训，60位伙伴参加学习，他们学习热情很高，对魔术的掌握也不错。

新款魔术将儿童餐与魔术紧密结合，全面升级，应用到亲子莜面体验营活动当中，带给顾客更有趣的体验。儿童识字绘本变出食物，红色炒锅变出儿童餐模型，让小朋友在欣赏魔术的同时对儿童餐食材印象深刻，增加趣味性与互动性。

2023年1月17日

一、临近春节，分部跟营运区表彰先进，激发团队士气，部署春节接待准备工作，确保顾客满意。

慧姐分享说，今年的年终总结表彰会分成 3 个会场——上海场、杭州（+苏州）场、无锡（其他几个城市）场，这样城市之间更好地比、学、赶、帮、超。

表彰了优秀店长、厨师长、服务经理、外卖主管和迎宾部长，听他们分享工作中非常务实的具体做法。看着他们年轻有活力的样子，进一步增加了“重仓”有奋斗精神、优秀年轻人的信心。

娅娜分享说，带领新团队骨干和店长、厨师长开了营运区第一次经营复盘会，每个门店汇报了过年期间的人员和营业时间，北京地区人员基本够用，外区人员比较紧张，要求大家发动全员给上激励，全力以赴招聘小时工、假期工，缺人的门店一定对现有员工给予安抚、给够待遇，各区域在春节期间店与店之间相互协调，保证员工休息好，同时还要把工器具备足，不能影响餐中效率。

起龙分享说，跟分仓计调沟通协商，过年期间门店拉单由原来一周六配更改为每日一配，保证过年期间门店正常拉单回货，以及菜品品质和服务质量。提前组织计划门店年夜饭及春节期间员工餐菜单，原料和分仓协调提前订货，保证春节期间员工吃好，让他们满意，让继而顾客满意。

其他老大分享说，对春节期间门店的人员情况、员工安全和食品安全工作进行了部署，以保证春节期间门店运营，关爱好员工，接待好顾客。

2023 年 1 月 19 日

下午跟分部老大及营运区总经理召开春节期间营运会议。

整体摸清了各个地区的缺人情况：全国平均厨房缺口 15%，前厅缺口 16%。针对缺人情况，分部老大们积极采取行动，分部营运、导师和支部人员不放假顶到一线支持，前厅补充假期工，增加人手，做好接待。

六里桥旗舰店人员缺口较大，已经安排了 10 个裁判到岗支持，大年初三安排导师跟裁判大概20个人上班。按照往年的生意规律，初一、初二不是很忙，因此裁判去当服务员，导师去做菜，确保经营正常。

跟大家作了沟通，把缺人的钱奖给在岗员工，他们就会很开心、有积极性、创造性地服务好顾客。必须做好年三十到正月初七的员工餐。我们既要让员工吃好，又要挣好钱，还要开心，这样才能服务好顾客。

2023年1月22日

一、《贝爱有约》访谈完整视频上线，我反复看了好几遍，也跟家人作了分享，特别感恩西贝平台给我成长、发展机会。

感恩老板这么多年来持续地教练、赋能，他一直是我的榜样，他的学习力、辛苦力和创造力一直在激发我不断提升心力，提高认知，挑战难题。

感谢丽平总！她的分享经常能给我信心和力量。看到差距正是提升的机会，学历固然重要，但学习能力更重要。这些分享对我很有启发和帮助。

二、迎新春，开开心心过大年，在莜面村事业部、海鲜事业部、毡房事业部和营运团队群里拜年发红包，祝大家新年快乐、幸福满满！同时我也收到了大家对我美好的祝福，非常感谢大家！2023年我们协同作战，高质量地发展莜面村海鲜毡房业务，创造好业绩，敢打敢拼做好贾国龙酒酿空气馍新业务。

三、除夕，六里桥旗舰店营收创新高，为赵小丽团队点赞！

赵小丽分享说，除夕上午六里桥旗舰店生意火爆，停车场爆满，大厅人来人往。在“新年快乐”的问好声和欢快的背景音乐烘托下，过年的氛围特别浓，上午包间预订51桌，下午包间预定51桌，全天接待客人792人，总营收突破今年新高——22.7万元，堂食突破了历史最高——18.3万元。

2023年一定是个丰收年，相信我们的企业、我们的团队一定会共创美好成果！因为西贝，人生喜悦！

2023 年 1 月 23 日

一、分部老大跟营运区总经理紧盯营运现场和员工生活，持续作改善。

慧姐分享说，春节 7 天每日复盘堂食、外卖差评，不能因为过年就不复盘。春节期间段明国每日抽查不同门店员工的意见反馈，吃、住和工作情况。昨天个别门店推后了午餐（合并到 4 点 30 分年夜饭），没有提供加油餐，员工反馈有点饿，店长 / 主教练工作不细致，已改善。

旭东总分享说，大年初一客流情况和预估的略有差距，尤其是写字楼商圈，上、下午不均衡，临时调整排班，坚持营业不闭店。只要保证人员够用即可，灵活调整。各店外送产品备量整体偏大，有浪费，线上安排外送负责人跟进调整活动力度，控制剩余，确保出品。

陈永华分享说，今年初一的生意比预计的要忙，各店客流同比去年多 20%，各岗位人员排班够、效率高。由于过节以家庭消费为主，单客消费普遍比平时少，复盘节假日点菜服务，介绍搭配牛羊莜让顾客吃好，二次建议推荐我们的特色酸奶——餐前开胃餐后消食，让顾客吃得更舒服。

二、“一切为了顾客服务中心”400 客服接到顾客表扬电话。

顾客说：“我要感谢一下西贝深圳西丽万科云城店的两位工作人员。由于个人疏忽，在用餐后我将小孩的一个过年红包遗忘在餐桌，事后来到餐厅寻找，工作人员热心帮忙查看监控，最终找到了遗忘的小孩过年红包。金额虽然不大，但这份服务的用心让人感动。为西贝点赞！来到一个城市总爱去西贝，口味只是其一，更可贵的是服务品质。坚守品质，就是第一。祝西贝在疫情后越来越好！”

为齐总分部门店的优秀伙伴点赞！坚守真心诚意的西贝待客之道，创造好口碑，顾客体验好就会再来。

2023年1月25日

分部老大跟营运区总经理紧盯儿童餐出品质量和售卖情况。

慧姐分享说，安排总厨、导师进店重点检查儿童餐的水果品质——干净、无裂口、无压点、新鲜，烤苹果片不发黑、不出水、剃干净芯。

龙龙总分享说，因为店里排队，所以打包了一份儿童餐到隔壁吃，人们说还是西贝儿童餐专业，他们店里的宝宝餐都不好意思拿出来给孩子吃，但是虾饼油大、口感黏糊糊的，孩子咬了一口就不吃了。本身是零售产品，在烤箱加热，制作没什么难度，今天到店里追踪，和俊珊交换了意见，还有反馈儿童牛肉胡萝卜水饺腥味和开口的问题，我跟俊珊要了销量和客诉的大数据。生意现在好了，产品100分，“产”是一，“品”才是后面的零。

陈利波分享说，巡店北京上地华联店，门店在迎宾岗设展台将儿童餐零售产品馍片进行展示，对外带儿童餐的顾客着重介绍，效果不错。

2023年1月29日

春节假期结束，分部老大跟营运区总经理对节日期间生意进行复盘，奖励优秀。

龙龙总分享说，这波春节行情确认了我们对各店生意差异的研判：有的处在流动人口商圈，如何让他爆；有的处在本地居民商圈，如何追求稳。清楚自己生意结构后，有助于今年更好地发挥长处，弥补短处。

韩总分享说，春节营收好的门店，可以提前一个多月开始沟通人员回家问题，补充人员，照顾好伙伴，给奖励，干部在一线带着一起干，确保菜品不沽清，这些是顾客体验和创收的关键。

赵小丽分享说，对春节期间顾客满意度达标、储值占比、外卖好评做得好的门店进行了奖励，让春节坚守岗位的伙伴得到自己付出的回报，干劲十足！

2023 年 1 月 30 日

跟团队优化莜面村未来 3 年战略报告。

在思考报告过程中对胜负手有了更深的理解，专业儿童餐是莜面村的胜负手，重新让莜面村品牌焕发了生机，特别巧妙地链接了家庭友好餐厅，在资源上要持续投入，只有聚焦，才能出彩。

调动外部资源一起作报告，君智在儿童餐传播、华与华在大外卖上帮助我们启发思路，感谢他们！

双子定位大卫张磊跟我们进行了深入互动，给到的建议很有价值。3 年的战略报告要有主题统领起来，提纲挈领，把好食材、笨工艺的价值在顾客界面呈现好，顾客有感知。儿童餐要打造尖刀产品，食材好、工艺好、颜值高，用产品力击穿一切。整体报告的结构要优化，跟战略呼应，表述要精炼。

2023 年 2 月 1 日

给老板汇报莜面村战略报告，受到老板赋能。

对报告的方向更清晰了。未来 3 年莜面村进行二次创业，讲述经营思路，跟孙权老师教练组交流，不要面面俱到，也不要标准答案，而要单点突破，让人眼前一亮。

组织团队继续优化报告，学习榜样巴奴，巴奴的产品主义是品牌战略，焦点非常清晰，围绕产品价值感极致呈现表达。3 年对标巴奴，设定发展增长目标，持续投入，营销上发出正确信号，不打折、不降价，实打实地做到，坚持走高品质之路，提升品牌溢价能力。

2023 年 2 月 3 日

一、参加北京未来广场店食安事件复盘会，受到老板赋能。

食品安全和人身安全都是大事，最基本要定一个基调——哪些事情是门店立即上报总部的，把这些权限划分清楚。门店发生问题后，不能给门店压力；如果门店压力大，在紧张状态之下就不会做实。

门店把问题报上来，由公司解决，责任在分部老大，不在门店。

鉴定清楚哪些属于门店的、哪些属于一级界面要上报总部的。大公司遇到这些问题会立即上报总部，由总部来鉴定，有制度、解决方案，给门店一个解决框架。

二、到北京未来广场店进行现场复盘。

跟邓总学习三真工作法，问题被曝光出来之后，要思考从公司层面建立制度，学习麦当劳、肯德基这些大公司的做法：一般问题给门店权限现场解决，对严重问题就上报总部调查解决，快速推进，让顾客满意。

2023年2月4日

晚上在北京华贸店参加现场会，受到老板赋能。

北京华贸店给顾客上剩茶已经有很长时间了，顾客体验特别差。商圈的热点品牌顾客在排队，我们家的座位却没有坐满，冷清，省钱省得没有顾客体验，丢掉了顾客。

门店端现场水平下降得厉害，源头在我。2023年的核心就是带上营运团队巡店，下门店解决问题，提升现场执行力。未来3年将持续投入时间跟精力，一点一点地做到、做好。

跟店管理组复了盘，决定茶水必须现泡，不上隔餐剩茶，不能丢了顾客的好体验。热情是因，热闹是果。要舍得在员工身上投入，给够待遇和爱，从严要求，优胜劣汰，才能有主动热情、耐心周到的服务。3年疫情期间为了企业生存，投入不够，导致顾客体验下降。现在疫情结束，必须持续投入才有组织力。生意不是省出来的，而是创造出来的。做好了体验，才有人气。

2023年2月5日

参加北京未来广场店食安事件复盘报告会，受到老板赋能。

管理不能简单化了事，让顾客满意只是60分及格水平。通过复盘要实现3个目的：顾客满意、员工成长、管理升段。跟高总作了沟通，重新跟团队复盘，心平气和，不能把板子打到一线。

管理升段体现在 3 个方面——领导力、专业能力和管理技术的升段，其中核心是领导力段位。莜面村管理升段的源头在我，就是我自己的事，要把每个职能部门用好，有力量地协同起来，梳理清楚客诉解决机制，给一线伙伴放权，为他们赋能，让他们掌握“三真三现工作法”，负起责任，提升能力。

“强总部”的核心是强大的赋能支持能力，从源头想明白，赋能一线。不能从这次事件中走向学习、建设制度的误区，制度在用的时候能迅速查到。梳理清楚每一级的应知应会，给门店指引。

重新思考上茶的方式，回到源头上想：我们给顾客提供的价值是什么？如何通过更好的方式实现？基于顾客体验，下到门店作优化。

2023 年 2 月 6 日

一、给老板汇报莜面村战略报告，受到老板赋能。

自己的报告内容空，理念、概念多，口号罗列，整体结构不清晰。老板现场赋能，调整了方向，未来 3 年莜面村进行二次创业，目标引领怎么干。聚焦投入创新，做好体验，提升口碑，细化关键行动。通过汇报想清楚经营思路，化繁为简。

反思自己为什么现在跑偏到了这种程度？秘书罗列出来，自己没有思考力，一遇到问题就格式化，为什么不是自己了？经营思路平时给团队讲得非常清楚，可是为什么一作报告、给老板汇报就有心理障碍？到底是哪儿来的？怎么解决自己这个障碍？

二、高总参加北京未来广场店食安事件复盘报告会，分享自我反思。

未来广场店顾客投诉，自己不是狠人，敏感度不强，力度不够，团队解决速度慢。我是一切事情的起因，老大担责，接受公司对我的处罚。管理就是日用常行，顾客的事不能掉链子。

组织团队重新复盘，通过这次事件的解决，提升了自己的分部。每件事情不仅仅是到我为止，而且是真的能给公司做贡献。

2023年2月7日

一、跟团队继续思考优化莜面村经营计划报告。

做报告的过程，是自己心力提升的过程。跟团队一起互相启发，碰撞思路。用好团队智慧，自己区辨方向。词语表达自己能讲清，大家能听懂。做报告没有想的那么难，突破难点，才能升段。

未来3年，莜面村进行二次创业，经营思路有3个关键词：聚焦、投入、创新。

聚焦顾客体验，产品、服务、环境三位一体作提升，体验做好才有顾客复购，成为商圈第一。我们是特色餐厅，老菜做经典，呈现形式精致起来，预制要适度，提升风味。聚焦儿童服务，服务好儿童就是服务好家庭。提升老店环境，消除败相。新店迭代，提升就餐舒适度。营造尊重、认可、激励的组织氛围，人员训练有素，提升服务顾客能力。

专业儿童餐和品质外卖是生意增长点，要持续投入研发力量，提升产品力。战略项目推广资源重投入，营收增长，品牌势能更强。

围绕“草原的牛羊肉、乡野的五谷杂粮”，创新大单品。产品有故事，顾客有记忆，这样我们要价能力更强。营销推广聚焦核心产品，从源头到餐桌讲述产品故事，传递产品价值，提升品牌溢价能力，让顾客感觉值。

二、大营运全面安排每个部门伙伴下门店工作，找到营运体感。

元宵节3天年轻团队被派到六里桥旗舰店工作，没当过服务员的当服务员，没当过门迎的当门迎，伙伴们干了3天，体会到了门店小伙伴工作的不容易，感受到了门店伙伴的喜悦和热情，自己也从一开始害怕面对顾客到后来可以跟顾客互动。只要是跟门店业务相关的伙伴，都要下店。年轻人的阅历要靠不断地经历事情去提升，一点一点地锻炼，找到营运体感。

只要是跟营运业务体系相关的职能部门，尤其是高峰期，就要去门店服务支持，找自己的体感。日常定SOP必须是跟一线伙伴一起定，不能坐在办公室里定，这才是真正的SOP，才符合门店实际，帮助门店提升。

三、高总分享未来广场与投诉顾客朱霞淼见面情况，真诚地给顾客道歉，顾客对西贝的重视及坦诚表示感谢。自己感觉很惭愧，和顾客沟通中看到了我们在真心诚意地对顾客上还存在差距，问题发生时我们需要真诚面对和解决问题，而不是解释和推诿，这才符合西贝的真心诚意待客之道。

2023 年 2 月 8 日

一、参加 3 大业务 2023 年目标与经营计划汇报会，作莜面村经营报告，湖畔孙权老师给了反馈。

西贝是一家品牌公司，莜面村中式正餐，是她的表达形式，核心是品牌价值。莜面村业务的发展要紧紧围绕品牌价值，这是我们的选择，要在顾客界面把品牌价值呈现好，放大价值。

在运营当中一定要把目的和手段分得很清楚：目的是方向、原则，电商平台是手段。要想尽办法把电商平台会员转化成我们的私域会员，目的就是为了品牌销售。

对关键战役有了新的认识：核心目标不是关键战役，而是在关键战役当中不断提升团队能力。2023 年莜面村的关键战役聚焦顾客体验，提升团队能力。每个作战团队的行动紧紧围绕顾客体验做事。聚焦专注，才能做到、做好。

二、参加湖畔孙权老师小结反馈，受到老板赋能。

孙权老师从外部顾问的视角看到了我们西贝的实力，看到了提升的机会点。业务的战略方向确定之后，责权利明确是组织整体协同作战的基础。

能力是练出来的。接下来跟分部及营运区老大一起梳理优化营运业务系统，减掉多余动作，激发门店活力，通过机制激发门店提升商圈竞争力和取得成果的能力。

三、学习了丽平总的分享，表情是释放能量的，如果表情不对，那么能量就释放不出来。自己说一句话，表情常比问题还严重，别人是通过观察你的表情来洞察你内心的，心平气和，才能传递能量。

2023年2月10日

一、到六里桥旗舰店参加儿童餐品鉴，跟研发团队交流思路，核心是提升品质。

优化蔬菜水果，瑞青提供菜库之后各地区根据当地顾客口味来选择蔬菜，以确保各地区的应季尝鲜。用豌豆汤解决了蔬菜出餐温度问题。

优化了烤牛排小串工艺，核心是减少添加，符合儿童的属性。一定要在源头工厂端穿好，不能在门店现穿，从源头解决之后，门店就会提升效率。对儿童餐羊肉小串作了优化，解决了原来的干、柴问题，让小朋友喜欢吃我们的串。之前虾饼到了门店后粘、坨、水汽大，小朋友不喜欢，现在瑞青团队将它升级成了“鳕鱼虾饼”，口感好，门店易操作，而且在工厂就优化好了。

二、跟刘亮心总导师沟通六里桥旗舰店产品优化思路。

六里桥旗舰店目前凉菜27道，太多了。菜库可以大，但是凉菜不宜多，要把凉菜控制在23道，每个季度不断更新。

梳理了六里桥旗舰店目前的菜单，60~100元的菜品结构已经丰富起来了，但是通过跟门店销售沟通，发现问题就是大菜太大、贵菜的价格很高；午餐、晚餐顾客不点大菜，中间缺200~300元的菜，需要填补这个空白，确保包间消费力。

销售拉动研发，研发就要往销售的思路上靠。跟刘亮心总导师作了交流，决定必须研发这样的菜品。六里桥旗舰店就要不断地试，可以在我们牛羊肉原料上去突破思路。

2023年2月11日

一、跟会员商城团队沟通会员运营工作。

2023年工作核心是提升会员运营能力，通过会员运营实现品牌销售。首先要解决会员商城流量痛点的问题，通过系统触达堂食消费会员，用商城产品或者券作“钩子”，拉动没有在商城消费过的会员上到商城体验，持续从门店往商城导流。一个周期结束后评估活动效果，核心是快速测试、迭代，找到合适的方式。

服务员引导顾客加企业微信是业务手段，目的是会员运营，用内容、产品和活动链接住顾客来会员商城，用引流线上的结果激励好门店员工的能动性。

二、分部跟营运区推进落实“2·14”活动准备，核心是活动氛围。

“2·14”活动方案优化为“情人节来西贝，亲个嘴送玫瑰”，延续爱的主题，通过亲吻的仪式感为顾客创造表达爱的氛围，让他们留下美好的体验。营运部已组织全国培训，讲明意图，明确落地要求，北上广深重点城市送鲜玫瑰，其他城市送折纸玫瑰花。店长回传“2·14”当天场景布置、活动照片，形成落地闭环。

慧姐分享关于“2·14”活动要点：活动产品保质保量。鲜玫瑰要新鲜，纸玫瑰要用心折，不能松散。服务员好状态，热情待客，让顾客开心。做好“2·14”销售活动，“2·14”应该甜甜蜜蜜，多销售我们的黄米凉糕、黄米流心卷和奶酪饼。

齐总分享说，“2·14”是西贝的传统营销活动，今年的调整比较大，门店开始反复练习和模拟，创造出美好的氛围。怎么说、送花、回答顾客的提问，都提前练习好，准确表达，让顾客感受到爱。

2023 年 2 月 13 日

召开莜面村、毡房、海鲜开工会，受到老板赋能。

全天会议最核心的是收到了老板的赋能。餐饮冠军赛竞争的是极致体验，而极致体验需要标准设计 + 极致执行。对标市场优秀品牌，老板给莜面村的服务和环境都打了三星及格分，给产品打了四星，我们的差距很大。

曝光的顾客体验问题都是一些最基础的问题，没做到，在顾客端就会时好时差。这一切的源头在我跟分部营运区老大盯得不紧，执行打了折扣。要学会打硬仗，学习老板的“盯关跟”工作法：盯住顾客体验，持续跟踪解决差评，事不过夜。我跟老大们都要变成执行上的狠人，走出舒适区，排满3年下到一线门店，给一线赋能，解决问题，提升现场顾客体验。坚决、不妥协地向低标准执行挑战，若做不好就跟自己没完！

从源头梳理标准，聚焦“一切为了顾客吃好”。跟老大们一起投入时间精力共创优化，提炼核心标准的关键执行要点，给门店“松绑”，减到最少，做到最好。收窄才能打深，门店好执行才能落下去。基础标准、公司界面统一输出，过程中分部根据实际优化，奖励做贡献的老大。实用好用即专业！化繁为简即高手！实事求是就是神！

老板的赋能既给大家树立了更高的挑战目标，又给了落地的行动方向。大家收到之后特别开心，更有信心把公司战略落地好。

下午各个业务板块作了2023年工作汇报，聚焦顾客体验，明确了重点工作。大营运在后台不断支持优化，未来3年共同为品牌加分，不漏气。明天跟大家讨论落地行动。

邓总给大家培训了“我的西贝”核心价值观和“三现三真工作法”。创造极致体验，提升高管的管理段位，“老大无能，累死部下”，通过管理升段让员工成长，顾客满意。“我的西贝”核心价值观每一条都是良知良能。当企业没有制度时，要对照蓝图，由老大兜底。

餐饮冠军赛竞争的是极致体验，
而极致体验需要标准设计+极致执行

海底捞
服务☆☆☆☆☆
产品☆☆☆
环境☆☆☆

巴奴
服务☆☆☆☆
产品☆☆☆☆☆
环境☆☆☆☆

新荣记
服务☆☆☆☆☆
产品☆☆☆☆☆
环境☆☆☆☆☆

实用好用即专业！
化繁为简即高手！
实事求是就是神！

西贝莜面村
服务☆☆☆
产品☆☆☆☆
环境☆☆☆

2023 年 2 月 14 日

今天是莜面村、毡房、海鲜开工会第二天，大家对照公司战略统一思想、共识行动，感受到了场的活力和能量。

两天的会议，大家很有收获，作了分享。

今年的开工会没喊口号，但觉得特别有力量。老板赋能，大家感受到了身上的责任，一定要成为冠军团队，争第一的精神是西贝的底色。

执行力的核心是老大，要从自身执行力开始升段，从自身的管理方法升段，坚决、不妥协地向低标准执行挑战，学习老板的“盯、关、跟”方法，每天都事不过夜，做事高标准、做细，强执行。

3 年疫情确实让我们丢失了很多东西，老板说极致体验需要标准设计 + 极致执行。管理升段，首先自己要升段，接下来带着团队深扎一线和门店一起梳理实用、好用的工具、流程，让门店有活力，用“三现三真工作法”带领团队提高执行力。

晚上举办开工会晚宴，给大家团拜！未来 3 年集体奋斗，共同为顾客创造价值。

2023 年 2 月 15 日

一、“2・14”情人节创造了历年工作日情人节最高净营收 1 853 万元，优免率 10% 在正常水平（外卖平台优惠 5.6%、会员储值优惠 2.8%、平台物业银行合作优惠 0.6%、按灯机制管理优惠 0.6%、促销优惠 0.4%），而 2022 年情人节当天优免率是 23%。

堂食“亲个嘴送玫瑰”有氛围感、仪式感，顾客玩得很开心。顾客说：“今天是情人节，有特别惊喜——服务员精心准备了玫瑰花，推出了“亲个嘴送玫瑰”活动。小朋友特别开心，还给我们留了美好的合影。西贝太用心了！有老人、孩子的家庭来西贝总没错！”

外卖顾客说：“今天点外卖打开餐盒瞬间好惊喜，我收到一束手工玫瑰花，西贝太用心了！经常点西贝，希望西贝越来越好！”

节日自带流量和传播属性，是我们跟顾客链接互动的好时机，因此要真心诚意传递情感，创造好体验，挑战高营收。

二、老大们对儿童餐战略高度重视，表示在未来要持续加大投入。

专业儿童餐，由西贝首创，在餐饮界找不出来第二家，市场上没有哪一家餐饮像西贝这么重视儿童餐。我们在市场上遥遥领先，已经形成了很好的顾客口碑。

未来3年儿童餐仍然是生意增长点，所以必须持续加大投入，对标美国Kidfresh研发产品，提升产品力，彻底高标准地执行，才配得上我们的专业，持续引领市场。

2023年2月16日

刘亮心总导师组织分部营运区总厨召开2023年厨务开工会。大家沟通交流，配够人，抓训练，产品稳定地输出，提升顾客体验。

产品力的核心是人，配人是重中之重，根据门店营收排班配够人，解放厨师长，提升现场管理效率。每家店配莜面妹，严格要求形象技能，由总部导师直线管理训练鉴定，现场手工搓莜面，跟顾客互动，展示核心产品价值。

分部配齐导师，分部导师、支部总厨由刘亮心总导师、许慧导师一对一鉴定，厨师长由分部鉴定，总部复核。鉴定没有通过的，将被调离岗位。对工匠师傅进行季度轮训，持证上岗，二、三星师傅占比达到60%以上。要极致执行，从源头高标准地执行，专业技能必须过硬。

确认厨房人员调薪方案，以增加市场招人竞争力，选到符合我们标准的人。厨房薪资自4月1日起调整，5月底完成全员评星定级，6月1日前按照薪资标准调整完成。给够人员待遇，严格要求他们，优胜劣汰。

高标准落地儿童餐。张瑞青负责优化儿童餐赏味期和水果标准，设定激励机制，分部总厨负责落地。儿童餐食安为最高等级、一级界面，儿童餐具独立收纳，避免交叉污染，进入赛场考核。

2023 年 2 月 17 日

带家人跟老板一起来桂林，上耀路老师的课，感谢老板给了我这么好的待遇！课程氛围很轻松，收到了课程的很多能量。

老板的分享对我特别有启发。在生意端思考我们的沙棘汁、酸奶、番茄汁和燕麦麸皮，这些都是我们莜面村的核心产品。现在更理解了老板的战略，有营养的好东西不能丢掉，好东西未必要做成工业品，应该在门店档口呈现，体现出价值感，卖上好价钱。西贝是一家追求成为卓越品牌的餐饮公司。

现在寿命都长了，追求健康，老年人特别需要健康饮食。从生意角度考虑，一老一小两头消费最多，我们现在专注儿童餐，从孕妇开始抓，接下来就是服务好老人客群，让他们吃到高品质、符合他们健康需求的产品。

收到岳迅飞总分享的小红书笔记上 KOC 关于儿童餐配料表、口味的问题。俊珊团队在 2 月 2 日已经刷到了这个信息，跟导师、食安召开专题会，已经开始对配料表进行“清洁”。下午跟俊珊作了沟通，迅速解决了这个问题，儿童餐未来 3 年一定是要往“有机”上打，达到最高标准。

顾客吃西贝，认的就是健康好食材。接下来莜面村要强化健康理念，邀请耀路老师给儿童餐团队跟研发导师上课，成立项目组。西贝做的是大健康产业，市场空间足够大。

2023 年 2 月 18 日

一、安排营运团队参加公司组织的“小放牛”服务分享学习会。

服务是“小放牛”的定位，也是它的竞争力。定位就是取舍，做什么、不做什么，小放牛想得很清楚，集中资源在服务上投入创新，高标准地执行，为顾客创造与众不同的价值，赢得他们认可，建立起服务口碑。只有员工满意了，顾客才会满意。小放牛设定机制激励员工给自己干，让奋斗的员工过上好日子。

服务的原理是相通的，学小放牛，反思莜面村的服务。坚守实心诚意的西贝待客之道，要在源头上提升服务认知，理解实心诚意，还要有氛围带动，干部带头做，员工跟着干。关键的服务要梳理出核心动作，不能多，顾客有感知，接下来就是反复训练，强化基础，用好 5% 激励机制，导向为顾客提供好体验。

二、分部老大们盯现场解决问题，高标准地执行，提升顾客体验。

何娅娜分享说："今天在永旺巡店，我发现胡萝卜焖饭里有焖煳的黑块。巡店导师告诉我门店锅底掉漆，又没有硅胶垫。导师找到了原因，但没有彻底解决问题。我和营运区总厨张克峰沟通，营运区干部到门店后发现了问题，不但要帮助门店解决，而且要迅速自查营运区所有门店，全面整改以达到标准。"

餐中观察员工的服务语言动作，发现他们基本没有做到，餐尾和支部经理、店长和服务经理复盘，下午岗会模拟演练。极致的服务体验从迎来送往、介绍风味产品和说出产品价值开始，店长、经理现场帮带，首先是店长、经理带头做。

2023 年 2 月 20 日

上季节菜时写清楚搭配原则和处理方式，方便门店选用，确保各地区应季尝鲜。

一、顾客吃好一顿饭的关键不是价格贵贱问题，做好菜、点好菜，才能让顾客吃好菜。

慧姐分享说，顾客吃好一顿饭的两个核心关键点：一是做好菜，二是点好菜。白领用餐与家庭用餐不同，家庭更要吃好，4 个人吃饭多花 40~80 元，只要吃好那就没问题。晚上 4 人就餐花 565 元，人均 141 元，吃得很好。

两条腿前进，核心是训练。总厨抓每道菜 10 分呈现训练产品。营运副总赋能一线，训练服务，为顾客点好菜。定海神针——标准设计 + 极致执行带来极致的顾客体验。天天盯，顾客体验好就会再来！

二、老大们下到现场给门店干部赋能，不走老路，大家一起脚踏实地，聚焦顾客体验往上打。

齐总分享说，今年我们若要实现极致顾客体验和团队成长，那就一定要思考“我要采取哪些新的行动”。老板讲的“盯、关、跟”工作法是新的行动，重要的是日日行动，持续并迭代，踏踏实实地把这个工作法用好，和一线干部就业务论业务，就顾客谈顾客，大家一起脚踏实地。

2023 年 2 月 21 日

一、营运团队王青完成客诉危机处理 SOP 初稿。

SOP 采用“100 个怎么办”的形式，简单易懂，接下来还要丰富案例，让一线干部轻松学会。增加附件《法律赔偿参考标准》，让一线干部心中有数，处理时既要有原则，又要有灵活度，超越本职范围的要及时上报，给一线提供工具支持。

二、刘亮心总导师跟贺全生、梁飞总导师梳理现有产品提升品味，新品研发补充菜单结构。

橄榄油 4 种蘑菇没有突出蘑菇的菌香味，新疆沙湾大盘鸡没有突出原料的风味，接下来要作提升。

测试了部分新品，其中甜胚子草原奶酪泥和糊辣雅笋整体味道不错，填补了我们现在缺少的口味，草原奶酪、酸奶、甜胚子和土豆泥的融合，突出了我们的特色原料，口感绵密，调整分量及盛器，符合莜面村三代店用餐环境。糊辣雅笋味型突出，糊辣咸鲜，还有笋特有的清香。

2023 年 2 月 23 日

一、亲子活动团队组织华南、成都地区魔术及亲子活动培训，80 位门店主持人参加。

“亲子魔法课堂”新主题活动激发了伙伴们的好奇心，新款魔术与儿童餐紧密结合，通过西贝儿童识字绘本和西贝其他视觉元素变出食物，形式新颖，带给小朋友惊喜。西贝魔法口号带动氛围，过程中融入儿童餐零售品鉴和产品介绍，跟亲子家庭互动，巧妙地推广儿童餐。

现场伙伴们积极性很高，认真听、反复练，通过理论和实操形式鉴定，确保学习效果。

二、刘亮心总导师跟贯标组规划对分部导师、支部总厨进行技能鉴定，提升他们做菜、鉴别菜的能力，强化厨师腰部力量。

分部导师鉴定分为：理论考试、实操演练、培训讲解，对自己负责的菜品 100% 通过后颁发合格证书。支部总厨对核心产品“1 帅 9 将”——蒙古牛大骨、烤羊腿、烤羊排……100% 通过鉴定，对销量排名靠前的产品要有鉴别能力。

做好菜的核心是人，从源头上严要求，能力提升了，在门店带训达到高标准，顾客端出品才能稳定地交付。

2023 年 2 月 24 日

一、西贝从现在开始轻易不打折方案。

跟财务、市场营销梳理了整体优免情况，明确原则。门店堂食就是储值，按储值原则来，其他不能再乱发券。之前乱发出去一堆券，虽然顾客没消费，但释放出错误信号，吸引来的不是我们的客群，老觉得我们贵；线上平台按照平台规则来，也要设定底线标准。

受到老板赋能，我们举什么旗、走什么路，接下来就要对齐。大家硬碰硬地做好工作，轻易不打折。

二、下发“3 · 15 专项”管理措施文件，明确 3 月 1 日至 20 日为“3 · 15 专项”时期，老大兜底，做好自查。这些一旦曝光就对品牌伤害相当大，大家要重视起来，消除风险隐患。

忠其总分享说，组织各店干部线上会议，强调 3 · 15 需要注意的事项，自查各店容易出现的问题，认认真真地查每个细节，绝对不能掉链子。

陈永华分享说，3 · 15 临近，要带领门店抓好基础细节，从清洁卫生、食品安全、菜品异物管理和员工操作行为抓起，落实到具体的每一个点，严格执行标准，管理组对顾客的意见反馈要敏感，真心诚意地解决顾客需求，让每位顾客满意地离开，重大问题要及时上报以得到妥善解决。

2023 年 2 月 27 日

一、参加莜面村事业部专题会，受到老板赋能。

莜面村战略会核心是举什么旗、走什么路，我们走的是健康之路。要想打好品牌就需要对顾客作出承诺，做我所说，说我所做，顾客才会信任我们。

过去的品牌承诺为："I Love 莜，西贝向您承诺，所有菜品不加鸡精、味精和香精，闭着眼睛点，道道都好吃，若不好吃可退可换。"给顾客传达的信息非常清晰，很明确、很直接。挑战难点就是为顾客创造价值，非常有力量。

现在的品牌承诺为："I Love 莜，西贝向您承诺，我们选用优质精良食材，坚守传统做菜工艺，25 分钟上齐一桌好饭，祝您好胃口！"现在的承诺把标准降低了，在顾客端很模糊、很平庸，缺乏力量。

既要、又要、还要，"既要"难度 1，"又要"难度是 10，"还要"难度是 100，难度 10 倍地往上加，就是要一步一步地不断挑战难题。错了就要改，我们回到正确的道路上来，核心是选择什么样的路径去实现，既有叫客能力，又有要价能力。难点是成本投入的有效性，要从生意角度思考，聚焦投入到顾客价值上，服务做到、风味做到、环境做到，顾客感觉值，并愿意为此买单。

战略的落地，挑战的是整体统筹和研发能力，核心是极致的执行力。从源头采购、研发、生产和供应到门店的服务、承诺，全链条做到。坚决、不妥协地向低标准挑战。

二、跟团队探讨，大家先务虚把定义搞清楚，再明确关键行动和时间节点。

首先要想清楚回归到过去的品牌承诺对顾客、品牌和企业的好处既是顾客价值，又能提升品牌势能，还有要价能力；既然承诺了，就要保证好吃，挑战的是我们整体的组织力。

从儿童餐的高标准开始，现阶段的核心是清洁配料表，减少添加，未来 3 年做到有机。

2023 年 2 月 28 日

跟全国营运副总召开会议，沟通营运工作。

明确儿童有机牛奶到店后的陈列规则，要有标准，不能乱堆乱放，或者摆到餐桌旁的隔断上。我们不是超市，不能破坏顾客的就餐环境。店门口可以摆放堆头，但不能过大，要有美感。在不影响顾客和传菜动线的前提下，可以在儿童餐档口摆两人桌作陈列。门店儿童牛奶的所有事情由营运部跟门店对接，保证一个出口一个声音。

珠峰冰川儿童水含适量矿物质和微量元素，更易吸收，对宝宝成长特别好，是儿童餐的加分项。跟大家沟通了珠峰冰川儿童水的订量，儿童水是个“锚”，营销端玩起来。堂食、外卖的套餐中增加儿童水跟儿童牛奶，更有价值感。

门店的儿童餐档口是所有产品的展示面，传播儿童餐的高品质。原来本想兜售儿童餐的零售品，实行了 3 个月之后发现产品容易化。跟大家明确门店就是只有展示功能，核心是让顾客加企业微信，把他们引到线上商城下单。门店的收货是重中之重，夏天来临之际，在半小时内要把货运上来放进冰柜，必须强有力地做到这点。

2023 年 3 月 1 日

一、参加“西贝开学第一讲：对话巴奴创始人杜中兵”学习会议。

现场跟巴奴杜总进行了交流互动，最大的感受就是杜总的“定”——坚定、定力、定心，专注在一个点上，坚守自己的边界，特别有力量。做事时聚焦才能做实，点多分散就会变虚。

巴奴坚守产品主义，品质健康自然，服务好喜欢它的客群，团队事情做得扎实，价值点跟顾客说清楚，敢于跟顾客要价，核心是上下一致的执行力。

战略的核心是想清楚我们的客群是谁，在产品、服务和环境上怎样设计，要综合思考，把我们独特的价值传递出来，服务好喜欢我们的顾客。

二、学巴奴，想西贝，受到老板赋能。

西贝莜面村举什么旗、走什么路，思考产品、服务、环境如何改善。顾客体验做好了，我们的要价能力才能更强。巴奴就是产品、服务、环境好，把价值反复地说给顾客，厉害之处就是“坚持”。

在现场，老板让大家写品牌承诺，收上来 17 个版本。对顾客的品牌承诺是非常严肃的事情，这就是我们跟巴奴差距大的地方。我们上下承诺不一致，顾客端就收不到正确信号，公司的标准就没有办法落实下去，核心的源头是我工作没有做实。

企业成功的核心就是极致执行。学巴奴，想西贝，下决心、下狠手定机制。说到做到，做到做好，若做不好就负责任，从具体的工作开始。

2023 年 3 月 2 日

一、跟团队沟通品牌承诺和讲菜话术优化方向。

品牌承诺传递的是我们的品牌价值，说我所做，做我所说。17

个版本的承诺，是低标准执行的结果。老大是源头、榜样，必须准确掌握，烂熟于心，以至于脱口而出。从营销传播跟营运落地整体思考，优化现有品牌承诺，让它更明确、更有力量，报老板审批。

选出11道核心菜品，服务员先把这些讲好，桌桌讲到，不贪多。讲菜点的优点要统一，员工向顾客讲的跟我们对外传播的要一致。对标巴奴，继续优化我们的讲菜话术，核心是要传递产品的独特价值，讲食材、工艺和吃法，语言要精练、生动，门店员工容易理解，好给顾客讲。

品牌承诺和讲菜话术在源头优化完标准之后，老大带头做到，门店高标准地执行，坚决、不妥协地向低标准发起挑战！

二、刘亮心总导师在六里桥莜面村研发中心组织华北专场菜品品鉴会，北京的分部营运区老大、忠其总、李刚总、陈永华带团队参加。

老大们反馈说试菜的感觉相当好，老菜提升全是在我们的老品上做得更经典，符合昨天江南春视频中讲的"性价比、颜价比、心价比"。例如，烤羊腿现在卖189元，经过试菜优化完后卖228元，提升了要价能力。老大们整体试完之后，感觉餐具和分量不合适的，现场对它们进行了调整。

堂食试了14道新菜，选定6道上新，给顾客尝鲜，有6道进入菜品库。新品的研发在特色产品的呈现形式上作了创新，让人眼前一亮。孜然羊肉焗莜面窝窝突出莜面香味、孜然味道，价值感更强。

外卖试了11款一人食新套餐，选定6款，都是在我们特色风味上做的研发。鸡丝拌莜面调整完之后比原来更香、更入味，也更适合我们的外卖属性。

试完华北，接下来就试华东、华南地区的，试菜的核心不仅仅是选菜，更重要的是跟老大们见面沟通生意的事，交流经营思路。生意的核心是基础，只有基础过硬，生意才有要价能力。试菜先民主后集中，共识很关键，但集中更关键。

2023 年 3 月 3 日

一、跟场景设计部沟通莜面村门店环境提升方案，统一设计界面，为顾客提供明亮、温暖和舒适的就餐环境。

使用木质材质作装饰以提升环境格调。木有灵性，给人温暖舒服的感觉。金属材质容易给人生硬和距离感，用在就餐环境上会显得冷清，门店软装中不使用。地砖颜色要选择跟软装木质颜色一致的，不能使用黑、灰等色系作地面装饰，要跟整体格调一致。

莜面档口的发光字广告使用“主食吃莜面”作宣传内容，给顾客明确传达“主食就吃现搓现做、富含膳食纤维的莜面”。场景设计部在统一界面下为分部出设计方案，边界外的设计方案必须报备，从源头设计把好关，确保升级效果。

二、参加秀松总组织的儿童餐水饺胀袋解决方案沟通会。

食安团队从源头生产到门店储存环节分析了胀袋的原因，做了测试，根据存在的风险点沟通解决方案。

在生产环节上，我们现有的包装测试发现有漏气问题，“船歌”的包装测试没有发现漏气的，可能跟材质有关。“船歌”是专业做水饺的，现场决定把儿童餐水饺包装材质换成跟“船歌”一样的，以解决漏气问题，画面还用我们的。

儿童餐是冷冻品，在运输过程中温度必须达标，换成用泡沫箱加冰袋配送，门店按箱申购，避免零星申购配送温度不达标。门店必须在 1 小时内收货到冰柜，冰柜的温度必须符合标准，减少化冻风险。安排裁判检查反馈，曝光问题。儿童餐食安标准是最高标准，老大带头，自查落实整改。

2023 年 3 月 8 日

在上海东方路店试菜，发现猪骨头烩酸菜骨头发黑、肉少，不符合食用标准，安排刘亮心总导师解决。

导师跟采购伙伴已到工厂检查原料标准执行情况，驻厂导师到超厨全流程监督生产现场操作是否规范，增加原料验收环节，要求各生产环节负责人发现不合格品时要及时叫停并反馈，坚决不能配送到门店。

门店厨师长要高标准地检验产品，做好培训工作，层层把关产品质量，坚决不上桌不合格产品。猪骨头烩酸菜是经典产品，从源头到门店交付必须达到高标准，坚决、不妥协地向低标准发起挑战。

2023年3月10日

俊珊、育新参加有机食材营销沟通会，收到老板会议要点。

儿童餐是核心产品，到年底必须有机化，使用有机食材，配料表必须干干净净。沙棘汁跟番茄汁瓶子重量要一样。从现在开始，番茄汁有机、沙棘汁、燕麦，一点一点地往好做，往高标准上靠，累积莜面村的健康好食材，让顾客感觉更值，提升我们的要价能力。

2023年3月11日

安排刘亮心总导师带队到南浔考察。

目前莜面村的烤鱼原料品质不稳定，肉发红、发绵，跟南浔工厂都总作了交流，要严格按我们的原料标准供货，问题产品必须退货。都总收到了问题，现场跟我一起沟通制订了解决方案和供货保障制度。只有源头的原料符合标准，门店的产品才能稳定地交付给顾客。

原来的大盘鸡用的是鸡腿肉，顾客反映柴、色黑，之前优化过一次，但一直没有解决。这次考察了南浔的温氏养鸡场，能解决我们这个问题，能稳定供应，选了草公鸡和土香鸡 2 个品种，安排在华南门店进行测试。

2023年3月12日

关于冰淇淋机维养，大营运从华东、华南、华北收集上来的问题，主要是维修及时性差。为了盯解决落实，召开了维养冰淇淋机专题会。秀松总、导师张健平、设备采购何娟、厂家代表参加了会议。大家沟通交流，达成了共识，厂家也作了承诺。

第一，我们有足够的人，都接受过培训，所以我们是没问题的，一旦有问题就是厂家的问题；第二，厂家必须给我们准备配件。有了配件，日常维养我们的工程人员自己就能完成。

2023 年 3 月 18 日

亲子活动春瑞团队 3 月全面下到地区，培训门店亲子活动主持人跟魔术师。

已经在北京、深圳、南京、成都和呼市组织了“亲子魔法课堂”跟“经典主题活动”专场培训，接下来将在上海、西安和青岛继续举办。亲子活动持续为专业儿童餐做宣传推广打基础。“亲子魔法课堂”和“经典主题活动”都巧妙地融入了儿童餐品鉴的内容，让亲子家庭体验到我们儿童餐零售产品。

春瑞团队培训完之后，周六、日下到门店活动现场检查门店是否按标准做到场地物料齐全、布置有氛围，主持团队人员配齐技能通过鉴定，会通过亲子社群招募活动。看到门店很多主持人是新手，通过地区培训，技能有了一定基础，但是还需要不断练习才能达到熟练程度。又现场做了复盘帮带。

通过培训跟现场帮带反馈，分部跟营运区对亲子活动的重视度更高了，亲子活动场数增多了，大家办大型活动的需求也多了。

2023 年 3 月 20 日

一、召开儿童餐、堂食及外卖新品上市推进沟通会。

儿童餐坚定地往“有机”和“零添加”上靠，挑战难点，做有难度的事，持续往高打。儿童餐零售新品不宜多，要精选，逐步上新。聚焦我们属性的牛肉、莜面条，形成系列，提升产品力，在市场上能站得住。

儿童餐堂食跟外卖产品使用有机蔬菜，提升了要价能力。在产品价格带和销售策略上进行整体思考，弱化基础款套餐，通过变化产品组合形式提升其他套餐的颜价比、心价比，让顾客感觉值。

到各地区试完菜之后老大们选出来堂食跟外卖上新的产品，进行了整体统筹把关。堂食新品既要给顾客尝新，又要考虑整体销售结构，选定的新品不能影响现有经典产品的销售，门店还要能接得住。外卖每个季度出新，配合平台活动拿到推广资源，支持门店提升销售量。今天进行了整体思路沟通，明天优化完再过一遍。

二、跟王育新、付宇婷沟通优化讲菜话术、品牌承诺。

共整理出 13 道核心产品讲菜话术，聚焦我们 6 大系列经典风味产品（蒙古牛大骨、草原羊、莜面、奶食、面筋凉糕、封缸肉）。按照产品系列提炼基础话术，简单好记，同时延展产品知识点，帮助员工深入了解，跟顾客链接互动。在产品核心价值点的描述上继续提炼优化，把最核心的价值点讲述出来。员工桌桌讲到，让顾客有感知。

就品牌承诺跟分部营运区作了沟通，形成了新版本初稿，还需要调整，向林男总请教进行优化。品牌承诺要有力量地传播品牌主张，说我所做，做我所说，为顾客创造价值。

2023 年 3 月 22 日

强化门店热油操作安全监管工作。

跟秀松总作了沟通，建立“分部营运区热油盯关跟”飞书群，分部支部干部、店长、厨师长和热油加工操作伙伴进到群里。每天早上，安全部发送“开火不离人，离人必关火”的警示语跟 1 分钟视频案例，盯群内人员阅读学习，每周统计未读人员并在群里通报，分部复盘整改。持续强化培训，提高操作伙伴的安全意识。

香椿莜面上市，热油次数增加，安排裁判部跟安全生产部联动起来，把“热油离人”作为安全第一检查项。安全生产部落实分部工程人员自查油炸炉温控，有问题要及时修理。裁判部每天必查热油情况，发现问题就马上在群内播报警示大家，老大立即落实整改，承担相应责任，守好企业安全底线。

2023 年 3 月 24 日

一、跟育新、俊珊给老板汇报有机番茄汁、西贝杂粮粽提案，受到老板赋能。

通过推动番茄汁有机化逐步带动食材有机化，全面提升产品品质，提高品牌要价能力。食材一点一点地升级，逐步实现产品有机化，从非有机变成有机，升级后要价能力会越来越强。有机产品或许会损失口感，但有很多人为了追求有机、健康而宁愿牺牲口感和味道，反而变成了特点。我们不会降价，坚决不传递折扣低价信息，但食材、工艺和理念都在升级，顾客来了之后体验更好，最终带动提升要价能力。

西贝莜面村打的是健康、有机概念，公司的各个业务部门服务于莜面村，自己要有老板心态，躬身入局，敢于拍板、作主，全部统筹往这个方向上打。莜面村的会员商城包括门店的杂粮粽、杂粮月饼，突出的是杂粮健康概念，方向正确，所以一定要往健康、有机上靠，持续往好做，就会特别有价值，品牌也会更有要价能力。西贝零售可以卖莜面村的产品，但必须跟莜面村的主体是一个价，不能破坏价格体系。

二、儿童餐研发瑞青团队推进儿童餐产品有机化。

燕麦冰淇淋其他原料已确定，有机燕麦选了精选抛光和未抛光两种，测试香味和口感，月底前到工厂转产。至于有机胚芽米，采购提供了 3 种：五常有机胚芽米、秋田小町有机胚芽米、长粒香有机胚芽米，样品到货后测试选定。有机蔬菜目前一、二线城市好解决，其他城市，采购提供解决方案。花花奶糕已到工厂转产，使用其他品牌有机牛奶测试后，口味有变化，最终确定选择特仑苏有机纯牛奶。

儿童餐坚定地往有机上走，一步一步地推进，过程中反复测试，不断优化，产品既要有机，又要品质稳定，提升专业儿童餐品牌价值。

2023 年 3 月 27 日

一、周聪在小红书上调研儿童食品传播数据，为儿童餐零售产品种草传播做准备。

在儿童食品的产品数据中，现在的消费者已经开始关注产品的“添加元素”和“配料表”等数值。他们通过看产品配方来判断产品的健康程度。对于儿童食品，“高端”“口碑不错”“健康”是好产品的标准，但相对模糊。在“健康”的大标准下，“配方科学”“配料表干净实在”这些具体的产品细节更能打动家庭客群，他们愿意为孩子的健康付出品牌溢价。

我们儿童餐有机食材零添加方向也要明确表达，守护儿童的健康成长，可以做到哪些“0”，价值点越具体顾客就越有感知，真正种草并实现转化。

二、围绕六里桥旗舰店烤羊档口打造，跟忠其总、李刚总交流了烤羊腿产品提升思路。

忠其总、李刚总分享了呼市额尔敦烤羊腿视频，汁水特别饱满，颜色红润，看了就很有食欲。了解到人家烤的方式跟我们不一样——用的是焖烤形式，先把皮烤好之后再从皮往里烤，保留了里面的汁水。

现在我们烤羊腿用的是 RATIONAL 万能蒸烤箱，烤出来的羊腿汁水不饱满，颜色发暗。接下来先从一代店开始测试新的烤法跟口感，把烤羊打造成六里桥旗舰店的特色，既要营造出档口陈列的氛围感，又要把产品提升做好，让顾客吃好。

2023 年 3 月 28 日

儿童餐研发瑞青推进儿童餐产品转产测试。

工厂转产燕麦冰淇淋，对比莜麦有机和非有机出品的香味，差异不明显，主要在于对制作过程的掌握，已确定最终的原料标准，找有机莜麦工厂负责人，提出莜麦粒的初加工成型标准，工厂很支持，同意协助推进。冰淇淋再次不加稳定剂做测试，工厂专业人员给出建议，想要无添加只能缩短保质期，长时间储存可能会出现口感粗糙、冰晶和塌陷等问题。目前市面上的保质期大多在 18 个月，如果能缩短至 6 个月，那就可以尝试突破，已加工一批等待做下一步的试验。

儿童餐有机食材零添加方向，持续推进测试，一点一点地升级，最终实现产品有机化、零添加。升级之后的产品有机、健康，更符合人们追求健康的要求。跟市场差异化既是我们的特点，又是我们的战略之一。

2023 年 3 月 29 日

一、在包头召开海鲜经营沟通会。

生意是创造出来的，所以要敢于突破，进攻宴会市场一定要提纲挈领，找到顾客体验的“锚”。聚焦、投入和创新是一整套的标准设计和闭环。聚焦产品高品质呈现投入，要有果农思维而不是菜农思维。创新就是聚焦创造顾客价值，细化行动，服务的细节就是要价能力。

战略就是把企业能力给到顾客需求产生价值，聚焦我们的“锚”，细分策略，专项投入支持创新，敢于要价。儿童小剧场迎宾演出，搭配魔术师桌边互动。西餐式派对生日餐，突出零添加有机食材，打造有创意的专业儿童宴会场景。在暑期开展高质量的亲子活动，精准给宴会引流，发挥小红书 KOC 的口碑影响力，策划丰富多彩的文化活动，以点带面提升市场活力。

用好“盯、关、跟”工作法——盯住人，关注事，跟结果。高标准是盯出来的，关注过程，训练要够，跟结果盯执行。盯人、盯事、盯机制，设定 PK 激励机制闭环，推动落地。坚决、不妥协地向低标准执行挑战！

二、秀松总团队在西安召开全国食安学习交流会，组织食安过期管理靠后的分部营运区向忠其总分部学习。2022 年至 2023 年 2 月，忠其总分部食安无过期。分部食安过期管得好，有方法、有结果，故奖励忠其总分部 3 万元，树标杆、立榜样。

忠其总高度重视食安工作，对食安人员给权力，定机制。食品安全过期管理没有捷径，要增加巡店力度，一家一家门店、一个一个原料地认真检查，过程中用好保质期管理的工具和方法，每天播报提醒门店，把原料过期问题从源头就消灭掉。

忠其总分享说，食安是企业底线，必须要守好。想要做好这项工作，就需要管理者从源头上设计优化，让使用操作标准的伙伴好执行，养成好习惯，成为常态，提高职业素养。感谢总部食安对分部的支持，以及公司给分部颁发的食安奖！ 2023 年我将继续努力坚守食安底线，创造性地解决门店的各种问题！

2023 年 3 月 30 日

刘亮心总导师团队到华南超厨生产现场检查源头落标，发现问题，帮带整改，服务好门店。

现场发现：炒羊杂加工将之前生产的羊杂复热后与新炒制的羊杂混合打包，生产日期同步改为新日期；炒制好的羊杂未及时打包，存放 1 小时导致表面发黑。

跟华南超厨生产负责人沟通，严禁拆包缓化混合重新打包。超厨排产要根据各工序时间合理安排每个环节加工，保证各工序能衔接上，强化检查品控，严格把关。超厨源头的品质稳定，关系到供应的所有门店出品品质，要坚决、不妥协地向低标准执行挑战。

2023 年 3 月 31 日

一、跟张屏总团队在包头两家莜面村现场沟通环境提升方案。

包头两家莜面村一代店这几年在产品、环境上跟商务宴请的匹配度不够。产品、服务、环境三位一体投入，做好综合体验，提升品牌影响力，成为家常菜请客首选餐厅，经营上更有要价能力。

产品彻底学习六里桥旗舰店优化提升，往我们的风味特色上走，数量不宜多，往好做、往精做，核心是高品质、稳定地交付。

在环境上作整体提升，学习六里桥旗舰店将包间打造出商务宴请氛围。雅间台布餐具学习六里桥旗舰店的红白格台布和沙棘餐盘，椅子翻新跟整体氛围匹配起来，全部更换壁画，突出西北文化特色。提升环境，整体在功能上想明白，对经营的帮助就会大。

团队一把手的标准是关键。一把手的思维要在战略当中专注自己的业务，运用学习力、辛苦力和创造力不断提升自己的标准，为顾客创造价值。

二、临近夏季，大营运生产何海宾跟刘亮心总导师组织梳理全国蔬菜水果供应标准，全面下到各个地区清查供应商是不是按我们定下的标准执行。

下到门店现场检查供应商送货质量；召开地区沟通会，收集大家对供应商的反馈，制订管理机制，确保门店供货质量，因为供货质量直接关系到门店出品稳定，必须从源头严格管理。

蔬菜水果到店质量有问题的，在 3 小时内向供应商反馈解决。建立供应商管理机制，解决未按制订原料标准配送问题。统一地区所有门店的蔬菜加工标准、包装规格，让供应商好操作，统一配送以降低成本。采购从源头保证原料新鲜、品质稳定，严格执行供应商管理机制，门店高标准地执行原料验收标准。

2023 年 4 月 2 日

一、大营运生产何海宾跟采购、仓储解决门店羊肉串配送少货问题。

上周收到分部投诉羊肉串整箱到货经常少一袋，主要集中在北京永旺店、星悦荟店、公益西桥店，迅速反馈给采购、仓储物流部调查，同时组织分部开展为期一周的羊肉串到货数量反馈。最后，经仓储物流、采购联合调查，随物流车配送发现是这几家店的物流司机在配送过程中存在偷拿行为。

侯总将对物流公司进行了严肃处理，同时要求羊肉串供应商在封箱时使用带 Logo 胶带，“十”字粘贴，以避免后续再出现此类问题。门店反馈缺货少货的，全部进行退账或补货处理。大营运跟采购物流协同起来及时解决门店配送问题，服务好门店。

二、周六、日生意高峰期，老大们在现场跟团队优化排兵布阵，高质量地配够人，创客创收。

忠其总分享说，本周六在金地广场店现场跟团队一起重新调整了人员，明确了创客创收的关键动作，细化了相关人员分工：门迎岗全职员工创客，小时工配合做候餐服务，全职员工给每桌顾客点菜、服务、创收，小时工按照SOP搞清洁，上餐具、热茶，不熟练的小时工不能直接服务顾客，现场整体顺畅，顾客很满意。

一天下来，一看数据超出了上周每一天的单客量，充分说明：要想服务好，做好周末的生意，就必须提前排兵布阵，关键是人员的质量要高，这样才能真正地打好节假日的胜仗！

2023年4月3日

一、跟兴旺总交流学习抖音业务。

兴旺总讲述了数字化经营是大趋势，门店生意的打法也要顺势而为，变化调整。天网、地网、人网，海陆空结合：门店是地网，做好产品服务体验是基础保障；抖音是天网，相当于每家门店在线上开的店，要把这个新渠道用好，给门店引流，核心是想清楚抖音的菜单如何设计。

自己听了后很受启发。一切经营活动围绕菜单，抖音是折扣平台，我们接下来要优化产品，在产品上形成差异化，就是要算账，把平台费用加进去。最关键还要适合我们，用好平台，不传递打折信号。想明白之后投入资源，接下来俊珊成立专项组，聚焦家庭友好餐厅，以儿童餐为全年主线，通过菜单研发、传播语言和营销玩法收窄，尝试一点一点地吃透。

二、大营运生产落标何海宾巡视武汉群星城店，现场发现以下不符合标准的问题，跟营运区作了复盘。

炒烩焖工位出餐菜品较多，一个工位出10道菜，6个灶眼不够用，高峰期压菜出不去。牛肉泡馍一锅出两份，用的是牛大骨牛肉，汤色发灰不符合标准。大盘鸡收汁不到位，汤汁多，清汤寡水。干锅花菜、辣椒炒肉使用职工餐的去皮五花肉，自己切肉自己炒，未使用标准原料，也没有进行报标，肉片薄厚不均匀，口感不好。羊肉串刚开餐就提前预烤，烤煳的地方未修剪，餐具冰凉未加热。烤间万能蒸烤箱密封条损坏，排风不畅，就餐现场烟雾缭绕，比较呛人。儿童餐不是整套出餐。

公司的标准坚决不允许乱动，谁破坏了标准，就惩罚谁！何海宾跟营运区总厨张克峰梳理标准，坚决、不妥协地向低标准执行挑战！做生意不能投机取巧，生意是创造出来的，而不是省出来的，要往公司战略上走，舍得投入，实打实地靠好产品、好服务和好体验让顾客满意，然后再来！

2023 年 4 月 6 日

顾客体验问卷优化完成，4 月 3 日起上线，跟进数据分析。

新问卷将“1~10 分”打分调整为“差评、一般、好、超赞”4 个表情选项，与顾客心理感受一致，这样顾客更容易精准评价，门店能更直观地收到顾客的感受和意见，对差评进行具体分析，对亮点持续放大，核心是为顾客创造好体验。

对 4 月 4 日全天的数据进行了分析，发现“超赞”占比 95.1%，“好”占比 4.3%，“一般”占比 0.5%，“差”占比 0%，用“超赞”占比对分部及营运区进行了排名，继续运行优化，把客访问卷工具用好，支持门店服务好顾客。

2023 年 4 月 8 日

刘亮心总导师团队逐步推进有机番茄汁、沙棘汁测试生产。

目前已找到有机番茄汁代加工工厂，已通过审厂，根据我们的需求安装罐装机，4 月底开始打样生产。在武汉良之隆展会上选择几款有机沙棘原浆进行测试，确定调配比例，调整酸度、甜度，确保酸甜口感和沙棘果的果香味浓郁。

莜面村打的是健康、有机概念，推动番茄汁有机、沙棘汁有机，逐步实现产品有机化，升级产品，全面提升品质，顾客来了之后体验更好，最终带动提升我们要价能力。

2023年4月12日

今天是在昆明参加李践老师《浓缩EMBA》课程学习第一天，西贝伙伴们认真学习，积极参与互动分享，整体学习效果相当好。

整个课程的核心就是提升大家的认知，学习成为第一的10大模块能力。今天学习了4个模块——战略、价值创新、产品战略、人才战略，每个模块都要聚焦，提炼找到最核心的“一”，抓住关键，取一舍九，对标世界第一，标准极高，动作极简，速度极快。

战略的方向核心是顾客需求价值。战略要择高而立，以终为始。战略是一种选择，要有终局思维成为世界第一；要做雄鹰有雄心壮志，敢于创造，极致执行，一战到底。

价值创新的核心是“创”，开创唯一，形成绝对差异化，创造独一无二、不可替代的价值。差异化必须是高标准，产品、环境、服务做到第一，让顾客体验第一。坚决不能选择降价战略，降价是双杀，既伤害品牌，又传递错误信号伤害顾客，要坚定地选择价值创造战略。

产品战略体现的是价值思维，要成为第一，资源能力就要聚焦投入钻井，一米宽，万米深，创造顶级的产品价值和品牌价值。顾客买的是好品质，品质是顾客的核心价值。我们的专业儿童餐在市场上有了影响力，还要持续往深钻，打造成世界级的大单品，在产品、包装和营销理念上不断升级迭代，要做到好十倍，持续做成市场第一品牌。

人是一切的根源，管理者要把60%的时间花在选人和育人上。管理者的责任是培养训练团队，四梁八柱是门店交付的关键。各级管理者要投入时间、精力帮助他们成长。在用人上面，搭班子很关键，要各司其职，优势互补，这样整体团队的协作效率就会高。人才战略通过增长人数和人才梯队建设扩大“海陆空”市场，实现人才复制和组织增长，引领市场，做到第一！

2023 年 4 月 13 日

今天是在昆明参加李践老师《浓缩 EMBA》课程学习第二天。

今天最大的收获是李践老师讲的“用户战略”，用户管理的核心是要“成就用户”，通过细分、分类分级管理用户，以品质取胜，为他们创造价值，让他们体验更好，成为企业的终身用户，使企业品牌持续领先市场。

西贝一直非常重视顾客，它就是为顾客而存在的，没有顾客西贝就没有存在的价值。餐饮冠军赛竞争的是极致体验，发力点就是聚焦——聚焦产品、聚焦服务，优化环境，所有动作全部聚焦到顾客体验上，收窄打透。今年莜面村在产品、服务、环境上投入提升服务品质，在源头提升标准，紧盯门店落地执行，稳定交付，形成整体闭环。极致执行是真正的竞争力。

李践老师说真正的利润来自老顾客，所以一定要经营好老顾客，成就老顾客，要让他们到西贝消费成为一种习惯。经过这么多年发展，西贝积累了大量老顾客，他们认可、喜欢西贝品牌，对老顾客进行分类分级，重视消费力强的高净值顾客，设计服务标准流程，体现尊享感觉，让他们觉得更值，不仅自己来的次数多，而且会带更多的新顾客过来，从而让销量增长。

2023 年 4 月 14 日

今天是在昆明参加李践老师《浓缩 EMBA》课程学习第 3 天。

在这 3 天中，我系统地学习了成为第一的 10 大能力，总体感觉，关键是做减法，取一舍九，抓住最核心的关键，聚焦收窄往上打。

经营的核心就是创造价值，老板定的餐饮冠军赛就是要敢于创造，聚焦持续为顾客创造价值，才能不断超越竞争对手成为第一。产品是王道，服务、环境、菜品三位一体组成顾客综合体验产品，核心是让顾客感觉值。定价定天下，从战略及顾客价值出发，敢于要价，创造增量。有了增量，我们才能不断地投入，在员工身上投入让他们学专业长本事，在顾客体验上精准提炼关键的“一”去投入，在组织力上投入，提升团队能力，持续做到第一，引领市场。

创造是西贝的“基因”，我们西贝人具有相当强的创造力，高手永远挑战难点，坚持做有难度的事情。提升组织执行力，就是要用高手标准要求自己，持续学习提升，设定机制激发团队创造力，集体奋斗，争第一！

这次培训共有45个组（560人）参加，西贝伙伴全力以赴，勇争第一，拿到大满贯！复训团队获得单日冠军和复训组3天总冠军！新训学员分为3个组，其中胡司令组获得新训组3天总冠军！另外两组并列亚军！不争第一，我们干什么？

2023年4月16日

刘亮心总导师、儿童餐研发瑞青、大营运生产何海宾、采购考察云南有机蔬菜基地。

在现场我们看到人家种植标准很专业，把关很严，品尝了地里的蔬菜——脆、甜、鲜，感受到了好原料的魅力，也了解到市场上对有机蔬菜的需求量很大。

目前基地的有机蔬菜有40多种，其中西蓝花、胡萝卜、吮指胡萝卜和甜脆玉米适合儿童餐使用，能够保证全年新鲜供应。有机蔬菜能够覆盖的城市搭载净菜公司运输车每天配送，不能覆盖的城市每2~3天发一次快递。5月底儿童餐的西蓝花、玉米和胡萝卜全部有机化。

我们逐步实现儿童餐有机化，先从有机蔬菜的使用开始。“家有宝贝，就吃西贝”，用儿童餐的有机来引领西贝的绿色健康理念，领先市场。

2023 年 4 月 17 日

一、上午参加沙漠基地会议第一次预备会，受到老板赋能。

菜单是一切经营的基础，一切经营活动围绕菜单！产品力即一切，用产品力击穿一切！不争第一，我们干什么！

莜面村是基础业务，定菜单是战略层面工作。刘亮心总导师研发团队提供菜品，选哪些菜上菜单，自己跟俊珊、老大们进行了深度思考，想清楚之后，作出决策。自己对经营的研究远远不够，小米金汤狮子头不是我们特色产品，不能放到莜面村菜单中，要立即下架。

莜面村要做中式休闲正餐世界第一品牌，要有一个结构清晰的好菜单，把牛羊莜、五谷杂粮做好，往天然、绿色、有机的方向走。儿童餐逐步有机化，整体带动西贝“绿”起来。争第一的核心是产品力，产品力的打造是一整套连贯的行动。要思考清楚莜面村的产品力是什么，菜单、环境、服务产品化，用产品力击穿一切！

二、儿童餐研发瑞青在六里桥莜面村研发中心测试有机胚芽米制作的吃光光牛肉焖饭。

有机胚芽米在研磨过程中没有精米细致，和现在的大米相比，口感筋度和光滑度略差，从儿童餐角度看，营养价值很重要。先切换一个地区，根据门店的可操作性和顾客的反馈，再全国推进。有机是儿童餐的方向，有机产品的口感反而是我们的特点，要通过宣传把价值传递给顾客。

2023 年 4 月 18 日

组织讨论莜面村菜单，受到老板赋能。

菜单是一切经营的基础，一切经营活动围绕菜单！产品力即一切，用产品力击穿一切！若不争第一，那我们活着干什么！

用营销理念把菜品、服务、环境统领起来，形成一个非常有竞争力的菜单。跟大家达成共识，彻底梳理，重新定标准，3 年聚焦一个目标往上打。分成营销、菜品、服务、环境 4 个板块讨论，老大当组长，带领组员共建，形成整体菜单共同优化。聚焦传递绿色西贝的价值，未来3年成为中式休闲正餐世界第一品牌。自己深入到每个组参与讨论，把公司的战略给大家讲透讲明白。

在此过程中受到老板赋能，报告方向没有问题，菜品要有现场劳动场景的烟火气。服务要补强，往重做，原来是快吃快走，现在市场环境变了，要慢下来，让顾客体验更好，愿意多停留、多消费。所有的消费都是被引导出来的，做好员工点菜，推荐好小吃、小喝、甜品、葡萄酒。在服务选人上要重新思考，选有职业素养、有状态的人，强化专业度，跟我们的调性相匹配。把一家店作为一个产品，想清楚每一个模块，打造整体产品力，用产品力击穿一切！

2023年4月20日

在沙漠基地参加会议，受到老板赋能。

（一）再次观看《马姨》微电影，心情很激动。

马姨精神就是："做不好跟自己没完！我一出现，事情就会有所不同！"

马姨做工作有原则性，标准很高，心劲很强，是解决问题的能手，也是我学习的榜样！当年在爱丽格斯，马姨货比三家，规范了采购采价流程，让店里用上了质量好、价格合适的原料。每一位管理者都要学习马姨精神，提升自己。

（二）听了老西贝人于丽娟经理的分享，很朴实、很打动人。

当年爱丽格斯的服务标准很高、服务好，人们口口相传，树立了西贝服务口碑。于丽娟经理把服务顾客的最佳实践真实案例总结编写成了《服务中的100个怎么办》，用于培训员工，实用性很强。

现在服务不如以前了，接下来要重新设定目标，慢下来，重服务，找回过去的服务精神和能力。我们的SOP是项标准，提升服务还需要管理者带领员工现场发挥，积累诀窍，真心诚意为顾客创造好体验。

（三）林男总分享5·29西贝35周年文化宣贯活动方案，把每年的 5·29 定为“西贝员工日”，总部、分部干部彻底下一线，和一线员工打成一片，住宿舍，干活！全年 365 天都是顾客日，员工也是我们的“顾客”，服务好门店员工，把爱传出去！

2023 年 4 月 21 日

收到丽平总反馈的会员商城有关问题，跟张萌作了深刻复盘，并做出了整改措施。

物流配送是会员商城服务顾客的重要环节，我们的标准是：每日订单物流供应商要在时效内揽收，物流轨迹信息准确，快递交付准时。

反馈问题 1：配送时效慢且对顾客没有延期提示。

会员商城仓库在顺义，由京东顺义分拣中心配送，4 月 17 日分拣中心临时消防检查未通过被封闭持续至今。京东没有将这一情况告知我们，自行将顺义订单转到通州、大兴分拣，导致顾客延迟收货、冷冻品化冻。在此过程中京东自行把预计送达时间更改为 4 月 20 日，与会员商城显示的送达时间 4 月 18 日不一致，我们未监测出异常。

上午与京东召开复盘会：第一，建立配送时效管理机制，物流供应商如果修改配送时效将按机制处罚，同时完善物流轨迹监测机制，对快递揽收时间、预计送达时间和实际送达时间进行每日监测；第二，配送发生异常时要第一时间告知我们，我们立即起用应急物流供应商配送并与顾客电话沟通，在会员商城页面更改时效，以上行动自 4 月 21 日起执行。

反馈问题 2：单个产品泡沫箱包装浪费。

目前会员商城使用的泡沫箱最小规格是 24.5cm×22.5cm×18.5cm，重新采购更小号的泡沫箱适配 1 个产品的订单，于 4 月底完成。

以上问题暴露出会员商城在服务上还有很大的提升空间，既要有好产品，又要有高标准。

2023 年 4 月 22 日

一、截至 4 月 16 日，亲子活动共举办门店活动 4 380 场，大型活动 44 场，参与家庭 3.8 万组，月均每家店举办 3.9 场，场均 8.5 组家庭，留餐率 52%，满意度平均为 9.96 分。

新春期间推出“兔子年馍”主题活动，共举办 443 场，教小朋友制作西贝兔子年馍，深受顾客喜爱。3 月推出“西贝亲子魔法课堂”新主题活动，共举办 305 场，小朋友变身小魔法师和家长一起学习魔术，相互表演 PK，品尝西贝儿童餐零售品，玩得特别开心。活动既为顾客带来了高质量的亲子体验，又推广了专业儿童餐。

为了提升活动效果，亲子活动部每周末到全国重点地区 3+6 城市（北京、上海、深圳、广州、杭州、南京、武汉、成都、西安），现场观摩活动帮带复盘。针对新主持人较多的分部和地区组织专场培训，从系统使用、亲子企业微信社群拓群招募、活动主持等方面强化训练，提升小伙伴技能。“五一”假期即将到来，跟分部作了对接，提前做好了亲子活动准备，高质量地办好活动。

二、跟进大盘鸡原料切换后的销售及顾客反馈。

目前华东和华南地区已换成南浔的草公鸡原料，差评率从换之前的 2.2% 降为 1.7%，门店日均销量由 20 份增长到 23 份。顾客表扬鸡肉口感比以前的嫩，不柴了，颜色也比以前的亮，有肉香味。大盘鸡是风味产品，源头原料优化之后，核心的是强化训练做菜师傅，保证出品准时交付，让顾客吃好。

2023 年 4 月 26 日

一、在上海参加《华与华 · 超级符号品牌课》学习。

华总讲述了品牌内容——从理论到实际应用，自己系统地学习了，提升了对于品牌的认知。超级符号就是超级创意，华与华打造的成功品牌，通过超级符号传播，提升了品牌的影响力。西贝莜面村的超级符号，让品牌时尚了起来。

产品就是购买理由，顾客要的是需求，我们给的是价值。在开发产品的时候就要把购买理由说清楚，以终为始。购买理由还要跟顾客的使用习惯或者场景关联起来，能够打动顾客，让他们产生购买欲望。思考“绿色西贝”餐厅，理念先行，菜品、服务、环境整体构成产品，要精准提炼顾客的购买理由，为顾客提供独一无二的价值。

二、刘亮心总导师、吴俊义总导师考察六里桥旗舰店烧烤炉。

工厂做了定制化开发，三面玻璃展示面足够，现场作了沟通，更换内部灯光以增加亮度，提升了烤羊腿的展示效果，更加诱人。调整我们料汁的量，羊腿烤出来后汁水饱满，口感更好。烤炉还有保温功能，羊腿烤好后上桌之前放入万能蒸烤箱烘一下，表皮就酥脆焦香，更好吃。

2023 年 4 月 27 日

一、在上海参加《华与华・超级符号品牌课》学习第二天。

今天对品牌资产有了全面深入的理解：品牌资产要有事业理论，要给客户创造什么样的价值？用什么样的方法去实现？品牌文化就是品牌教化，就是要为客户创造人生财富，让客户留下美好记忆。“家有宝贝，就吃西贝”就是我们重要的品牌资产，日常门店和商场的亲子活动，每年举办的西贝暑期儿童美食节，和优酷合作组织的大型联名推广活动，都是在宣传品牌，不断和亲子家庭链接，提升顾客对专业儿童餐的认知，实现两个效益——买我产品，传我美名，为顾客创造终身价值。

二、许慧导师贯标团队在巡店过程中反馈了很多食品安全管理的共性问题，包括：冰箱原料未有效覆盖，冰箱霜厚不清理，冰箱内原料未按“生、熟、半成品、成品”定位摆放，瓦楞纸箱在冰箱、凉档内存放，凉档果蔬清洗消毒未按食安要求执行，去杂蔬菜未清洗而直接切配使用。

门店的基础食安问题被曝光出来之后，需要强化食安的贯标落标工作。秀松总团队不仅仅是在线上组织食安学习，更重要的是下到门店现场检核贯标训练，跟大营运一样服务到门店，高峰期不能干扰门店工作。对每周、每月暴露的食安问题，跟每个分部营运区作沟通帮助他们改善，共同守好食安底线。

2023年4月28日

在上海参加《华与华·超级符号品牌课》学习第3天。

华总对课程作了梳理总结，“华与华品牌三角形”是成功的品牌管理成果，企业用来对照，能很清晰地看到自己的品牌管理做到了哪些、还有哪些地方需要加强。

2023年5月1日

一、大营运客诉管理王青团队从4月10日起抽查《客诉处理的50个怎么办》门店培训情况，推动贯标落地。

截至目前，线下抽查52家门店的69位干部，电话抽查65家门店的65位干部，对抽查结果及时反馈，跟老大们互动，老大们特别支持。第一次抽查没有掌握的，在后续复查过程中已经掌握，各个分部营运区对这件事越来越重视。优秀分部还将文件打印出来，组织伙伴们学习。给王青反馈学习照片，互动交流。

虽然王青团队组建的时间很短，但在马燕的帮带下工作做得很扎实。运用“盯、关、跟”工作法推进，盯得很紧，核心就是要提升门店干部解决客诉的能力，掌握客诉处理原则，根据现场灵活处理，让顾客满意。

二、跟进全国冰淇淋机维养工作落实进度。

3月12日在深圳跟厂家召开了维养专题会。在安全生产部兰双友团队的追踪推动下，厂家已经按我们的要求落实。在全国3+6重点城市（北京、上海、深圳、广州、杭州、南京、武汉、成都、西安）共备用了冰淇淋整机11台，确保门店应急使用；同时给这些城市的工程经理备用了关键维修配件，方便日常维修。签订了维修补充协议，约束厂家周一至周四24小时内完成维修，周五至周日当天完成维修，保证门店销售。

安全生产部强化门店贯标，制作设备保养视频，通过保养记录二维码追踪门店设备保养，并且到店复核培训，专人跟踪厂家维修进度，提升及时性。夏天马上到了，草原酸奶冰淇淋的需求会更大，店长、厨师长必须会操作设备，还要训练伙伴，规范操作，保证设备正常运转，服务好顾客。

2023 年 5 月 2 日

一、前厅学习训练系统已启动，共召开启动会、培训会 20 场，店长、支部经理、营运副总参加。

截至目前，前厅员工取证 73 481 张，新员工完成学习率 83%，人岗匹配度 80%。陈利波、齐立强、贾国慧、高泽平、刘旭东分部及营运区人岗匹配度超过 90%。

营运服务团队不断优化培训方法，把培训重点放在实操上，帮大家熟练运用系统。跟分部及营运区制订目标，播报数据推进达成。接下来推动人岗匹配率进一步提升，打通排班与认证，制订规则持证上岗，将能力证书纳入晋升流程，形成落地闭环。

跟老大们作了沟通，训练系统落地，要根据实际情况有节奏地执行到位，核心是高质量，关键要看员工的掌握程度、实操效果，一步一步地扎实推进，真正训练出业务过硬的好员工，真正发放证书，用好训练系统，帮助每一位伙伴学专业长本事，提升组织力。

二、“五一”期间，新版前厅管理组夏装工衣陆续到店，各分部及营运区根据气温组织更换。

大营运场景田福云团队组织门店管理组学习工衣着装 SOP，巡店追踪细节，对接营运副总落实改善，在顾客界面统一高标准地呈现。大家穿上新工衣特别有精气神，新工衣新气象，整体提升了干部的形象气质。

新工衣必须合体，腰带颜色要按标准统一成棕色，不能是黑色的；宽度要合适，该花的钱就要花，要衬托出工衣的质感。员工的整体颜值上去了会提升我们品牌的溢价能力。工衣着装代表品牌形象，管理者必须高标准地执行到位。坚决、不妥协地向低标准执行挑战。

三、烤羊腿升级后受到顾客好评，增加了服务动作，让顾客感受到了产品的更高价值。

吴俊义总导师跟刘亮心总导师对烤羊腿进行了升级，配上了酒酿馍（30 克 / 个）、紫苏叶，换了新盛器，整体形式更精致。酒酿馍夹羊腿又嫩又软，价值感提升了，价格比原来涨了 50 元，现在是 238 元。服务上增加了员工现场操作，跟顾客有互动。经典产品升级既要让产品“好吃”，又要有服务操作互动，只有这样，整体价值感才会更强，顾客会更喜欢。

顾客评价说：“烤羊腿肉很多，烤得外酥里嫩的，还配有馍，可以包着吃，但我们不知道怎么吃，小姐姐就亲手一个一个地包着给我们吃，这服务真的没的说！很独特的吃法，说是服务升级了，果然不错！”

围绕菜品做服务，核心是跟顾客把菜品互动好，介绍好、操作好，体现出菜品价值，让顾客感觉更值。

2023 年 5 月 7 日

儿童餐研发瑞青团队在上海工厂跟进花花小奶糕生产。

当天生产了 1 万支，工厂有专业的工艺转换组根据小批量生产转换，制订了熬制温度、比重标准，专人负责每个环节的把控，整体出品效果达标。花花小奶糕是儿童餐堂食新款小甜品，用有机牛奶熬制，花朵形状，奶香味浓，既能突出有机高品质，又能吸引小朋友。

2023 年 5 月 8 日

一、参加第 4 届“西贝好汉”评选沟通会，受到老板赋能。

第 4 届“西贝好汉”评选，前 3 届好汉全部是评委。好汉帮千口，是助梦人，自己带头做到，有使命感、责任感和担当精神。西贝好汉要为公司品牌发展做出贡献，真正帮助伙伴实现梦想。每一位“西贝好汉”在工作中都要与“好汉精神”匹配。

西贝好汉就是要树标杆、立榜样，心力要够，梦想要大，目标要清晰。自己带部队这么多年，很清楚市场环境不断变化，思想必须超前，敢打敢拼，激发团队，突破难点，力争第一。

马姨精神就是好汉精神的榜样——做不好跟自己没完，我一出现事情就有所不同。既有心力又有能力，是解决问题的能手。向马姨学习，持续践行好汉精神！

二、推进北京合生汇店大众点评上五星。

北京合生汇店在核心商圈，大众点评星级评分跟其他知名品牌相比有差距。大众点评星级评分代表品牌商圈势能，必须实打实地做到，顾客才会给好评。

5 月 4 日，安排韩金团队跟分部营运副总翟萍、支部经理杨凤芝一起制订行动方案，沟通共识目标和落地关键动作，核心是强化训练，服务好顾客，门店选优秀员工跟顾客交流，互动收藏打卡，沉淀优质点评，每天追踪复盘改善，有节奏地推进，硬碰硬地做好顾客体验，累积顾客好口碑，上五星门店。

三、老大们越来越重视点菜，聚焦核心产品销售，为顾客提供一桌好饭。点菜服务既要提升员工点菜技能，又要跟顾客有交流互动，把产品的核心价值传递好。受到老板赋能，顾客说我们“贵”，要承认、接受，但一定要让我们的体验配得上“贵”，持续往好上做、往精上做。

慧姐说：营运副总、主教练花三天时间到门店点菜找体感，大家提高了认识。点好菜，真心诚意为每一桌顾客提供好一桌饭，同时销售聚焦，保桌均。这 3 天有了深刻体会，接下来的一周营运副总、主教练挨家带训门店，一家门店一家门店“过”，从店长、经理、部长和优秀散服每家门店 6 位以上点菜能手。

韩总说：分部单客低，分析菜品销售结构，找到真正原因。关键是菜品销售要聚焦，卖好核心大菜，店长在现场要盯紧，重点是服务伙伴的点菜能力。要加强训练，提升服务伙伴的讲菜和点菜能力，传递菜品价值，提升核心菜品销售，让顾客吃好。

2023 年 5 月 9 日

收到丽平总反馈，现场看到门店女管理人员新工服配的腰带宽度 1.8 厘米，跟下发的标准宽度 2.8 厘米不一致，安排田福云迅速整改落标。

收到丽平总赋能，了解到 2.8 厘米标准后面的意图，工服有配套的腰包，里面放点菜宝有一定重量。2.8 厘米的标准经过测试，挂上腰包之后不会影响美观；如果是 1.8 厘米的腰带，挂上腰包之后就会有一些变形，不美观。

2023 年 5 月 10 日

一、5 月 9 日起北京地区儿童餐的玉米换为有机玉米。

瑞青团队到现场跟进有机玉米的出餐情况，看到有机玉米的颗粒度饱满。顾客反馈说有机玉米甜、嫩，给孩子吃更适合。

市场部俊珊团队提供了有机玉米服务参考话术：“我们的玉米是有机的，孩子经常吃有机食材身体更健康。”把有机食材跟孩子的健康链接起来，顾客有感知，员工跟顾客互动进行介绍，传递好价值点。

二、天气热了，儿童餐零售品是冷冻品，顾客外带时容易化，因此更新了儿童餐零售品打包外带标准，要求在打包时必须带上冰袋。

儿童餐食品安全标准是最高的标准，必须要确保零售品的质量，带冰袋打包，避免过程中缓化变质。每个分仓都有冰袋备货，门店直接下单申购，很方便。裁判每天稽核反馈，追踪门店高标准地做到位。

2023 年 5 月 11 日

油泼香椿莜面从 3 月 21 日起售卖，截至 5 月 5 日，在 46 天内共销售 46 万份，堂食见台率 23.6%，较 2019 年的 16.3% 上升了 7.3 个百分点。油泼香椿莜面是季节时令特色产品，今年在服务上强化了为顾客介绍拌面的动作，把有机莜面手工搓制的价值点给顾客讲明白，在客访问卷中设置追踪闭环，介绍率 96.4%。油泼香椿莜面差评率 1.5%，较 2022 年下降了 1.1 个百分点，提升明显。

顾客点赞："香椿清香鲜嫩，味道浓郁；莜面窝窝手工制作，很筋道；每年都吃，春季必点；服务人员介绍拌面，仪式感强。"调取整体顾客反馈，明确了明年的提升点，在出品质量和服务介绍操作上还需要强化，让顾客每次吃好这道特色菜。

2023 年 5 月 13 日

一、跟老板到阿那亚考察学习。

"阿那亚"名字来自梵语"阿兰若"，原意为"人间寂静处，找回本我的地方"。创始人马寅总打造了美好生活方式社区，精准定位目标——年轻人群体，整体的设计、布局和审美理念先进，打造了特别高的价值感。消费转型升级时代，用户对产品的追求更多是精神层面的，精神需求成为年青一代的新刚需，阿那亚不是传统的商业地产，做的就是服务，精神产品是阿那亚的最高产品形式。

极致体验需要标准设计 + 极致执行，管理就是日用常行养成习惯，天天做到，给顾客带来的体验就会不一样。

二、从阿那亚回北京，路过唐山万达店并用餐。产品不错，店门外还有一个酸奶档，环境整体空间大，但冷清，没有做生意的感觉。

把陈利波、王起龙叫到六里桥莜面村研发中心，作了沟通，一起讨论了店型。经营面积变小，缩成 390 平方米，聚气、精炼地往好做。店外 45 平方米的酸奶档口闲置，对接开发部，沟通退租。把现在的圆桌区域封闭起来作员工餐、培训用。环境干净、整洁，门头亮堂，厨房产品再优化提炼。外卖提升空间大，要卯住劲往上做。下周一，陈利波、王起龙带场景部设计师到现场规划出方案。

2023 年 5 月 14 日

今天是母亲节，老大们激发团队好状态，让他们做好服务、点好菜，创造销量，用我们好吃的菜让顾客幸福，让妈妈们在西贝开心过节。

慧姐：母亲节是“五一”之后的又一个节日，增加了一个 PK 项目，主教练、营运副总每人带一家店 PK 增长。他们已经开始采取行动，亲自带训选定的门店员工点好一桌菜，复盘点菜单（以前从来没有过），明确要销售的核心菜品，备产品、用具，盘点人员，补小时工人数和技能，关键是带领员工营造温馨、爱的节日氛围，服务好妈妈们，创造销量增长。

齐总：母亲节是创造历史纪录的好机会。全分部计划卖 1 000 条烤羊腿，活动主题是：“母亲节，陪妈妈好好吃顿饭！”要服务好妈妈，把爱的感觉传递出去，销售就会成为水到渠成的事！

赵小丽：提前安排了各店母亲节礼品，亲自挑选了夏凉被，提前慰问在一线工作的母亲，给她们送上节日的祝福。母亲节是店里生意最忙的一天，各店在人员、原物料上计划充足，挑战历史营收纪录。重点是要把顾客服务好，让顾客体验好，把节日的爱意传递好。

2023 年 5 月 15 日

母亲节当天营业净收入 2 820 万元，创造了历年母亲节最高纪录，单日营收排名历史第 4。老大们带领团队挑战突破创新高。

齐总：尽管天公不作美，全天有雨，但全体员工努力奋斗，创造了新纪录。全分部卖了 1 565 条烤羊腿，销量最高的门店卖了 90 条。有 6 家门店创造了开业以来的新高。60% 的门店是 3 年疫情的最高。门店计划充分，一线员工高目标牵引，所有干部到一线共同作战，中午、晚上赋能两次，创造了节假日最高的客单。今天员工们带着爱服务顾客，每包好一个酒酿馍就先递给妈妈并祝福她，上菜的气氛整得很足。超常付出，必争第一！这又是一个新起点。

慧姐："五一"创收 732 万元，今日母亲节创收 796 万元，增长 8.7%，多家门店创历史新高！有的门店 9 点 30 分开餐了，有的门店 22 点才闭餐。所有营运干部都到门店，担责、干活，亲自卖菜、创客、兜售、带员工。堂食、外卖高峰时间长，出现卡单，徐艳、魏强和徐丽萍现场复盘调整，下午就得到改善。晨琳带着万象城店亲自打，"五一"营收 10.5 万元，而母亲节却营收 12 万元，创下历史新高。成功属于有高远目标的人、有方法（脑力）、亲力亲为（体力）、输想不服赢的人（心力）。大家在西贝这个大平台上学专业长本事，共创共担，共享共富。

2023 年 5 月 16 日

学习阿那亚，想西贝的思考。

顾客体验做得不好，我反思问题到底在哪儿？为什么这么多年大家还在自己的认知里，不操顾客的心而只操自己的心，想的还是自己的那点事而不是公司长久战略？品牌就是持续的加分，组织力起来才能挣钱，企业才能基业长青。

做什么行业都有难点，既然选择了我们这个行业，那肯定会遇到难点。我们这几年确实落后了，好多做得牛的东西丢掉了。学习于丽娟经理《服务中的 100 个怎么办》，老大们还是没有深入进去真正用起来，反思我们的初心丢了什么——是我们的投入不够，还是学习力、辛苦力不够？抑或是激发团队争第一的创造力不够？其实就是心力跟愿力的问题。

强标准、强能力、强管控，关键是机制闭环，核心是老大一号位，自己带团队要有心力，有敬畏顾客之心，不要惜情护面，一旦有人跟不上，一定要换人，不是做不到，而是真的没下决心。下决心就是真正让自己狠起来，只要用心去做，就没有做不到的。

每个人都有想法，你的想法是不是聚焦在战略当中，不能老在自己认知中思考，一定要不管大事小事，都在战略的闭环中，力出一孔，一以贯之，才能做到最好。

2023年5月17日

学阿那亚，想西贝，继续思考。

现在各个分部营运区的服务水平高的高、低的低，大家的基础不在一个水平线上。这么多年，我们品牌有了这么多积累，服务的提升还要从系统上整体思考，从实际出发，作长期规划，分阶段推进，最终实现极致顾客体验，达到顶尖高手水平。阿那亚也是一步一个脚印才创造了今天的辉煌。

每个人的心态、学习力不同，从普通人到顶尖高手，中间要经历很多次进阶。现在的服务是60分，明年做到80分，后年必须做到90分。要定机制，权责利对等，激发老大们的心力跟愿力，一点一点地卯住劲往上做。

2023年5月18日

一、营运场景田福云召开全国台布管理沟通会。

台布是品牌形象一级界面，在巡店过程中看到了门店台布有染色、褪色、没洗干净和不按标准铺的问题。田福云去台布洗涤厂源头现场整改洗涤质量问题，跟洗涤厂负责人制订解决方案，要求他们必须按照我们的标准来，染色无法还原的台布必须报废，重新补充新台布，持续追踪解决到位。

跟全国营运干部召开沟通会，门店上桌的台布必须符合场景标准，同一家门店的台布颜色要一致，下垂尺寸要均匀。管理者要关注台布洗涤质量，每餐检查，执行台布使用标准和管理机制，坚决不把染色和没洗干净的台布铺上桌，反馈给田福云，让其解决。坚决、不妥协地向低标准执行挑战。

二、学习马寅总“混沌”上的课程《阿那亚：如何从经营产品到运营用户》第1节《转型时代重新定义用户》，自己有以下思考。

阿那亚从传统的地产项目转型为海边度假的人文社区，成为经营生活方式的品牌。创始人马寅总洞察到了市场的变化——个性化生活方式的到来，人们开始回归本心，关注自己内心最真实的需要。

他选择了有消费力的年轻人为目标群体，细分市场，为他们打造产品。

自己受到启发——服务也是产品之一。重新思考我们的服务产品：我们定位“家庭友好餐厅”，顾客选择我们的理由是什么？在莜面村里要体验什么？我们应提供什么样的服务，让顾客更愿意来？坚决不能触碰哪些底线，碰了就会伤害顾客？服务主张必须明确，一贯到底。

2023 年 5 月 22 日

一、参加第 4 届“西贝好汉”竞选沟通会，受到老板赋能。

自己对第 4 届“西贝好汉”的竞选方向有了深刻理解——就是导向未来的价值创造。基于业务要做什么样的贡献，核心是敢担当、敢挑战。

跟分部及营运区老大们作了互动，激发优秀团队报名，让各个岗位的领军人才站出来，共同创造西贝的未来。

组织大营运各个板块的一把手跟优秀年轻干部召开“西贝好汉”报名动员会，跟大家讲述了公司关于好汉竞选的方向，大家对好汉有了全新的理解，报名的积极性很高。在参与过程中更能想清楚自己在公司平台上的发展规划，放大梦想，挑战自己，更大担当、成长，贡献更多！

二、跟进儿童餐“一口花花奶糕”独立包装生产进度。

目前已陆续交货，每日生产 2 万个，5 月 23 日晚上全部完成，总计 6.9 万个，能满足门店“六一”当天活动需要。

跟华与华策划推出“‘六一’宠宝贝，全家去西贝”活动，“六一”儿童节当天到店堂食点任意一款儿童套餐，就获送 1 支花花奶糕 + 爱心小厨泡泡贴纸。跟小朋友互动起来，让门店整体的节日氛围更足。

三、儿童餐视频号直播持续增长，5 月 21 日场观人数达到 24 158 人，创造了直播以来最高人数纪录，销售额 14 666 元。

直播团队在实践中不断探索，结合母亲节、“5·20”策划专场活动，用好节日流量，在活动设计、赠品的选择上强化和顾客的互动。选用瑞兔生肖年馍作赠品，造型可爱，适合孩子，巧妙链接顾客，带动单量增长，顾客反响也不错，有顾客说第一次来直播间就下了4单，还有顾客说孩子就是吃西贝长大的，看见西贝就走不动了，很多顾客在直播间表达了对西贝的信赖。

6月将策划“六一”儿童节专场、新品发布专场、“6·18”专场、端午主题专场，把内容做足，突出价值感，不断和顾客产生互动，增加黏性。不仅仅是卖货，而且是宣传推广专业儿童餐。

四、看到CEO热线反馈，员工投诉管理者的一些不规范行为（乱罚款、态度差和骂人）。跟老大们作了沟通，“带人带作风，管人管行为”，对这些张狂行为必须坚决打击，公司统一规范处罚制度。管理者就要有服务心态，尊重员工，多沟通，给员工树立榜样。

韩总：

深圳西乡天虹店员工投诉门店关于员工脱岗罚款的问题，支部门店作了复盘，明确在门店不实行罚款机制，要通过帮带、沟通来解决问题。背后的核心是和员工缺少沟通，只想通过机制解决问题，管理者要尊重、爱员工。管理者要有服务心态，不能耍威风，实行简单粗暴管理，要做好和门店一线伙伴的沟通，倾听他们的需求，及时帮助他们解决问题。

2023年5月24日

在六里桥莜面村研发中心试了月饼和儿童餐。

今年的月饼延续经典，突出杂粮属性，更换了顾客评价不高的月饼，选定了4个口味（云南玫瑰冰沙、沙棘蔓越莓、桂花拉丝奶酪、五谷杂粮）。去年的礼盒月饼重480克，单个80克，放6个。今年总重不变，优化成单个60克，放8个，小而美、精致、口味丰富，提升颜价比，更能满足顾客节日消费需求。

试了升级之后的完熟番茄牛肉酱莜面条，原来每份重190克，升级之后增加到270克，门店出餐再加三块红黄小番茄，优化了牛肉酱的配方，改进了酱的颜色，餐具更换为现有库存的麻布纹盘子，更有质感，提升了出品的整体美感。

2023年5月25日

推进儿童餐新品及套餐升级迭代上线工作。

儿童餐上线两款零点新品——肉嘟嘟原味牛肉肠、花花奶糕。套餐进行了迭代，玉米、胡萝卜和西蓝花升级为有机蔬菜，汉堡套餐增加花花奶糕，鸡翅套餐升级餐具。儿童餐有机化，传递绿色、健康理念，产品搭配组合提升了品牌溢价能力，对4款套餐进行了调价。全国门店堂食5月31日上线。

外卖套餐将玉米羹更换为有机牛奶，这样既能保证食品安全，又提升了品质感。美团看到我们儿童餐的市场增量，“六一”期间给我们匹配了活动资源，进行品牌免费带货直播宣传，提升品牌声誉。全国统一4款套餐，5月26日上线。

2023年5月27日

参加第4届“西贝好汉”竞选会，受到老板赋能。

“西贝好汉”评选是西贝组织能力建设的一种方式。争当好汉，承诺创造未来价值，既要有挑战性目标，又要有关键靠谱的行动。未来5年西贝因我而有不同，每一位好汉都要配得上好汉的荣誉。每位竞选者分享完之后，老板进行了赋能，帮助他们把业务理得更清楚。

在竞选好汉的同时，自己对莜面村业务也想得特别清楚：顾客投诉服务差的板子不能打到门店员工和店长身上，要打到我的身上、老大们的身上，要改变规则，带领老大们担当起来。老大是一号位，辛苦力、学习力和创造力都要提升，从现在开始实实在在地给门店赋能，真心诚意地对员工好，只有这样他们才能真心诚意地对顾客好，愿意跟你，团队稳定，顾客才会满意。员工的事、顾客的事，核心都是解决人的事。员工发展规划才是我们的未来发展，企业才能基业长青。

重塑莜面村品牌，基于顾客需求，提升产品、环境、服务品质，核心是为顾客创造价值，让体验配得上我们的“贵”。西贝莜面村卖的是场景，“健康抓关键，主食吃莜面”，莜面是核心产品，莜面妹是战略，把莜面妹再次打造成为我们的“符号”，在策划上要敢于想象，传播好传统手工制作工艺。

祝贺新当选的17位“西贝好汉”！希望他们相互学习，共同成长，有更大担当，一起为公司创造更大价值！

2023年5月29日

一、参加西贝铁军沙漠基地《不争第一，我们干什么》第一期课程，受到老板赋能。

老板带着大家对问题进行区辨，把笼统的问题转化得非常具体。回到现场用青岛万象城店举例，代入具体的干部，一步一步地学习互动，拆得非常细，找到真问题。此过程对自己触动很大，自己的区辨能力得到了提升，管理升段的唯一方法就是往下打，回到具体的工作当中，研究非常具体的事，打透，解决卡点。

我对绩效考核有了更深的理解：绩效考核是管理抓手，导向要明确——既要激励干部帮带好员工、服务好顾客、创造好绩效，又要明确哪些是禁止项，不能影响顾客满意度、品牌声誉、员工积极性。制度就要为善去恶，制度好、文化好、氛围好，门店就更有活力。全国店长分A、B、C三级，简单有效，绩效考核在现有基础上进行优化，有实质性地提升，比学赶帮超。

现在莜面村总部定了绩效，但没统筹住，上下不一致。分部、支部和门店在总部绩效的基础上叠加了自己的考核内容，搞得很复杂，导致一线人员疲于应付。绩效考核要往简单优化，把员工利益、顾客利益和企业价值统筹起来，抓重点，门店严格按总部定的绩效来，一个标准往下执行，确保门店收到的信息是一致的，不允许乱动。过程中有了更好的方案，跟老大们一起再优化。

二、参加第 4 届“西贝好汉”颁奖晚宴和西贝 35 周年庆典晚宴。

祝贺 17 位第 4 届“西贝好汉”！“西贝好汉”是荣誉，更是责任和担当。好汉帮千口，是榜样，也是标杆，既是业务高手，又是组织高手。向马姨学习——“做不好跟自己没完”“我一出现，事情就会有所不同”，持续践行好汉精神，未来 5 年跟老大们把莜面村业务做好，为公司培养出更多好汉。

祝西贝 35 岁生日快乐！作为老西贝人，看到公司这么多年来的发展变化、各项业务都在稳步发展、伙伴们干劲十足，我觉得特别开心。我的西贝：集体奋斗、共创、共担、共享、共富，一伙人，一件事，一辈子。因为西贝，人生喜悦！

2023 年 5 月 30 日

“5 · 29”期间，大营运团队的志愿者下到门店跟门店伙伴同吃、同住、同干，过程中大家很有收获。

大营运是一线部门，在平常巡店过程中跟门店更多的是工作上的沟通对接。这次下到门店参与到具体的岗位当中一起工作，服务顾客，帮助门店准备晚宴活动，住员工宿舍，融入门店员工生活，对门店有了更深的体会。

参加门店庆祝晚宴，感受到了门店伙伴们的热情，听他们分享在西贝的成长经历，表达对企业的美好祝愿，被这种大家庭的氛围深深地感染了，对门店的了解更加全面深入，更有信心支持好门店工作。

2023 年 5 月 31 日

一、参加西贝铁军沙漠基地《不争第一，我们干什么》首期课程第 3 天。

全天畅想 10 年梦想，听年轻人分享自己的梦想，讲述对未来美好生活的向往，感受到了年轻人对未来的大胆想象，自己也很激动。老板现场区辨了目标和梦想，对自己很有启发。目标很具体，梦想的实现需要目标的达成。要敢想，更多的是享受幸福生活的美好画面。

梦想的力量是神奇的，回想自己来西贝的31年，跟对西贝好平台，一路成长、打拼，靠辛苦力、学习力和创造力实现了好多的人生梦想。沙漠基地是一个大的能量场，在这里说出梦想，能吸收更大能量。

未来10年，西贝一定因我而不同！我的梦想是：带领团队把业务做好，让西贝莜面村成为中式休闲正餐世界第一品牌！全球门店有1 000家（其中国外300+家），全年营收200亿元，家家都是五星门店，坚守真心诚意的西贝待客之道，用天然、地道和真诚的美食创造喜悦人生！重视年轻人，帮助优秀年轻人在企业平台上实现梦想。未来10年，我将不断学习提升，挑战自己的愿力跟心力，带好队伍，做牛业务。我的西贝：集体奋斗、共创、共担、共享、共富。

二、明天是“六一”儿童节，老大们带领团队召开备战会，落实准备工作。“家有宝贝，就吃西贝”，让宝贝们在西贝开心过节。

何娅娜：晚上开了营运区“六一”儿童节备战会，要求每家门店的迎宾岗气球备足，做好儿童7大服务，“剪刀石头布”游戏要提前演练，桌桌与宝宝互动。会议上，和大家达成了让顾客满意、确定营收目标的共识。“六一”儿童节当天，营运区干部每人一家店，厨房支持出餐，前厅支持运营，大家相互PK，协助门店服务好顾客，创客创收！

赵小丽：组织营运区干部及各店长开展“六一”儿童节“作战”部署，各门店拿出“作战”方案，挑战营收新高，提前计划原料，尤其儿童餐坚决不能沽清，要合理安排人员保证儿童服务到位。厨房盯好儿童餐出餐品质和时间，让每个家庭都有好体验。

2023 年 6 月 1 日

一、参加西贝铁军沙漠基地《不争第一，我们干什么》首期课程第 4 天。听伙伴们分享穿越沙漠的经历，自己很受感动。大家能走下来的原因有很多——争第一目标的鼓舞、不服输的劲、团队互帮互助、不放弃每一位伙伴。虽然特别累，但为了团队都坚持了下来。徒步的过程就是打造团队的过程，也是心力不断提升的过程。穿越沙漠跟我们的工作很像：梦想实现过程中肯定会遇到各种各样的困难，但只要大家心往一处想，劲往一处使，就一定会战胜困难，成功登顶！

二、规划亲子活动升级，核心是让顾客体验到好口碑。亲子活动的 O 就是落地"家有宝贝，就吃西贝"儿童餐战略，不断链接亲子家庭，为顾客创造高品质体验。提纲挈领，"纲"就是顾客极致体验，亲子活动最核心的是高质量。亲子活动要办出影响力，关键是春瑞要对活动策划进行深入打磨，把顾客的极致体验设计出来，通过亲子活动团队全国落标。门店亲子活动主持人必须统筹训练，暑期 3 个月是亲子活动高峰期，必须强化训练，密度要够，颗粒度要细，反复抓训练，按周追踪。把每场活动办好，积累好口碑，活动的场数自然就会上去，也就能链接更多亲子家庭。

2023 年 6 月 2 日

一、参加西贝铁军沙漠基地《不争第一，我们干什么》首期课程第 5 天，受到老板赋能。

老板对特训营 5 天的课程进行了复盘总结，一项一项地复盘，特别细。沙漠基地卖什么？就卖两个字——专业，专业体现在课程的每一个环节，核心就是极致体验，专业在于细分，无微不至的实用好用就是专业。沙漠基地打造课程就是要极致，一个产品持续打磨升段，不断重复，让人上瘾并找到乐趣。

公司以后的团建就是以沙漠基地为主，通过沙漠基地的专业升段。感染到来参加课程的伙伴，让他们回到自己的工作当中，提升专业段位。这5天的课程，跟着老板一路学习，自己也收获了很多，要带领老大们不断在专业上升段，因为只有我们提升了，才能为顾客创造更好的体验，顾客才会越来越喜欢西贝。

晚上参加颁奖晚会，感受到了年轻人的活力、团队的凝聚力、大家信心十足！因为西贝，人生喜悦！

二、"'六一'宠宝贝，全家去西贝"，"六一"儿童节全国接待儿童客流52 257人。门店营造节日氛围为小朋友送上了礼物，让他们在西贝快乐过节。

营运团队检查门店活动落地情况，顾客反响不错，但有的高客流门店有些地方没做好，有不足之处，客流大更要挑战自己，往好做，让顾客满意。活动执行的核心是要制造仪式感，花花小奶糕用有机牛奶熬制、爱心小厨是我们儿童餐的IP形象，把有趣、有益的价值点跟小朋友互动起来，提升第2届暑假儿童美食节的热度。

顾客说，"六一"儿童节带宝贝来西贝真是选对了，不仅能吃到营养丰富的儿童餐，而且获赠了花花奶糕和贴贴纸——这些都是对小朋友的爱呀！服务一如既往地周到，儿童餐又升级了，全部是有机蔬菜，既好吃又健康！西贝真是用心了，为这样的商家点赞！

三、今年"六一"的生意和节假日的生意差不多，这是我们一直以来聚焦"家庭友好餐厅"、强化"家有宝贝，就吃西贝"、打造专业儿童餐而产生出来的品牌口碑效应，持续往好做，服务好儿童就是服务好家庭。

陈永华：今天各店儿童餐档口都增加了人手，保证了儿童餐的出餐速度和品质。迎宾岗提前准备了充足的折花气球、风车、茶水和小吃，加上新版儿童美食节的宣传布置，门店过"六一"的氛围很浓，来用餐的小朋友都非常高兴，体验感十足。关于儿童套餐价格的调整，通过员工对升级儿童餐的介绍，顾客都非常认可、接受。

何娅娜："六一"儿童节，要求各店严格按照总部活动标准100%地执行，营运区职能部门全部下到门店检查反馈。大部分门店执行得特别好，有条件的都做"六一"专属门框，节日氛围足。

用“剪刀石头布”和小朋友互动玩游戏，送花花小奶糕、贴纸，给小朋友和家长合影并现场打印，他们参与感非常强，家长也很满意。“六一”儿童节，顾客都是直奔西贝的，各门店中午基本都不闭餐，全力以赴搞创收，营运区突破历史新高，超过了母亲节的营收！

2023 年 6 月 3 日

一、学习华楠老师文章《枯燥重复的练习，才能体会到成长的滋味》。

华楠老师说：学做一件事的最好方法就是重复练习，永远练习，练习一万遍，直到形成肌肉记忆。李践老师也讲“一米宽、万米深”，聚焦“收窄打透”，做成世界第一。

我们现在的顾客体验差，大家复盘上来的原因很多是知道标准但没有按标准做，没做到的原因是训练远远不够，下的功夫不深，员工还没有形成肌肉上的记忆。“知行合一”，知和行是同步的，没有捷径，就是训练的密度和强度必须要够，日日不断，熟能生巧，我们服务顾客的本领才能升段。

二、贯标导师巡店“健康抓关键，主食吃莜面”档口，帮带师傅操作关键点，现场沟通解决问题。

原料方面，普罗旺斯西红柿口感差，出汁率少，都是果肉，酸甜度、味道不好，研发导师与采购继续寻找新原料测试。优化出餐标准，规范使用刻度勺，补充操作缺漏项，简化出餐流程，减少门店复杂操作。油泼番茄莜面有免辣需求，重新制订标准，通过测试增加 20 克葱油提香。

档口投入使用以来顾客对产品比较认可，要继续根据现场情况优化原料和出餐操作，提升顾客体验。

2023 年 6 月 4 日

儿童餐研发瑞青团队下到门店支持出餐，根据门店实际优化标准，帮助解决问题。在北京长楹店看到奶糕使用麻布纹平盘上桌，因餐具在消毒柜加热保温导致奶糕容易化，从源头优化标准，单个装的使用135ml硅胶碗，多个装的使用硅胶主食盘或麻布纹平盘，但须注明出餐的餐具温度，防止上桌后缓化。在北京永旺店看到原味牛肉肠使用的空气炸锅功率不达标，烤制时间长，还不上色，门店操作师傅不知道有烤羊肉串炉子烤制标准，现场培训操作师傅羊肉串炉子烤制标准和预烤标准，预烤时使用现有的空气炸锅增加烤制时间，下单后微波炉加热出餐，保证上菜速度，同时增加其他烤箱烤制标准。团队经常下到一线，增加了营运体感，对后期的研发思路很有启发。

2023年6月7日

一、分部及营运区老大分享如何当好教练。教练就是要在现场参与门店工作，发现问题并解决问题。解决问题的过程就是帮带干部的过程，自身业务要专业，标准要高，会沟通，激励团队。

陈永华下到门店怎样当好教练?

（一）对齐战略：好教练首先是高度对齐公司战略，充分理解战略意图，是战略的有力执行者，通过自己的思想和实际行动影响每一位伙伴。

（二）专业能力：好教练要熟悉精通门店业务，了解各岗位工作流程，在实际工作中不断提升自己的业务能力，持续赋能门店提高工作效率，不断优化完善门店工位、工序，打造有序高效的门店营运现场。

（三）现场体感：亲自下到门店和团队伙伴一起工作找感觉，对问题要敏感，凡事要向内求，要有抽丝剥茧深挖解决问题的深度，带领团队伙伴运用“三现三真工作法”复盘、总结和分享，持续精进，提升团队的业务技能，提高干部的管理水平。

（四）团队激励：实事求是树榜样、立标杆、正向激励，不能以考核罚款为手段层层加码而降低了团队的创造力，而应以结果为导向，盯过程，支持帮带团队伙伴拿到好成绩，创客、创收、创利。

2023 年 6 月 8 日

一、参加公司第 2 届董事会第 12 次会议，汇报《莜面村事业部 2022 年度工作报告》，受到老板赋能。

整体报告挺实、挺细，但还需要把“纲”加上，这样就会更加清晰。提纲挈领，“纲”就是莜面村绩效考核评价体系，统领业务靠价值评价决定价值分配、价值分配拉动价值创造。莜面村的绩效考核成果还是很大的，总部、分部、支部门店一个考核标准，为门店减负，聚焦顾客价值、员工成长和创收、创客、创利，对做出贡献的员工进行有效激励，激发他们创造价值。

西贝莜面村正餐业务非常有魅力，一定要挑战 15% 的净利润率。到 2030 年，要有 1000 家店，销售额达到 200 亿，核心就是持续提升组织能力。市场在那儿等着我们，没做好的原因只有一个——就是能力、专业性不够。坚定不移地练基本功，在打的过程当中快打快修。今年稳稳地做业务，专业升段，把钱挣上，把浪费挤掉，努力做好，这样才配得上我们的“贵”，增强创利能力。

二、老大们下到门店发现问题，帮助解决问题，优化顾客体验。

忠其总：今天一天在阳光城店，通过和大伙的沟通，我收获非常大，平时巡店看的都是表面问题，今天深入了解后确实发现了一些系统性问题。近期新员工比较多，但师傅不明确，训练跟不上。新员工的仪容仪表不是很到位，虽然之前也提到过，但没有具体的执行检查方案。厨房的计划也不全面，在外卖高峰期补位不到位，随意性比较强，所以需要明确补位人员。阳光城这家店周边单位聚餐比较多，但因为已经是 6 年的老店，圆桌的环境确实有点跟不上。明天我将与设计沟通，彻底升级这家店的环境。一天下来，感觉这家店可提升的地方非常多，只要把这些问题解决掉，我们肯定能再次获得商圈第一！

2023 年 6 月 12 日

一、安全生产落地兰双友，推进全公司工程人员持电工证上岗工作。

公司要求分部从事电工作业的工程人员都要取得电工证，今年2月已经跟分部及营运区达成共识，要在6月30日前完成取证。从7月1日起，不允许无证人员从事电工作业。截至6月10日，莜面村、海鲜和毡房作业人员持证合格共有85人，不合格有23人。对于不合格人员，已经跟分部工程经理、安全负责人沟通确定全部完成报名，等待通知考试。张忠其、齐立强、刘旭东、陈永华、李刚、韩高峰、毡房7个分部及营运区作业人员全部持电工证上岗，在此特对他们提出表扬！

国家《安全生产法》明确规定：生产经营单位的特种作业人员必须按照国家有关规定，经专门的安全作业培训取得相应资格，方可上岗作业。若违反规定，就会受到处罚。老大是安全生产第一负责人，抓紧推进无证人员的考证工作，同时后期招聘时必须招有证的人员，严格把关，消除隐患。

二、儿童服务的极致执行是我们的竞争力。近期调整了儿童餐价格，要把相应的附加值提供好，儿童美食节“剪刀石头布，宝贝有礼物”活动要和小朋友互动好，玩起来，给他们送上小礼物，标准动作必须执行到位。

李刚总：“六一”过后，门店员工与小朋友做“剪刀石头布”游戏。周末儿童客流大，门店执行的效果一般。活动目的是增加与小朋友互动，一定要用心互动，跟店长沟通，对于散服和干部要选合适有活力的人互动来活跃气氛。

陈永华：在大连凯德和平广场店巡店检查督导暑假儿童美食节的落地情况，场景布置和商圈广告都符合标准，儿童服务执行到位，“剪刀石头布”的游戏互动效果好。根据每家店的实际，优化互动流程和节奏，做到对用餐的小朋友全覆盖，互动时间全时段。

2023年6月14日

收到老板发来的外卖“鸡丝莜面料汁”包装问题，落实整改。

外卖鸡丝莜面包装上印的是外部加工厂家的名称信息，没有西贝莜面村的品牌信息露出。了解到负责的导师没有上报审批包装，直接制作。按道理，外卖业务量这么大，这些事情应该有统筹审批，现在却缺失，由此可见我们外卖的管理流程有漏洞。

通知全国在售门店从今天开始将现有包装拆掉，使用 360mL 小盒打包出餐。安排俊珊对接设计新包装，快速调整，同时梳理所有外卖包装，完善包装表面信息标准，建立审批流程，相关部门把关审核，明确责任，建立机制，从源头规范。

2023 年 6 月 15 日

老大们当好教练，下到门店发现问题，帮带团队，提升标准，链接顾客，做好体验。

李刚总巡店看到门店对核心菜品做训练，利用碎片时间由店长亲自考员工实操模拟演练，这个非常好，但餐中同样上这道产品的时候，发现员工并没有介绍，和店长沟通，训练目的就是让大家熟练掌握并应用，餐中上菜说菜与客互动才是练习说菜的目的，特色菜每桌保底讲一道，突出产品价值。作为店长就要餐前盯训练，店长表示充分理解并承诺做到，同时教练下店帮带追踪，必须做到位，顾客才会有感知。

高总巡店发现，大家在围绕顾客做服务的环节语言太少，顾客落座递菜单、上餐具、倒水、点菜、说菜拌菜、与小朋友互动“剪刀石头布”，看起来样样都做了，但大多做得不温不火、没感觉。分部干部、支部经理和门店“三剑客”在现场亲自带头与顾客互动，自己有感觉才能带着伙伴与顾客互动起来，真正让顾客感受到我们“实心诚意的西贝待客之道”。

2023 年 6 月 17 日

到六里桥旗舰店跟赵小丽全面梳理经营思路，优化菜单结构，明确服务细节，安排营运团队驻店共同梳理落实。

从生意端想得清清楚楚一亿元怎么往上提升，先赢后战，定好目标，想清楚方法，搭建相应的产品结构和组织结构。

品质外卖挑战日均 8 万，配对相应的线上活动和资源。散台目标日均客流上到 450 人，单客要从 120 元上到 160 元。调整散台菜单结构，聚焦烤羊肉、有机莜面。散台部长 + 经理配到 6 人，服务好顾客，抓好销售。1 个服务员服务 4 桌，高质量地配人，加强服务密度，无微不至地专业服务，顾客体验好就会再来。

包间目标要从单客 180 元提升至 260 元。每个楼层 20 个包间至少配 4 个部长和 1 个楼层经理，核心工作就是训练好员工，点好菜。原来定位是包间配厨娘做菜，目前顾客的需求不大，跟赵小丽梳理后决定不再配厨娘，换成有活力的年轻人，强化训练，让他们状态好、专业性强，做好大菜和桌边服务，把顾客服务得特别有尊贵感，体现我们无微不至的专业服务能力。计划 6 月招人、选人，强化专业服务训练的推进，服务整体要上台阶。

梳理包间菜单，一切经营活动围绕菜单。现在的产品多，不聚焦，产品在精不在多，应"凿深打透"，关键要强化我们的独特性和风味，补充适合商务宴请的菜品。老板创作了烤羊档，我们必须置顶，配合有体验的服务，一定要卖得好，顾客吃得香。

细化各板块目标和打法之后，方向清晰了，目标明确了，配上相应的产品、服务和组织，再配套绩效激励机制，激发一线伙伴活力，让管理组有抓手，帮带好员工，服务好顾客，创造好绩效，集体奋斗，创客、创收、创利，7~8 月高峰期把钱挣上，提升品牌势能。

2023 年 6 月 18 日

2022 年第 1 届西贝暑假儿童美食节做完之后，提升了专业儿童餐在市场上的品牌声誉，带动了儿童餐销量的大幅增长，老大们特别认可。2023 年第 2 届西贝暑假儿童美食节增加了亲子活动内容，植入儿童餐品鉴和食育环节，高质量地跟亲子家庭链接，老大们积极推动落地，强化专业儿童餐品牌势能。

慧姐：我们店里最多的还是带孩子的家庭顾客，儿童餐是我们吸引家庭顾客的最大竞争力，但是还不够，儿童服务、儿童活动和亲子莜面体验营是我们和顾客的强链接。每天要在到店消费的顾客中招募小朋友，每天每餐招，每周至少办两场 10 组以上家庭的亲子活动，积累半年、一年，就会有了不起的成果。

忠其总：对 7 月 8 日的大型亲子活动作了分工，确定了场地、推广方式、招募流程和活动工作人员等，所有细节开始细化确认。通过和俊姗沟通，最后确定一共办 6 场就可以实现我们想要的效果。目前场地都已确认，接下来和俊姗团队确定推广方面的事情，办好活动，提升专业儿童餐在西安市场的影响力。

2023 年 6 月 19 日

导师到石景山当代店向资深莜面阿姨——韩姨学习做莜面。

韩姨干了快 24 年，对做莜面的技术掌握得非常好。根据自己店内的和面机测试出，一次和至少 8 斤左右才可以烫熟面。第一，就是只有面烫熟后才筋道，和面机的转速慢所以时间要长，而且下面的干面要辅助搅拌均匀；第二，就是要蒸到，韩姨在预热前放进去一起蒸，时间是 3 分 40 秒，光滑筋道。

导师学习完之后认识到自己之前做的标准不细致，没有考虑到各种设备的和面效果。从源头强化管控和面机的型号和品牌，选好用、适用的设备，要服务到门店。无微不至的实用好用、专业能力，下到一线，跟最佳实践学习，提炼总结，优化标准，提升产品力。

2023 年 6 月 23 日

端午假期，品质外卖运营落地部张杰到六里桥旗舰店提供支持，发现问题并追踪解决。

现场看到这批水饺餐盒质量有问题——盖子扣下面的密封性差，供应商全面召回，换货，按制度承担罚款。梳理整体管理闭环，加强对供应商的管理。由于包装盒密封性差而产生的品质和食安问题所导致的损失都由供应商承担。

如果现在的供应商在约定时间内一直整改不了，我们就另找一家供应商，新供应商的开模费全部由现在的供应商承担，由财务监督执行到位。从源头强化供应商担责，提高标准意识，以确保餐盒的高品质，从而为顾客提供好体验。

2023年6月27日

导师组织华北地区莜面妹集训，共有73个莜面妹参加。

导师为大家培训了莜面妹的发展历程、薪资体系和莜面知识，请专业老师教莜面妹化妆，提升她们的颜值。组织实操训练，根据搓莜面熟练度不同匹配培训导师，对新人培训搓莜面标准，培训老员工提升搓莜面速度、质量，相互学习。

莜面妹中00后占比51%，她们大部分是刚从专业学校毕业的学员，脑子灵、很有悟性，搓莜面能快速理解手法技巧，学得快，状态好、敢表达、有活力，很符合莜面妹的角色。推动莜面妹绩效方案落地，激发年轻人的干劲，多劳多得。

2023年6月29日

一、在沙漠基地参加沙漠音乐晚会。

5天6夜的西贝铁军绩效管理特训营圆满结束，自己收获很大：绩效管理的优化方向、服务的专业升段、人资工作的加强支持业务发展；老板的赋能让自己对莜面村事业部重点工作目标更加明确，思路更加清晰，学以致用，敢于挑战，不争第一，我们干什么！

沙漠音乐会演出效果特别震撼，氛围感拉满，大家沉浸式体验，轻松自在，吃着烧烤美食，喝着啤酒，开心畅谈，欣赏美丽星空，共享美好时光。因为西贝，人生喜悦！

二、老大们参加老板主持的“温故而知新”学习会，受到老板赋能。

慧姐：今天老板带着大家一起温故而知新，选读《西贝餐饮服务案例 118》。西贝是有好服务基因的，需要我们把它找回来。实心诚意，是西贝的底色。没有“诚”，再好的技能也没有根，也没有持续的内力。我们要思考：西贝莜面村输出的价值是什么？要设计好价值点，不能用力过猛，也不能用力不足。老板形象地比喻“要秤高一点，半把花生米，这是专业能力。修炼自己和团队。”

齐总：老板上午带领我们温故而知新。我们从西贝服务案例中选出典型事例，请员工大声读，然后点评并分享感受。西贝是有着优质服务基因的，20 多年前，规模尚小的西贝就是真心诚意的，在那个时代我们对顾客的洞察与理解是相当领先的。西贝员工上下一心研究顾客，因顾客而改变。今天我们要把当年的好服务找回来，首先是决心，然后是方法，最后是坚持。这是西贝品牌升级的必经之路。今天和我的团队开了电话会议，进行深度思考，决定系统地推进。

2023 年 6 月 30 日

收到丽平总关于“大众点评”上五星根本意图的赋能。

莜面村在大众点评上五星，根本目的就是：顾客每到一个商圈，只要手机上看大众点评排名，如果一屏两屏就能刷到西贝品牌，那么我们被选择的几率就会大。在大众点评上五星，就是为了提升品牌商圈势能，跟我们的经营密切相关，而不是当作考核任务去完成，要把源头上的意图向门店宣讲到位。

跟大众点评的韩金作了沟通，门店上五星是目标，过程特别重要，要有节奏地推进，稳步提升。门店的口味、服务和环境要与五星级相匹配，才是真正地上了五星。拿顾客手机写评价的行为违反了我们价值观中的“真实”，严重影响顾客体验与品牌形象，坚决对此严打。优化追踪和曝光机制，出现问题后要对相关责任人进行培训，从源头强化对底线项的认知。

2023年7月4日

一、亲子活动落地“家有宝贝，就吃西贝”儿童餐战略，为亲子家庭创造高品质体验，传播专业儿童餐。

2023年1~6月门店亲子活动共举办8 687场，参与家庭72 007组，顾客满意度9.97分，其中慧姐分部共举办2 782场（店月均6场），排名分部第一。大型商场亲子活动举办90场，参与家庭5 053组。

第2届西贝暑假儿童美食节活动时间正好是暑期生意旺季，跟老大们达成共识：在全国3+6重点城市核心商圈办好大型活动，目前已确定了16场大型活动。西贝“爱心小厨”IP亮相，邀请中国营养学会注册营养师科普专业知识，品鉴新款儿童餐，宣传儿童餐有机升级，传播“家有宝贝，就吃西贝”，提高专业儿童餐品牌势能。

暑期推出门店“杂粮汉堡亲子DIY”主题活动，小朋友和家长一起动手制作美食，过程中还有游戏互动，既有趣又好玩。门店重点做好现场招募工作，目前已报名121场门店活动。

分部必须建设主持人梯队，强化分部亲子活动教练的训练职责。对新换的主持人及时组织培训与帮带，鉴定通过后才能主持活动。李春瑞团队巡店落标，追踪反馈活动质量，推动分部改善提升，确保每场活动高品质地举办。

二、2023年全国第一次莜面妹集训让瑞青来带训打样，她是第一批莜面妹，有体感，培养出每个地区的莜面妹贯标导师，传承好搓莜面手工技艺，高标准地训练、鉴定莜面妹。

华北的集训已完毕，华东集训分两批进行，覆盖上海及周边城市。第一批莜面妹有100人，分部导师有8人参加。在培训期间，通过反复训练强化大家的品质意识，明确对仪容仪表的严格要求。门店高质量地配够莜面妹之后，核心的工作就是训练，通过集训PK比拼、造场的仪式感，激发莜面妹提升专业技能，支持番茄莜面档战略落地。

统一梳理了莜面妹工作职责——负责莜面产品高质量地出品，

链接顾客，介绍莜面美食。由总部鉴定莜面妹的专业形象，分部鉴定专业能力，帮助莜面妹系统地学专业长本事。

三、门店前厅员工仪容仪表体现形象颜值，大营运从源头梳理标准，加大检查力度，曝光问题，推动分部营运区按标准做到。

上周（6月26日~7月2日）裁判检查门店142家，仪容仪表不合格的门店较多，主要问题是：管理组口袋里面装东西，未佩戴工牌、缺少名字，员工工服、围裙褪色，长发女生未佩戴发套，这些都是细节标准没有执行到位所致。

细节代表品质，管理者要提高品质意识，不能将就。分部、支部教练下店要重点关注，帮助门店梳理，工衣数量不够的就买够，不符合标准的就换掉，必须高标准落地。

四、参加“对话肖知兴教授”线上学习会。

听了肖教授的分享，自己对管理的理解更加深入：管理的终极目标是职业化，核心是找回自己带团队的初心，良知良能。只有玩真的，才能把团队带好，团队才更愿意跟你。

作为管理者，我们要眼光向内，以顾客为中心进行价值创造，不意淫、不侥幸、不懈怠，实实在在地下慢功夫，提升组织力，服务好顾客。

2023年7月6日

营运服务付宇婷团队组织全国门店番茄莜面档服务话术培训。

“健康抓关键，主食吃莜面”为大家讲述了番茄莜面档植入的战略意义。升级莜面系列产品，搭配多种番茄，更有风味和健康价值。讲解了5种番茄浇汁莜面、油泼番茄莜面拌面动作要点，好产品通过服务仪式感，让顾客更有感知。对莜面类产品话术进行了调整，增加“莜面就是燕麦面”，核心就是通过话术链接、服务动作让顾客体验好产品，把莜面产品介绍好、服务好和卖好。

分部跟营运区要组织好训练落地，训练的频次要多，标准要高，提升员工服务操作的熟练度，在云学堂回传5种番茄浇汁莜面和油泼番茄莜面拌面视频，高标准地做到。

2023 年 7 月 8 日

老大们召开经营会议找到提升的机会，明确行动方向，分部支部教练巡店赋能，帮助改善。

旭东总：半年度会议，团队的汇报特别棒，深耕一线的干部每日最平常的工作，大家都在做，做得彻底是拉开差距的根本。从今天各店汇报中，我感受到凡事彻底的重要性。宁波地区还需要大力挑战营收增长，突破限制，增长部分就是价值创造。其次，宁波最大的毛利损耗问题，分部支部巡店要有价值、有结果地去工作，下到门店现场，一个店一个店地帮助解决问题。

2023 年 7 月 9 日

第 2 届西贝暑假儿童美食节发布会召开，西安和上海首发 3 个商圈、7 场活动，336 组家庭参与，圆满成功。

忠其总分部本次全力投入，西安曲江大悦城和阳光城举办儿童美食节发布会，同城 4 个商圈举办大型商场亲子活动，邀约当地媒体和达人探店体验活动，做成营销事件，扩大品牌声誉。家长和小朋友体验西贝专业儿童餐，了解有机食材，DIY 自己的营养膳食宝塔，动手搓莜面，与西贝“爱心小厨”一起开启暑假欢乐之旅。

慧姐分部上海虹桥龙湖天街店是上海站首发，现场品鉴环节采访了小朋友和家长。小朋友说西贝的儿童餐好吃、味道香；家长说小朋友平时挑食，但是来到西贝后每次都能吃光光。西贝儿童餐营养搭配好，味道又受小朋友喜欢，家长很放心。西贝儿童餐收获了家长的信任和点赞，让我们更加有信心、持续地往好做，落地“家有宝贝，就吃西贝”儿童餐战略！

2023 年 7 月 13 日

一、跟张铭老师、俊珊到香港考察，作了深入交流。

看了香港的餐饮门店，感受了现在装修风格设计理念上的变化：有的店比较有品质感，用了简约木纹，灯光柔和，感觉很舒适，很有格调。

跟张铭老师作了深入交流，听他讲述了在新店设计上的思考。西贝莜面村战略上转向绿色，区辨视觉系统中哪些东西是变的、哪些东西是不变的，把握好变的“度”，通过视觉系统传递好品牌信息。创新不能乱变，在设计的空间感上要一致，延续西贝莜面村品牌成功的基础，表达平实、不夸大、不追求潮流，让顾客感觉亲切，有原创性、现代性，形成我们系统的东西，顾客更容易识别。

从专业儿童餐开始张铭老师就跟我们合作，俊珊是很好的交流通道，经常跟张铭老师互动，帮助他深入理解西贝文化，作品更符合西贝品牌特色。

二、实用好用即专业，老大们组织优秀干部分享最佳实践，推广一线优化总结的好经验，激发团队学专业长本事，成为专业干部，服务好顾客。

2023 年 7 月 18 日

参加两天的分部南京会议，王搏收到赋能，分享收获。

生意是抢回来的，是守不住的，管理者要有突破心态，不能保守、等靠，必须主动进攻，在此过程中用好绩效机制，激发团队活力。

管理者一定要具备高情商，核心是有一个好的服务心态：带团队真正为他好。高情商也需要反复训练，用人之长。如何沟通才能让团队成员更好地接受，如何做才能让事情变得更好，以服务心态帮助门店解决问题，支持门店服务好顾客。

眼里有光（未来），心中有火（梦想）。管理者不能只想自己，看到当下挣多少钱，而将眼光往远放，紧跟公司发展，心中树立大梦想，用梦想驱动自己，敢于设定挑战目标，不断提升自己的辛苦力、学习力和创造力，带领团队突破，用成果说话。

2023 年 7 月 22 日

组织全国“爱顾客之星”评选，发布通知海报“如何服务好顾客，一线伙伴有最佳实践”，通过 PK 赛找到这些好案例，给林男总团队素材，让其传播出去。极致体验需要标准设计 + 极致执行，通过 PK 赛，分部组织门店提报优秀服务案例，大营运将这些案例总结成“优秀服务案例集”，全国分享学习，从上至下营造真心诚意服务顾客的氛围。

陈利波：营运区组织支部经理进行管辖门店真心诚意优秀服务案例分享 PK 赛。以真心诚意为主线，叙述发生在服务过程中我与顾客之间的故事。听完每个人的分享，打动顾客和让顾客感动的都是一些走心的点滴小事，这些小事恰恰是当时顾客最需要的，我们的伙伴捕捉到了，并且及时地满足了顾客所需，甚至为他们创造了惊喜，提供了超值服务，因而他们也会发自内心地对伙伴好，给予认可和表扬，让伙伴在对顾客好这件事上会更加上心，大家相互影响，“爱顾客”的氛围就会营造出来。

2023 年 7 月 23 日

瑞青组织全国分部导师及贯标组召开莜面妹专题会议。

全国第一轮莜面妹已经集训完毕，跟大家沟通了整体的训练情况，目前分部正在按照公司要求补齐莜面妹，对于新选上来的莜面妹，要持续组织训练鉴定，严格把关。莜面产品销量增大，全国面点主管要会搓莜面，分部组织鉴定，提前规划，做好莜面妹工作。贯标导师到门店追踪人员技能情况，复核莜面妹等级，推动分部落实莜面妹人员、技能达标。

莜面妹的工衣代表品牌形象，不能送到洗涤厂洗，否则会造成上边的 Logo 掉色，而且莜面妹穿旧工衣的现象比较普遍。大营运从源头统一管理，每名莜面妹必须配备 3 套新工衣，联系干洗店花钱洗她们工衣，必须符合标准。同时由采供部辛洋洋联系厂家测试工衣 Logo 洗涤不掉色的解决方案。

2023 年 7 月 26 日

一、召开西贝莜面村事业部半年度会议，跟全国营运干部明确下半年战略落地重点工作。

龙勇汇报上半年经营数据，在此过程中跟他一起给老大们作了经营上的解读，帮助大家厘清重点。顾客体验、市场营销、亲子活动、品质外卖、会员商城、大众点评、服务和生产各个板块汇报上半年关键成果，下半年聚焦公司战略，细化各自板块的 O，落地关键行动，服务支持好门店。

与 2019 年同期相比，2023 年上半年门店到店物流费占比下降了 0.1 个百分点（费用下降了 320 万元），物料占比下降了 0.8 个百分点（费用下降了 1 935 万元）。这些费用的下降，离不开采供部对物流费用的持续梳理、对运输线路的优化，不断寻找源头优质供应商，推进物料集采平台上线。

下半年将在微信外卖上重点发力，年底挑战微信外卖营收占比 30% 的目标，规划新品推广引流，突出服务功能，拴住顾客的心，创造好体验，形成复购。通过生意增长创造利润，以覆盖门店核心骨干上社保的成本。8 月 31 日前门店“三剑客”全部上社保，12 月 31 日前“四梁八柱”全部上社保，增强核心骨干员工归属感，提升组织力。

服务营运标准落地曝光出来的问题的核心是训练没做到。要想服务提升一颗星，机制必须过硬。餐饮无大事，就是从小事上强化训练，养成习惯。大营运各部门和分部支部教练组成服务营运贯标组，从 8 月 1 日起全面下到门店稽核标准落地，全面追踪，周周曝光、月月总结、季季奖励，造场分享，推动门店强化训练，把标准落到实处。

下半年将聚焦番茄莜面档口落地，关爱、激励好莜面妹，档口必须按标准呈现，达成莜面产品销售性目标，强化战略落地的一致性。推进烤羊档口落地，办好西贝那达慕羊肉美食节，高标准、稳定地交付烤羊产品，在北京、上海和深圳举办大型巡演，营造美食节氛围，创造传播热点，提升品牌势能。

会上老大们反馈，大家一起对战略方向达成共识，销售结构很清晰（羊肉置顶占比 25%，牛大骨占比 15%，莜面占比 13%，专业儿童餐占比 10%，特色经典菜面筋占比 6%，黄米凉糕占比 3%，蒙古奶酪饼占比 3%），给顾客结构性地点好菜，配好餐，好服务创造好销量，带领团队完成挑战性目标，做到、做好、做牛！

二、顾客体验部监测到白丽销售渠道白兰瓜破价问题。

今年白兰瓜上市之前各个销售渠道共同约定按标准价售卖（预售 69 元 / 颗，现售 79 元 / 颗）。顾客体验部在西贝员工内部团购群里监测到“白兰瓜西贝员工内部福利价格 45 元 / 颗”，已有 88 人跟团购买。

营运团队立即跟白丽作了沟通，叫停破价行为。白兰瓜是莜面村季节限定产品，在顾客界面已经形成了多年的好口碑，而这种破价行为会直接给莜面村品牌减分，伤害到品牌。若想卖莜面村的产品，就要执行莜面村的统一定价，从源头强管控。

2023 年 8 月 1 日

梁飞导师在源头优化产品，支持门店稳定交付。

开发蒙古牛大骨新部位牛窝骨，牛窝骨是牛后腿膝盖骨部分，软筋比较多，吃起来软脆、有嚼劲。在工厂源头测试原料，确定肉和筋的比例，熟制出成率 70%，有筋有肉，既可以单独售卖，又可以搭配到牛大骨拼盘当中，销售方式很灵活。

现在的辣皮子炒牛肉，门店在新疆辣皮子泡发、改刀和分份上操作效率低，从源头作了优化，将炒牛肉专用的剁椒、新疆辣皮子和酱油汁合并做成一个辣椒酱包，简化门店切配流程，方便门店操作，提升产品风味，做到稳定交付。

菜品组导师在门店发现问题，回到超厨源头全面梳理标准，找到提升的点，组织测试修标。优化后的标准，给门店执行后门店觉得实用、好用，能落地，产品品质更好，成本更低，顾客体验更好。

2023 年 8 月 5 日

推进草原厚酸奶、燕麦纤维饼和蒙古咸奶茶产品研发测试。

采购从香港买回来 KOLIOS 希腊酸奶样品，导师张健平到正蓝旗工厂对接转化，对照希腊酸奶的各项指标还原复刻，不添加其他成分，使用工厂的设备进行转换，从酸度、口感和风味上做测试。工厂生产的是袋装的厚酸奶，市场上卖的很多也是袋装厚酸奶，所以到了门店不是用原来的工厂包装，而是直接用酸奶罐呈现，体现出我们厚酸奶特有的特色。

崔晓燕导师呈现了燕麦纤维饼，作了沟通：不能太甜、太油，要体现“粗粮健康”的感觉，突出我们燕麦特点，无糖、有糖、低糖的都可以做测试，但是要做得小而美、小而精。给崔晓燕导师找了对标的广州炳胜产品，给她发回来，让她看人家点心的形状，找感觉作优化。

蒙古咸奶茶已经由刘亮心总导师开始做测试，采购负责买盛器。

2023 年 8 月 10 日

来成都两天，带上李刚考察市场，转了自己的门店，跟团队开了经营沟通会。

成都整体市场足够大，作为新一线城市，年轻群体多，消费活力够。我们的门店干净、整洁，但生意为什么差？其实是在战略的一致性动作上没有做到位。成都人爱吃辣，就不来西贝用餐吗？管理者的认知需要提升。在现场访问顾客，顾客说：“火锅吃多了容易上火，不吃火锅时就吃西贝，觉得西贝的牛羊肉特别好。”牛羊肉产品在成都没有差评，我们是“家庭友好餐厅”，关键要把战略落实到位，把我们的价值优势传播、放大。

经营的市场机会很大，生意提升的核心是基础扎实，必须有出彩的地方，才能在当地市场上拔高品牌势能。顾客体验是产品、服务、环境三位一体的综合体验，服务动作都有执行，但都不够出彩，现在是 80 分一般水平。餐饮冠军赛竞争的是极致体验，极致执行是真正的竞争力，核心是标准要高，精力投入要够，做到超预期99分，这样才能出彩。儿童服务需要做出彩，抓住儿童就是抓住家庭，这是战略重心。成都人的口味以麻辣为主，西贝更会成为家庭用餐首选。菜品服务更要强化，把产品价值点传递给顾客，好服务带来好销量。

门店出品管理还有较大的提升空间，主要问题集中在新人多、训练强度不够，员工知道标准但不按标准操作的情况比较多。分部从8月开始执行导师绩效激励方案，强化训练，稳定出品。

在外卖上加大推广投入，高峰月加大活动力度，提升投入产出比，大营运支持分部新上一人食套餐，匹配城市资源，支持微信外卖创造增长。目前分部在成都还没有五星门店，大众点评提炼关键动作，增加对成都的广告投入和服务支持。成都所有门店年底全部上五星，提升商圈品牌势能。

跟李刚作了交流，现在生意出现问题的原因是：第一，管理者整体精力的投入度不够，平均工龄都是十五六年，生意做得这么差是因为没有找到自己的目标，辛苦力、学习力和创造力都没有，“三力”最基础的是辛苦力，大家却还待在自己的舒适区；第二，把自己的初心丢掉了，曾经的李刚有野性、有战斗力、有狠人的劲。李刚分享说：“通过公司赋能、自己和团队反思，找回了带团队出来创业的初心，看到了自己的差距，找到了提升的方向，向标杆学习，把生意做上去。”

2023年8月12日

第2次来深圳，跟张铭老师和设计师就门店环境升级问题进行了更深入、更具体的探讨。

设计的时候先忘掉风格，理念先行。西贝莜面村环境升级，既要表达品牌理念（草原的牛羊肉、乡野的五谷杂粮），又要突出变化，把自己的志向立起来。创新不是我们学别人，而是让别人学我们。价值取向的东西有生命力，空间不是设计，而是价值输出、情感的互通，不是对时尚的回应。实诚、不华丽、不怕平淡、朴素是一种价值方向。门店空间是服务于产品和顾客的，不能单独拿出来炫耀。我们不是卖装修的，而是为顾客创造三位一体（产品、服务、环境）的高品质体验。

所有的设计都服务于功能，在空间上体现出家的感觉。我们是“家庭友好餐厅”，传递绿色、健康的西贝理念，“家有宝贝，就吃西贝”。不是品牌定义空间，而是客群定义空间。我们服务的是追求品质的家庭客群，在环境上要重视并且放大家庭的氛围感，传递好“草原的牛羊肉、乡野的五谷杂粮”生态系列、健康系列的价值，增加卡座，体现出层次感，整体提升环境的舒适度。

2023 年 8 月 13 日

推进西贝那达慕羊肉美食节产品研发测试。

崔晓燕导师呈现了优化后的燕麦纤维饼，整体上比上次有提升，跟她作了交流，燕麦纤维饼的大小和薄厚对标广州炳胜，小而美、一口香；口感对标英国进口的燕麦消化饼，能吃出来杂粮的纤维感。

至于蒙古咸奶茶，采购员买到了英国进口奶茶壶，价格为 400 多元一个，现在国内能生产，价格为 80 多元一个，等打样出来之后才能确认是否符合我们要求。

罐罐羊杂是西贝那达慕羊肉美食节增加的汤类产品，丰富美食节的产品。经典的羊杂汤用江西瓦罐汤形式呈现，更有特色。导师在传统缸缸羊杂的基础上研发罐罐羊杂，调整了吊汤原料和工艺，突出汤鲜香味更浓郁，在草原上和老大们一起试菜品鉴后确认。

2023 年 8 月 14 日

李刚组织团队复盘，分享心得。

李刚：极致执行的核心是自己的精力投入要够。董总经常讲服务心态，自己要提升辛苦力、学习力和创造力，要在团队身上投入，给他们赋好能，激发好他们，大家想的一定是未来，实实在在地把现在的店做牛。未来在成都团队更有发展势能。

过去自己在战略一致性上做得不够，董总赋完能之后自己想得更清楚了，聚焦公司战略思考行动，自己不要有过多的想法。目前分部牛大骨占比20%，羊肉占比15%，带领团队，做好产品稳定地交付，组织好销售，坚定地落实好公司羊肉置顶战略。

2023年8月18日

一、推进“羊在草原跑，肉在西贝烤”全国烤羊档口落地。

关于烤羊档设备，截至目前，全国已经陆续发货129家，同步联系厂家售后上门安装调试培训做好服务。8月30日完成发货106台，9月15日之前完成发货95台，全国门店在9月15日前设备全部到店。

关于档口装修，场景设计部盛宏晓和设计师已经对接分部，定于8月31日前完成档口设计工作。为了推动烤羊档口高质量地落地，从今天开始，各分部营运副总（档口落地对接人）在专项群里播报烤羊档落地进度，大营运整体统筹，解决难点，做好支持，确保按时完成。

二、吴俊义导师培训西贝草原羊质检员，从源头保证羊肉原料稳定输出。

落地羊肉置顶战略，保证羊肉原料品质特别关键。从全国门店选派12位优秀工匠师傅担任西贝草原羊质检员。他们熟知羊肉标准，有鉴别能力。吴俊义导师为大家讲解了公司羊肉置顶战略，明确了草原羊质检员的重要职责，带领他们在现场实操学习最新的羊肉标准，让大家掌握每个部位的关键点。同时，重点培训了进厂家规，草原羊质检员在工厂代表的是西贝品牌形象，必须遵守规矩。

草原羊质检员培训鉴定合格后驻厂工作至9月底，在选羊、分割、分装和入库各个环节跟工人一起工作，在源头贯标落标。每一名质检员都有自己的印章，上面刻着姓名和手机号码，只有验收合格才能盖章入库，这样就从源头上做到可追踪、可溯源，强化质量意识，高标准地落地。

2023 年 8 月 23 日

参加总部绩效管理研讨会第 2 天，受到老板赋能。

康至军老师分享了德鲁克的绩效精神——管理者在组织当中，最关键的是抬头向上看为了实现战略目标自己应该做出的贡献是什么，敢于主动承担责任，尝试创造性的打法。既要重视专业工作的价值，又要重视管理工作的价值，把团队的状态激励好，这样组织就生机勃勃。

老板带领大家共创，界定清楚了西贝的绩效。西贝的“士气”并不意味着“人们相处融洽”。真正的考验在于践行西贝发展蓝图，实现 2030 年战略目标。如果人际关系不是建立在“践行西贝发展蓝图，实现 2030 年战略目标”而带来的满足感上，那么实际上就是糟糕的人际关系。

德鲁克提炼了 5 项不正直的行为：

（1）只看到别人的短处，而看不到别人的长处；

（2）感兴趣的是谁是正确的，而不是什么是正确的；

（3）认为才智比正直更重要；

（4）害怕下属能力比自己更强；

（5）从来不对自己的工作设定高标准，不能够以身作则。

管理者必须践行西贝发展蓝图，这是我们所有工作的源头。对照德鲁克提炼的 5 项不正直行为，觉察自己，在对事情的正确性分辨上还需要提升。正确的事是为公司做出高绩效成果，组织关注的焦点是绩效，不能根据个人魅力作出判断，不断学习修炼自己。带领团队规划未来 5 年每个板块的目标和关键行动，打造专业化、职业化的莜面村事业部团队，以服务心态支持好门店，为顾客创造价值。

2023 年 8 月 24 日

莜面村事业部召开服务贯标华南复盘会议，齐立强、韩高峰带领核心干部参加。

对每家门店从客访好评度、“超赞”占比、巡店现场评价和顾客暗访体验 4 个维度进行全面体检，对应“超赞”“好”“一般”“差”4 类综合评价，让分部清楚地了解每家门店战略落地情况，精准帮带改善，导向做出彩。

本轮巡店门店各项服务标准基本有执行，人员训练较扎实，但部分门店没有做出彩，菜品服务上有的伙伴讲菜比较机械化，有的只拌菜而不讲菜，缺少用心与顾客互动。同时看到有些门店营运检核能做到位，但顾客暗访却执行不到位，在服务的持续稳定输出上没有做到，训练工作没有做实，纳入管理机制闭环推动做好，餐饮冠军赛核心是极致执行。

齐立强分部用心在做儿童服务，“剪刀石头布”活动氛围好，但只送贴纸，没有赠送我们的小火车盲盒，在迎宾岗的主动和气球花样丰富方面需要加强。

韩高峰分部门店整体伙伴有活力，主动热情，服务标准执行到位，但讲菜、分餐多由传菜伙伴进行，还须加强技能训练，个别门店需要分部帮助重点提升。

现场问题反映出分部支部教练在公司战略的一致性上有行动，但在落实战略的强度和纯度上还需要大力提升。西贝品牌在顾客界面必须做到统一高标准呈现，做生意重视销售是对的，但前提必须是顾客体验好，想的是长远未来。老大带头当好教练，有服务心态，标准要高，执行力要强，强化训练把基础打扎实，极致执行是真正的竞争力。

2023 年 8 月 25 日

规范全国门店转盘到桌边距离，优化标准，优化顾客体验。

收到丽平总反馈说北京石景山当代店包间的转盘到桌边的距离短，影响顾客用餐体验。在现场做了测量，当代店转盘到桌边的距离是 25 厘米，空间明显小，调整成 30 厘米，能满足顾客用餐需求。餐饮无小事，影响顾客体验就是大事。统一规范全国门店转盘到桌边距离标准为至少 30 厘米，9 月 1 日前必须落实到位。

老板在六里桥旗舰店就提出过转盘的问题，现在丽平总又反馈出来，反思自己做事还是思考不周，运营落地做事必须彻底，才能保证顾客有好的体验。

2023 年 8 月 27 日

晚上参加沙漠会议预备会，受到老板赋能。

莜面村将于 2025 年“出海”，关于国际化布局的规划，这两天跟团队讨论了海外要开店的数量，思考海外店型在产品、服务和环境上要精致化呈现。看了目前“出海”的中餐品牌，顾客消费水平是国内的 2.3 倍左右。全球华人数量多，我们的海外市场机会大。晚上老板赋能之后，信念更加坚定。明天莜面村事业部的业务优化会议深入探讨共建将更清晰。

2023 年 8 月 29 日

沙漠会议第 2 天，“贾国龙中国堡”专题会及 PK 赛，受到老板赋能。

听了“贾国龙中国堡”团队关于上地华联店的分享，自己学习到，开店的种子店型是关键，一定是在现场进行优化创新模型，心力脑力体力全部要进去，才能打磨出适合未来发展的店型。

探讨莜面村海外版开店模型，莜面专门店做莜面主题餐厅，以莜面产品为主，再配一些其他产品，很有特色，有要价能力。莜面有大能量，吃法和形状有很多种变化，西贝是靠莜面走进联合国的，莜面就是燕麦面，外国人喜欢吃燕麦，非常认可燕麦的健康价值。莜面专门店用中式烹饪方法把燕麦做得适合全球人吃。先探索适配美国的店型，选派年轻人出去开店。

莜面村在“窄门餐眼”西北菜用户口碑榜排名第二（92.14 分），晋家门排名第一（92.34 分）。口碑评分是根据门店在大众点评、美团、饿了么上的星级、口味、环境、服务和好评率综合得出的。市场上每个维度都有做得好的，我们在很多维度上还有差距，必须对标假想敌，做到第一。市场份额决定市场地位，只有市场地位靠前，银行、税务、政府政策支持力度才会大，对顾客和优秀人才的吸引力才会更强。

未来 5 年莜面村国内的营收要翻一番，国内市场重点城市开店要加密补强。我们在开店选址上，一个城市放几家店，效率低，生意不温不火。跟开发团队梳理重点城市的优质商圈，提前规划布局开店，让人们日常吃饭总能想起西贝，提升品牌势能。

晚餐体验莜面村的产品，受到老板赋能：罐罐羊杂，5 种羊杂说菜要具体，先说原料，再说工艺，上菜的温度要够，引导顾客把米饭倒进羊杂罐罐里，这样吃起来更有仪式感。

晚上“贾国龙中国堡”5 个教练团队方案 PK，感受到了大家的信心和干劲。自己学习到了，志宏总在新业务战略方向上的坚持和定力。现在的年轻人主要在线上消费，要构建在线上捕获顾客的能力。生意是创造出来的，而不是算出来的，所以要敢于突破。业务落地要实，行动靠谱。看别人，想自己，莜面村的报告还要具体深入，落地才会更有力量。

2023 年 8 月 30 日

一、沙漠会议第 3 天，西贝功夫菜专题会，受到老板赋能。

全天的会议全面学习了西贝功夫菜零售和小饭桌业务。西贝功夫菜零售聚焦燕麦面产品，打造大单品，从研发到顾客交付全面优化。思考西贝商城零售在产品结构上还要收窄，选出儿童餐、牛羊肉和杂粮的核心单品，配置资源提升产品力。

感受了小饭桌年轻人创客的热情，意愿度高，销售的关键是主动出击、服务，意愿度是激发出来的。小饭桌模式渠道创新，通过服务办公室人群打通到家销售，核心是销售的创造性。

目标写出来不等于实现，“目标刻在石头上，方法写在沙滩上”，最重要的是方法，为了实现目标，要不断优化调整方法。继续思考莜面村未来 5 年战略落地执行方案，要能支撑战略目标的实现。

一切经营活动围绕产品结构，聚焦战略，羊肉置顶，烤羊产品销售占比 5 年挑战达到 25%，烤羊腿、烤羊排是核心大菜，烤羊棒要打造成金牌产品。儿童餐未来 5 年要在产品迭代、传播推广和顾客口碑上做扎实，每个行动都要聚焦核心，具体可执行，链接好顾客，传播儿童餐专业价值。

聚焦在产品、服务、环境提升上，做到、做好、做牛，体现差异化价值，强化我们的特色风味，想法全部要聚焦到战略方向上。决策不是在对与错之间作选择，而是选择你能 hold 得住的，在过程中持续优化，往好做。

二、参加番茄资本关于美国餐饮考察的分享会。

卿永总深入考察了美国餐饮市场，为我们提供了详细的分析，优秀的企业在产品、模式和激励机制上有成功经验，主打新鲜、健康的品牌比较受顾客欢迎，生意比较好。

美国餐饮市场上成规模的中餐品牌不多，美国人喜欢中餐，美国市场够大，做美国人的生意不是想 1 年 3 年的事，而是要规划未来 5 年 10 年的布局，全新创业。

2023 年 8 月 31 日

铁军沙漠基地会议第 4 天，参加康至军老师《德鲁克绩效精神》培训，受到老板赋能。

今天是第 2 次参加康老师的培训，他讲得既有专业性，又有实践案例，我收获很大，能学以致用。德鲁克研究管理一以贯之的主题当中核心是尊严。有好结果才有尊严，敢于承担，做出贡献，关键是自己做到。管理者最难的是改变自己的习惯，人的行为会随着工作环境的变化而发生改变，通过组织驱动，强化训练，变成工作当中的基础方法，养成好习惯。

管理者要事优先，专注机会而不是问题。问题永远都会有，一直都在解决。管理者要聚焦公司战略，面向未来，洞察市场机会，照顾顾客需求，把主要时间和精力放在价值创造上，才能不断领先市场。产品坚持“好吃”战略，还要根据市场变化迭代升级，挑战的是链接市场和顾客的组织创新能力。

管理者带团队的核心是激发团队的能量，尊重他们，认可他们的成果。个人能力不代表组织能力，我们要通过公司平台给团队赋能，提升工作绩效。管理者的有效决策，关键是可行性，有计划、有投入、配资源，达成任务共识，建立信任，作出正确的人事决策，进行创新与变革，落地公司战略。

对西贝发展蓝图作了修订，一切都围绕着发展，发展才是硬道理，是解决问题的核心能力。支撑我们发展的是改革和创新，核心动力是我们的梦想有多大，只有企业发展，才能实现每个人的梦想。

2023 年 9 月 4 日

莜面村事业部服务贯标组已完成华东地区 120 家门店巡店工作，在此过程中提炼总结门店亮点，分享优秀实践案例，激发大家相互学习提升，真心诚意服务好顾客。

贾国慧分部上海宝山宝乐汇店餐中每位伙伴都热情周到地为顾客服务，顾客点菜时主动为他们搭配菜品，餐中及时清理台面，主动为顾客分汤，及时打理菜品，与小朋友进行互动，为他们变魔术，进行月饼试吃活动，现场每项服务都能做到位。

分部上海打浦桥日月光店散服部长喻春美跟区域的每桌顾客都有交流，用朴实的语言为顾客介绍我们的产品好在哪里，顾客非常认可。她跟顾客相处得好，很多老顾客来了她都能叫得上名字，用真诚的服务心态链接顾客。

刘旭东分部宁波印象城店迎宾岗餐前准备气球花样多，候餐饮品丰富。伙伴主动创客，即使来往顾客不进店用餐，伙伴也会真诚微笑地跟他们打招呼，并邀请他们下次到店用餐，全程都是喜悦好状态。

丁波分部上海亚繁亚乐城店散服部长刘松对核心菜品的原料和制作工艺掌握得非常熟练，现场与顾客互动得好，及时进行说菜分菜、拌菜与分汤，介绍产品特色，自信地围绕产品做服务，让顾客感受到了产品的价值。

2023 年 9 月 6 日

莜面村事业部召开服务贯标华东复盘会议，贾国慧、王搏及华东 4 个分部核心干部参加。

服务营运贯标组对 120 家店进行巡店稽核和顾客体验暗访，结合客访成绩给出结果反馈，让大家看到营运现场实际与战略执行标准的差距，以迅速改善提升，为顾客创造更好的就餐体验。

贾国慧分部徐艳营运区整体表现较好，标准落地相对扎实。田朝东营运区较上次巡店有一定提升。尹晨琳、丁恒营运区问题相对较多，常州、青岛和昆山门店需要重点提升。从巡店来看，标准基本可以掌握和执行，但顾客暗访反馈出执行得不彻底、不够持续，迎宾闲聊、不主动创客、未作承诺、上桌未讲菜拌菜。管理组现场不埋位、盯落实，才能持续服务好顾客。

分部迎宾岗是亮点，迎宾岗氛围好、主动创客意识强、候餐服务周到，但问题也相对较多，特别是南宁、合肥和武汉等地区对标准的重视程度不够，对公司场景标准执行不到位，训练鉴定做得不扎实，多名员工对标准掌握得不清楚，需要分部组织强化训练。标准执行的持续性不够，部分门店沙漏承诺未按标准执行，讲菜拌菜没有桌桌到位。门店员工会做但没有做到，核心是机制优化，形成管理闭环。

刘旭东分部员工技能够，分部在训练上比较下功夫，但温州、绍兴的门店问题较多，基础管理、人员配置及标准落地的持续性方面需要加强，同时分部多家门店存在餐具破损现象，须快速更换到位，必须保证品牌的高标准。

丁波分部整体在标准掌握和落地上基本没有问题，较之前有一定提升，但缺少出彩点，需要把真心诚意服务的能量场打造起来，导向伙伴用心链接顾客，将服务做出彩。

现场问题反映出分部支部教练在公司战略执行上、落地的纯度和强度还需要大力提升。我们西贝是连锁品牌，在顾客界面的输出必须高标准，保持一致性。老大是源头，门店在顾客端的呈现考验的是老大当教练的投入程度。要深入一线，用服务心态带团队给方法，若做不好就真的跟自己没完，老大兜底。事业部从源头强管控，标准必须统一，服务升一颗星，极致执行是真正的竞争力。

2023 年 9 月 7 日

跟进全国莜面妹人员情况，推进莜面新品“花窝窝”技能训练。

张瑞青训练完全国的莜面妹之后，从后台调取的数据显示：截至目前，全国莜面妹店均达到 2 人，有的门店莜面妹有离职的，由人资进行离职访谈，摸清离职真实原因。莜面妹是落地“健康抓关键，主食吃莜面”战略的关键，老大们是落实战略的一号位，必须重视：莜面妹离职的原因是工资待遇问题，是关心不够，还是机制承诺没有兑现？莜面妹是一把手工程，怎么用好莜面妹，老大是关键。

从 9 月 1 日起，事业部全面推行莜面妹绩效机制，从后台系统盯住落地，兑现机制，以激发莜面妹活力，支持门店“健康抓关键，主食吃莜面”战略落地，展示好手工搓制莜面的技艺，传播莜面美食，提升莜面产品价值。

“莜面花窝窝”是新的莜面吃法，造型新颖，计划作为莜面新品推广上市。事业部录制“莜面花窝窝”搓制标准版视频，发给全国莜面导师带领门店莜面妹练习，每日追踪训练效果。于 9 月组织全国莜面导师搓花窝窝 PK 赛，从源头确保莜面导师高标准，推动上市前莜面妹技能达标，让顾客体验好莜面新品。

2023 年 9 月 8 日

外卖部张杰组织优化打包袋，增加餐具小料包提示，减少错漏装差评，提升顾客体验。

门店外卖高峰期订单集中时外卖伙伴在打包时会出现“错漏装”“餐具缺失”等现象，造成顾客差评、投诉。

对外卖打包袋进行优化，在封口处增加“餐具、小料包”文字提示：“亲爱的伙伴，餐具、小料包都放了吗?”核心目的是为了提醒伙伴在打包封口前做到二次核单，检查餐品是否有漏装并及时补齐，做到准确交付。目前部分地区已开始更换，9 月中旬全国到位。

打包袋的优化收到了顾客的认可，得到 App 总编李翔的助理（优秀的 00 后）反馈说：“看到打包袋上的文字提示，作为顾客就会觉得西贝很用心，魔鬼就在细节中，感觉这是五星级酒店的服务，西贝这个封装非常棒。”包装是品质外卖体验的重要部分，今年要持续升级优化，提升整体品质感，让顾客对西贝品质外卖更有感知。

2023 年 9 月 10 日

收到丽平总反馈的莜面村外卖问题，落实整改。

丽平总反馈说，雨中送来的外卖，打印单已经淋湿打卷，里面的 6 个菜温度不够。这反映出我们在外卖顾客体验端的交付工作做得还不够细，没有做好雨天等异常天气下的稳定交付。莜面村事业部统一进行优化，颗粒度更细，形成标准执行落地，做到稳定交付。

跟外卖部张杰作了沟通，制作订单小票透明防水袋，雨雪天将小票装到防水袋内再粘到外卖打包袋上。雨雪天外卖送达顾客的时间长，所以要提前做好保温，制作加厚保温袋，在无纺布打包袋里增加珍珠棉作为雨天及冬天保温袋使用。推进寻厂打样，一周内出样品测试。

2023 年 9 月 11 日

一、看电影《长安三万里》的收获：

（一）只要诗在、书在，长安就在。长安是大唐盛世年轻人向往之地，代表着理想。三万里是现实与理想的距离，无数年轻人来到长安寻找机会求取功名，但当时唐朝的制度讲究门第世家，给普通人的机会特别少。

李白是商人之子，不能参加科举考试，只能找人举荐；高适家道中落，想通过宴会舞枪被举荐，他们都遇到了挫折，但都没有放弃，心中有团火——“天生我材必有用”，李白走遍大好河山，留下许多传世诗作，高适在边关建功立业，成为边塞诗人的代表。

西贝重用年轻人，选拔有意愿、有能力、有奋斗精神的年轻人，给他们机会。老干部当教练为他们赋好能，莜面村事业部从组织架构保障。接下来推进“创业种子店长”计划，选出有创业梦想的年轻人，激活组织，帮助他们在西贝平台上实现梦想。

（二）执念是对自己人生目标的坚定信念，激励自己不断挑战难题。高适从小就有执念——立志要像祖父一样建立军功，当时大唐人人以诗为美，他向往文人的诗歌，但没有与生俱来的天赋，他没有放弃，而是不断修炼自己，勤能补拙，经过刻苦练习，他最终大器晚成，当上节度使，率领唐军解了长安之围，也写下了优秀的诗篇。

执念是实现梦想过程中执着的信念，自己的做事风格就是从小不服输，来到西贝之后在企业平台上不断学习，提升认知，跟随公司发展，有了更大梦想。现在的梦想就是带领莜面村事业部实现未来5年战略目标，站位决定段位，从原来的分部老大到现在负责莜面村事业部，认知的段位在提升，在组织的整体性上有了新的思考。通过组织系统建设推动作出改变，提升大家对战略一致性的认知，才能支撑未来5年战略目标的实现。

每个人都有自己的专业能力和执念，执念要和市场相关，为企业所用。当你的执念不能为企业所用时，就需要不断地学习改变自己，提升认知，这样执念才能为公司产生价值，成为组织能量。

2023 年 9 月 12 日

参加北京万柳店现场会，受到老板赋能，我的收获有：

一、动画电影《长安三万里》拍摄质量特别高，立意新奇、内容丰满、制作精良，体现了中国动画电影制作的高水准，细节非常到位，展示了大唐盛世的美好画面，用精致赢得了 18.14 亿元的票房，目前是中国影史动画电影票房第 2 名，是成功的商业电影。

西贝莜面村的目标就是要做精致中餐，引领市场，产品、服务、环境全部要精致起来，只有做到精致，商业价值才会凸显，顾客才愿意多来。

二、北京万柳店场景设计硬邦邦，没有生活气息，和我们品牌格调不符。莜面蒸饺造型不符合莜面村事业部出品标准，带的蒜泥醋汁、小六件和员工工衣都是自创标准，没有经过报批。服务清台不细致，地面脏，管理标准低，在执行公司标准上整体粗糙。

我们西贝是连锁餐饮品牌，创新不能为了不一样而不一样，多标准就复杂，增加管理落地难度，所以必须要有统一的标准。接下来整体梳理全国各地的产品、服务、环境标准，把定标和创新权力全部收归莜面村事业部。分部可以共创优化，设立标准优化评审组，被采纳的建议给予公开奖励。分部的测试必须报批后才能开展，没有经过报批的，分部总经理承担全部责任，该处罚的就处罚，不能把责任推到支部经理和店长；不按组织原则、纪律办、统一不到公司战略界面当中的，该退休的就退休。

坚决、不妥协地向低标准执行挑战。门店执行标准的核心是重视、赋能店长，店长必须驻店管理现场，盯标准执行，从源头上优化机制，给够待遇，严格要求，优胜劣汰，强化责任，保证高品质、稳定地输出，就像《长安三万里》中的高适一样，心里有火，能沉住气，搓住劲，执行到位，是好店长、好老大。

门店稳定地输出，关键是人员稳定，莜面村事业部全面统一薪酬标准，同城四梁八柱、莜面妹必须一致，高质量地招好人、训好人、用好人，留住优秀的人。统一全国人员形象、工衣和发型标准，规范人员行为，提高他们素养，继而服务好顾客。

2023年9月13日

参加“三力”（辛苦力、学习力和创造力）分享会现场录制，讲述在西贝成长的心路历程。

很开心有机会和西贝伙伴面对面地交流，现场氛围很轻松，大家听得很专注，整体讲得比较顺畅，在此过程中年轻干部谢天的提问击穿了自己的内心，第一次在这么大的场合讲述自己的亲人和他们对自己的默默支持，自己感动得落泪。

31年来，我在西贝平台上一路打拼，老板一直在培养我，给我赋能。人的一生当中能遇上一个好平台特别重要。“三力”是自己从老板身上学到的，我在西贝认准一个榜样，就是老板，持续向他学习，激发自己不断成长。

成长的每个阶段都会遇到卡点，听了别人的经验，自己很受鼓舞，不放弃，继续前行。丽平总分享说：“遇到难点的时候正是我们成长的时候；学历重要，但学习能力更重要，学习是一直持续的事情。家人鼓励我能力大于一切，要有服务心态，以德服人。”

管理是一门手艺，要有化学脑袋、艺术思维，管理是经验的积累，通过分享会的形式在组织平台上传承下去。“三力”是践行西贝发展蓝图的具体行动，每个人都能找到自己的“三力”，并学以致用。辛苦力打底，餐饮是勤行，只有投入足够的时间、精力才会出成果。学习无处不在，要向市场、同行和身边的人学习，其核心是“悟”，转化为自己的东西，用到工作中。市场环境在不断变化，只有不断学习，我们才能提升认知，紧跟公司战略，敢于设定挑战性目标，不断突破。

提升心力的核心是要改变认知，放下面子，修炼服务心态，做事务实低调，自己敢于担当，团队就愿意跟你。管理者带团队要营造玩真的、正能量的氛围，要做“狠人”，对自己“狠”，说了就算，定了就干，干就要干好，干不好就负责任。

2023 年 9 月 18 日

回顾沙漠基地湖畔孙权老师课程内容，受到老板赋能。

想象力是企业家的特质，对业务要敢于大胆想象，“因为相信，所以看见”，激发团队更大动力；同时还要思考现在做什么才能实现理想，带领团队细化莜面村未来发展规划，梳理落地关键行动，在此过程中不断优化，拿成果说话。

做生意的核心是现场感。聚焦顾客体验和现场顺畅，快速响应满足顾客需求，在此过程中要敢于试错，动态调整方法，不能被现场的问题卡住。现场感是练出来的，要做行动派，刻意练习，改一次错就成长一次。热情和诚心是基础，关键是要做到“我一出现，事情就有所不同”。事业部营运团队一定要下到现场解决问题，增加现场感，绝不能坐在办公室中定 SOP。餐饮无大事，就是在小事上不断修炼、提升自己。

国庆长假之后，分批安排莜面村事业部及分部支部门店核心干部到沙漠基地参加培训。提前规划合理排班，让参训干部全身心投入到培训中，在沙漠吸收能量，“充满电”。

2023 年 9 月 19 日

参加“西贝、华与华合作 10 周年庆典暨西贝品牌资产发布会”。

华杉总讲述了华与华营销 4P 方法论的原理——华与华的策划创意都是持续打磨实践方法论的成果，并分享了华与华服务西贝 10 年的经典案例：超级符号让莜面村去民俗化而国际化、时尚化起来，提升了品牌势能；年度关键营销事件传播不断积累品牌资产，让西贝品牌深入人心，持续深化顾客认知。

老板作了专题分享，西贝在咨询上一直舍得投入，咨询是企业家的生活方式。跟咨询公司互动的过程，能激发出对决策有价值的信息。咨询费是很难评估效果的，但这个钱要花，因为花钱的过程就是积累经验、增强竞争力的过程，从而提升我们在未来的竞争力。华与华价值观好，不骗人、不贪心、不夸大，“百术不如一诚”，既要解决事情，又要愉快地合作好。

跟华与华团队合作以来，感受到了他们的专业和服务的用心。好的策划创意，只有坚定地执行好，才能确保落地效果。西贝和华与华开启下一个10年的合作，带领莜面村事业部团队跟华与华团队合作好，用好专业资源，持续累积品牌资产，拔高品牌势能。

2023年9月20日

参加“我问华杉”西贝学习会，很有收获。

华总对问题本质的分辨特别厉害，有哲学思考的习惯，对每一个概念都有清晰的定义和边界。只有界定清楚问题，我们解决问题的行动才有效。

“闭着眼睛点，道道都好吃”，跟顾客用餐选择场景紧密关联，对西贝品牌特别有价值。我们在推广上需要持续投入巩固，释放更大的信号能量，让更多人熟悉西贝，并走进西贝消费。“好吃、吃好、吃得住”，我们在“好吃”上面的纯度和强度还有很大的提升空间，“好吃”对外是对顾客的承诺，对内拉动提升组织力兑现承诺。带领莜面村事业部在“好吃”的交付上持续往深打，让顾客“买我产品，传我美名”。

很佩服华总的战略定力，做什么、不做什么，他都有很清晰的标准，遇到事情时不会纠结，而是用良知良能作判断。管理者要站在品牌的层面作长远思考，然后作出选择，给品牌加分的事情就要努力去做，而不是过度关注眼前的得失。只有共同发力去增强品牌资产，才能提升我们的核心竞争力。

我对品牌资产有了更深的理解：品牌资产就是给顾客持续创造的独特价值，不追热点，只做有积累的事情。不做七八月的大雨，专心种自己的庄稼，苦练内功。立志非常关键，修炼自己的心力，在战略落地的具体事情上琢磨，日日不断，一以贯之。

2023 年 9 月 21 日

一、在六里桥莜面村研发中心召开西贝莜面村事业部厨务半年总结会，推进“好吃”战略落地。

举行授星仪式，2 位事业部导师和 9 位分部总厨晋升为六星，以后他们有更大责任、担当和干劲！“好吃”战略落地任重道远，和刘亮心总导师一起带领全国厨务团队极致执行，用我们“好吃”的菜让顾客幸福，一切为了顾客“吃好”！

二、思考莜面村未来 5 年战略规划落地的组织变革。

组织变革是面向未来提升组织效率，实现组织目标的必由之路。在此过程中，管理者因为立场不同往往会作出不同的区辨。组织变革的过程一定会经历曲折反复，遇到不理解的声音，出现新旧碰撞，这时候就更要有战略定力，高效率一定会打败低效率，时间会给出证明。

一个人之所以会失败，原因在于两个字——“懒”和“傲”。面对组织变化，管理者首先要改变自己的认知，只有认知改变，心态才能改变，理解组织战略，拥抱变化，积极行动，少一些躺平摆烂。组织变革激发团队活力，落地公司战略。

2023 年 9 月 22 日

参加总部组织的变革吹风会，受到老板赋能。

重仓优秀年轻人→重用优秀年轻人
西贝老干部向后退半步、一步，
把干活、立功的机会让给年轻人，
这就是西贝老干部的境界。
减事、减人、减内耗，
增能、增果、增待遇。

公司组织变革，业务按照创业公司制独立运营，各算各的账，责、权、利对等，践行核心价值观“我的西贝：集体奋斗、共创、共担、共享、共富”，开启西贝的又一次创业。西贝莜面村中国事业部营收翻2.5倍的目标很有挑战性，要创造高质量的增长，细化灵活用工，提高人效产出。

在莜面村事业部各个部门整体用人上算细账，关键是人员的质量，而不是数量。大家持续聚焦我们的核心业务，一以贯之，不断提升专业水准，把活干得质量更好、效率更高，给到高待遇，用好优秀人才。在招人上严格把关，提高标准，一切导向高绩效结果。

莜面村事业部的干部主要是年轻人，公司给了他们时间和机会，所以他们成长都比较快，活力够，愿意学习，不断下到门店增加体感，积累专业能力。老干部当好教练，给年轻人赋好能。

老板带领大家学习“非常好吃”战略内容，温故而知新，自己对“非常好吃”战略的理解更加深入、全面。10月给全国门店前厅和厨房人员全面涨薪，在训练上也作了统一规划。跟刘亮心总导师继续优化“非常好吃”战略落地行动，明确落地关键点，配套机制闭环。“非常好吃”战略必须坚定不移地执行到底，持续提升“好吃”竞争力。

I ♡ 莜！西贝向您承诺：

闭着眼睛点，道道都好吃。

不好吃，不要钱！

25分钟上齐所有菜品，

祝您好胃口！

升级莜面村新的品牌承诺——“闭着眼睛点，道道都好吃，不好吃，不要钱”，只留下与“好吃”有关的承诺，简洁有力量，玩真的，往实做。若不好吃，就真心诚意主动退菜，退菜率达到1%以上，从10月1日起全面执行，持续做到，赢得顾客好口碑。好吃才有叫客力，坚决、不打折地执行下去。

2023年9月30日

一、西贝那达慕羊肉美食节启动一周以来（9月23日至9月29日），顾客整体评价好评较多。

那达慕活动新上的羊肉味道很好，顾客这么说：“爆汁、肉香、超级过瘾。”“那达慕的草原羊真香，没有膻味，吃青草喝清水的羊的肉就是嫩。”

西贝三宝歌曲很有意思，顾客说：“西贝草原羊肉美食节，西贝吉祥三宝之歌，嘹亮之音，羊在草原跑，肉在西贝烤。”“播放的音乐是《吉祥三宝》，展现的是西贝那达慕羊肉美食节，里面充满了羊肉的气息，配上特色菜品羊九香，让人陷入到羊的海洋之中，仿佛忘记了这是一家中餐厅。”

现场氛围好、很热闹，顾客说：“菜品挺好的，欢迎到西贝参加美食节，挺有氛围感的…… 服务也非常好，推荐大家来。”“菜品、服务都不错，吃了新版羊肉。店里很有气氛。那达慕美食节，推荐！”

目前顾客吐槽内容不明显，少数样本反馈产品干、柴和性价比不高，待样本量大时继续分析。对于每一条差评，导师团队都特别重视，已落实门店培训整改。同时门店在点菜和讲菜服务上也作了强化训练，一定讲好产品价值点，让顾客体验好我们的产品。

二、中秋节老大们带领团队创客创收，挑战突破，多家门店营收创造历史新高。

赵小丽：中秋节六里桥旗舰店营收创造历史新高，营收 32.8 万元，其中厅房 14 万元、散台 11.5 万元、外卖 7.3 万元。羊肉置顶，在西贝那达慕羊肉美食节上顾客对烤羊产品非常喜欢，羊肉销售额在营收中占比 29%，羊背售卖 31 份，创下了历史新高，歌队也贡献了非常大的力量，包间都有点歌，充满欢声笑语。散台翻台快，候餐有序，现场运营顺畅。菜品全天无超时、无沽清，外卖预制准时交付，大家全力以赴、默契配合，顾客满意度高，中秋节取得了好成绩。接下来，我们将备战国庆，继续突破，再创新高。

“迎双节，打胜仗”，全国门店在节日期间全力以赴地创客创收，在高客流时更要服务好顾客，为他们创造好体验，优秀服务案例分享。

三、节假日创客，迎宾岗是关键。齐立强分部广州正佳店中秋节客流目标1 200人，分部支部教练支持迎宾团队实现1 394人。

迎宾部长文达带领伙伴们提前做好充足准备：气球是我们创客的好工具，4名伙伴晚上打了800多个气球，人均200个，全部折成小朋友喜欢的花形，在此过程中伙伴们的手都酸了，但大家都没有喊累，一直到晚上11点才全部完成。

中午12点10分开始排队，14点40分排队结束，在两个半小时里，部长文达带着伙伴给每位路过的顾客介绍我们那达慕美食节产品，给路过的小朋友送上气球，小朋友收到后特别开心，拉着爸爸妈妈的手进店里用餐。伙伴们笑容满面，全程小跑，热情地接待每桌排队顾客。大家都顾不上喝水，生怕错过一位想用餐的顾客。

餐中非常忙的时候，有顾客2人要坐4人位，结果4人顾客已经进店，顾客看到没有位置有点不开心，这时候小伙伴第一时间先安抚顾客：“姐，我立马给您再找个位置，您稍等一下，不好意思哦！”立即用对讲机呼叫排号的伙伴，为4人的顾客第一时间找其他位置，并给顾客带的小朋友送上冰淇淋。顾客很满意，说：“不用客气，你们安排得很及时，而且态度很好。”

2023年10月1日

中秋、国庆假期全国门店持续挑战高营收，创造高客流，服务好顾客，销售好那达慕羊肉美食节烤羊产品，推进羊肉置顶战略。

一、高泽平分部太原万象城店9月30日接待客流1 090人，实现挑战目标1 050人。所有伙伴全力以赴地创造高营收，烤羊腿售卖40条，实现营收11.12万元。

岗会上和全员达成共识：达成目标有奖励，大家信心十足。餐中伙伴们点餐时重点销售烤羊腿，保证门店单客。店长不断用对讲机播报，调动大家的积极性，全天共售卖烤羊腿40条，其中B区李鑫一人就售卖了11条，为他点赞！

下午3点半，门店开了员工餐，店长安排先值班的伙伴吃饭，大家一共分为 3 班，店长在最后一班吃饭。店长叫洗碗间大叔、阿姨来吃饭，他们却说："餐具还压着呢！一会再吃。"店长安排传撤岗小伙子们顶上，洗碗间大叔、阿姨才出来吃饭，吃完饭后迅速回岗，一直洗到下午 5 点才结束。休息了 40 来分钟，又继续投入晚上的战斗中。在此过程中店长给洗碗间大叔、阿姨们拿上大桶可乐，让他们喝口水，解解渴。

晚上 7 点半左右，店里来了 6 位顾客，其中有一位男士过生日。顾客用餐过程中店长亲自关注，虽然门店很忙，我们还是要把西贝的祝福送给顾客，我们给顾客做了特制的长寿面，并组织伙伴给顾客送上生日歌、玫瑰气球，现场氛围感十足，好多顾客拍照、录制视频，他们非常感动。

二、分部南宁万象城店 9 月 30 日营收 97 416 元，达成挑战目标，排名分部第一。

中秋节，门店组织所有伙伴一起吃团圆饭，副厨师长准备了可口的晚宴，收到了伙伴的一致表扬，他还给伙伴发了中秋福利，跟大家认识一致：9 月 30 日挑战营收 95 000 元，大家很有信心。

"三剑客"分工明确，目标清晰，店长负责迎宾、传菜、撤餐，服务经理负责散服、现场协调、顾客体验和烤羊产品销售，厨师长负责档口出品及上菜速度。全天店内伙伴状态很好，厨部伙伴做好产品，无超时，前厅伙伴时刻在桌边为顾客服务，撤餐、传菜伙伴整餐都是小跑的动作，大家互相协作，现场很顺畅。

分部营运教练在门店现场帮带，营造烤羊产品销售氛围，带动伙伴们进店，帮带伙伴们点菜、讲菜、做服务，现场分区域 PK 烤羊产品销售，整体销售氛围很足。羊有九香，越吃越香，顾客进店之后看到很多桌都有烤羊产品，主动要求来一份。

门店伙伴宁小凤服务热情，吸引了到南宁旅游的顾客进店用餐，顾客本来想吃南宁当地特色美食，看到了我们家热情的服务，就来到了西贝，夸我们的饭菜味道好、服务好，还在"大众点评"上写了好评。

三、陈永华营运区沈阳万象汇店9月30日挑战客流目标620人（营收6.5万元），实现客流655人（营收6.6万元）。

门店全天营业，店长徐臣提前一天做好排兵布阵，岗会上与全体伙伴达成营收目标、客流目标共识，抓住节假日的机会卖好烤羊产品，创造高单客。各区域部长士气高涨，认领销售挑战目标，都有争第一的信心。

上午有一场亲子活动，负责人彤彤姐姐主持得非常热情，小朋友们很高兴，当餐留餐率达到了46%，为当天的生意开了好头。经理赵春玲协调现场秩序忙而不乱，亲子活动顺利结束后已是11点多，顾客的进店时间明显比平时早、集中。店长协调伙伴们快速恢复现场，调动大家的积极性去热情接待顾客，餐中鼓励伙伴们做好那达慕美食节菜品的销售。

下午洗碗间许阿姨因为家里有事就不得不请假休息了，店长知道后安抚阿姨“有事就回家办事，店里有我们呢！路上注意安全哈”，洗碗间少了一个人，原本3个人的工作，遇到节假日比以往更加增大了工作压力，一筐接一筐的餐具运过来，洗碗间杨姨说：“店长我能洗过来，肯定不耽误大家用。”面对如此大的工作压力，两位阿姨也没有抱怨，一直坚守岗位，店长和经理在前厅不忙的时候就轮流协助洗碗。在店长的带领、所有伙伴的共同努力下，最终达成了营收目标。

2023年10月3日

一、莜面村事业部正式下发《门店前厅和厨房薪资标准》，从10月1日起全面执行。

聚焦“非常好吃”战略落地，提升顾客体验，产品、服务高标准执行稳定输出，核心是人员稳定。全面涨薪后我们薪酬在市场上更有竞争力，就能按照我们选人、用人的标准去挑人，人员的质量高。同时必须强化四梁八柱，让他们更有动力，整体组织力就会提升，创客、创收、创利的能力就会更强。

2023 年 10 月 5 日

一、分析 9 月顾客满意度成绩。

堂食的"超赞 + 好"占比 98.3%（8 月该数据为 98.5%），"一般"占比 1.3%，"差评"占比 0.4%；儿童友好服务执行率 98.6%（8 月该数据为 95.8%）；说菜服务执行率 95.5%（8 月该数据为 95.6%）。顾客点赞："服务一如既往地好、热情、响应及时，每次来西贝用餐不光吃得满足，心理也满足，小朋友在这儿吃我不仅安心还放心。"同时也看到我们在说菜服务上还有很大的提升空间，10 月门店继续强化训练，反复练习，要把那达慕羊肉美食节产品的价值自信地传播好。

外卖的好评率 97.6%（8 月该数据为 97.4%）。安全、放心、高品质的外卖及好吃的专业儿童餐一直是顾客选择我们的最主要理由。顾客点赞："西贝外卖大品牌吃得放心，让人不用担心食品安全问题，送来包装精致，小桌布有满满的仪式感，非常有品质，菜品味道可口，不踩雷。"但随着天气逐渐变凉，要注意菜品的保温，保证让顾客吃上好吃的饭菜。

二、推进品质外卖项目组第 4 季度工作。

聚焦稳定交付，不乱创新。品质外卖导师组整体梳理全国统一的外卖菜品库，完善菜品出餐、赏味期、储存、复热和设备标准。同时每个分部要选出外卖导师，于 10 月进行标准培训及鉴定，从源头上统一输出高标准。

品质外卖项目组统一全国贯标，外卖导师、张杰外卖营运人员、何海宾外卖生产支持人员，大家一致地下店梳理贯标，在产品、包装和售卖方式上进行优化，有效推进工作落地。

在全国 3+6 重点城市选出稳定交付的标准店 20 家，其中北京 5 家（每个分部 1 家），上海 6 家，深圳 3 家，广州、杭州、成都、南京、武汉、西安各 1 家。大家在一个城市学得特别快，能迅速推进全国门店贯标和修标，在此过程中不断调整优化，对工作推进落实快的分部和门店给出激励。

三、"双节战役"临近尾声，老大们提前规划组织复盘会，总结最佳实践推广学习，同时表彰优秀门店和教练，激发团队更有信心在节假日挑战新高。

齐立强：计划 7 日、8 日的会议。第一件要事是落实莜面村事业部的薪酬方案，给够待遇和爱，严格要求，优胜劣汰；第二件要事是组织团队做好那达慕羊肉美食节阶段复盘、总部要求的标准动作落地情况、门店销售情况以及顾客反馈意见和下一阶段的工作重点；第三件要事是要对“双节战役”作一次大的表彰和总结，从一线的预制到迎宾岗伙伴的 PK 以及门店和教练的表彰，既要有氛围，又要有关键的经验总结。

节日期间，很多顾客带着小朋友来店里用餐，客流高峰期我们更要做好服务，提高销售量，既要卖好那达慕羊肉美食节产品，又要销售好儿童餐，服务好家庭客群。

（一）赵小丽营运区北京蓝色港湾店 10 月 4 日达成营收挑战性目标 10.4 万元。

店长带领全体伙伴创客创收，迎宾岗和散服伙伴前一天晚上就准备了 10 筐花样气球。厨房伙伴在厨师长的带领下早上 7 点半就到店进行加工备料，确保全天菜品无沽清、无超时。儿童餐的 3 位师傅为全天的宝宝餐做准备，确保每一份儿童餐都能在 8 分钟内上桌。

为了迎接高客流，店长在门口准备了儿童候餐区，让等位置的小朋友有地方玩。店长早上开全员大会，布置任务，提前摆好宝宝椅、围兜、画册、画笔，工作前置，儿童餐档口由专人上宝宝餐，内迎伙伴和叫号伙伴无缝对接，顾客起身时就撤餐，用对讲机通知准备叫号，顾客到桌上时餐具、宝宝椅都已经到位，散服伙伴说：“欢迎到西贝参加羊肉美食节，小朋友想吃哪个宝宝餐？阿姨先给你下单。”然后给大人介绍美食节羊肉产品，大人的菜点完了，宝宝餐也上桌了，顾客说“你们速度真快”。全天儿童客流 232 人，堂食儿童餐售卖 171 份，占堂食营收的 12%。

店里的很多顾客都带着小朋友，上午来过，晚上再次光临。他们信任我们，成为我们的老顾客，和员工相处成了朋友。我们用热情的服务、好吃的饭菜服务好顾客。“家有宝贝，就吃西贝”。

（二）陈永华营运区沈阳中兴店（9 月 29 日至 10 月 4 日），日均营收 9.2 万元，店长华正东带领伙伴们持续挑战高目标，全力以赴地把节假日服务做出彩，为顾客创造好体验。

店长带领门店挑战日均营收 10 万元，厨师长带领全体厨房伙伴早上 8 点前全部到店，保证 10 点开餐，做到有、好、快；做好排兵布阵，提前增加小时工，虽然客流大但服务不能打折扣，重点菜品“牛羊莜”目标销售额在营收中占比 46%，岗会分解目标，分 3 组进行 PK。服务经理杨光带领散服伙伴销售好烤羊产品，做好讲菜服务，让顾客体验到我们的特色。店长保证现场营运无堵点，协助撤餐和带客，及时叫号以减少流失率，午餐排号 158 桌，晚餐 78 桌，候餐流失率仅为 9%。

节假日小朋友进店就餐多，店长带领所有伙伴一起制作小火车盲盒，大家分工明确，不到 30 分钟就包好了 150 个小火车盲盒。餐中店长见到点了儿童餐的小朋友就送上小火车盲盒，并说：“小朋友今天表现好吗？表现好，把饭吃光光，叔叔就会给你个小礼物。”小朋友大口吃饭，家长们很开心，说：“你家真神了！小孩在家吃饭特别困难，到你家能吃这么多。”全员聚焦顾客体验，全力以赴地服务好顾客，一切为了顾客吃好。

（三）丁波分部呼市大学路店店长武志红带领团队挑战 8 天长假营收 75 万元（日均 9.38 万元）。9 月 29 日至 10 月 4 日，实际做到了日均 9.49 万元。

节前，分部召开门店“迎双节、创新高”启动大会，制订激励机制，激发门店动力。大学路店是街边店，门店所在大楼正在重新装修，顾客进店要走一段毛坯路，因此每天开餐前店长带领伙伴把地面打扫干净，铺上地毯，放置指引牌，以减少施工给顾客带来的不便。

店长根据营收目标做好排兵布阵，全员停休，全力以赴地支持双节营收战役，各个岗位人员充足，支持岗人员高峰期全部补位传菜，下午 2 点 40 分用餐后补位洗碗间。厨房伙伴 7 点 20 分左右到店，厨师长每天最早到店，跟进那达慕羊肉美食节产品预制，所有出品挑战 0 差评、0 超时、0 沽清。

明确点菜结构，大菜 + 羊牛莜整体目标 50% 以上。岗会分解目标，区域部长争先恐后地抢任务，大家相互 PK，餐中店长现场调控，在对讲机里鼓励、播报销售进度。餐尾销售压力大的菜品，店长、经理上手点菜，大菜核心产品 0 剩余。伙伴们用心服务，收到多桌顾客表扬，他们把生日蛋糕分享给伙伴们，表达对我们服务的认可。连续几天下来，伙伴们感觉到了“打胜仗”的喜悦，很有成就感。要抓住每个创收机会销售好羊肉产品，好产品、好服务就会好再来。

2023 年 10 月 6 日

一、节日期间，分部依然坚持服务日常训练，反复练习，提升技能，服务好顾客。

各个分部都建立了训练专项群，莜面村事业部服务团队进到群里跟进分部训练开展情况，看到大家对训练抓得很紧，每天都有训练任务，有布置、有追踪，重点提升西贝那达慕美食节迎宾和菜品介绍，跟进新员工 SOP 训练，保证顾客有好体验。

王龙龙分部整体统筹训练，记录追踪门店所有员工训练情况，积分奖励。营运区、门店每日按标准进行训练，回传训练视频，分部训练负责人在群内点评，若不合格就要求重新上传，分部老大关注训练情况，及时纠偏。分部每日组织大家学习“爱顾客之星”案例，分享收获，营造真心诚意服务顾客的文化氛围。

其他分部整体都有日常训练，门店每日进行反馈，训练负责人及时评价，给予鼓励。门店的训练就是要做到常态化，而且还要针对莜面村事业部、分部支部教练巡店、顾客差评曝光出来的问题进行重点训练，训练不仅是训练标准动作，还要提升员工跟顾客的语言交流互动，顾客的整体感受才会更好。

二、莜面妹教练张瑞青整体梳理莜面妹晋级标准，在原有的基础上增加花窝窝考核标准。

对时间和质量作要求，制订全国统一考核指标，明确要求，推动莜面妹抓紧时间练习，达成者可晋升一级。全国花窝窝上市，门店稳定出品之后，在 10 月底举办莜面妹比赛，打造 PK 场，比学赶帮超。

莜面花窝窝、花鱼鱼用花式吃法，跟羊杂汤一样按位售卖，更有价值感。目前全国的分部总厨已经在组织莜面妹训练，但是推动的力度还需要加大，要保证莜面妹的练习时间，不能安排她们餐中顶岗，训练的频次要增加。同时，在分部内部组织莜面妹 PK，调动她们的积极性。为了确保莜面花窝窝上市的出品质量和速度，面点档伙伴也要通过技能鉴定，保证产能跟得上。

三、莜面花窝窝将于 10 月上市，老大们要重视莜面妹花窝窝的训练，只有她们技能合格，才能保证产品稳定交付。

高泽平：跟进分部莜面妹花窝窝练习情况。莜面妹总数 47 人，视频鉴定有 27 人合格，有 3 名伙伴技能不合格，重新练习鉴定，督促剩余未鉴定的莜面妹及时上传视频进行鉴定。经过每家店莜面妹视频反馈，速度均可达到一分钟内 3~4 个花窝窝，还要继续练习，提升熟练度。10 日之前每家店保证有两名伙伴会搓花窝窝，保证新品上市正常售卖，产品稳定输出。

节日期间，厨房工匠师傅、洗碗间阿姨和分部干部齐心协力，密切配合，共同保障门店出品稳定交付，做好顾客体验，创客创收。

（一）韩高峰分部东莞汇一城店 10 月 1 日至 5 日羊肉销售占比 35.6%，烤羊腿 5 天销售 193 条。门店烤间师傅保证产品无沽清、无超时，高质量地交付。

门店落地“羊肉置顶”战略，烤羊腿作为主打销售产品，挑战高目标。厨师长田金鑫每天晚上和店长确认第 2 天的预估销售量，给烤间师傅加工数量。

烤间师傅整体的工作量加大，对于如何支持好前厅销售，厨师长带领烤间师傅一起想办法，在现场创造。烤间师傅 3 人，加上厨师长在餐中重点盯出品标准。通过对人员的排兵布阵来保证不沽清、不断档、不超时！

首先要解决原料问题，连夜联系分仓加单回货，凌晨2点半把原料送到门店，早上厨师长带领烤间师傅8点上预制开始加工羊腿，梳理工序流程，10点钟开始加工第二锅，全天都在加工羊腿，中间衔接得特别好，没有沽清、断档，全天没有时间休息，一直在加工羊腿，就是为了开餐有足够的羊腿供门店销售。

有了烤间师傅的大力支持，前厅伙伴销售的信心十足，销售的氛围很好，达成了烤羊腿的挑战目标，店长对全员进行了奖励，给烤间师傅买了奶茶，为他们点赞！前厅后厨协同作战，全力以赴，一切为了顾客吃好！

（二）分部徐州苏宁广场店，节日期间日均客流696人，洗碗阿姨洗干净每一件餐具，让每一位顾客吃得安心。

每到节假日就是洗碗间最忙的时候，洗碗阿姨坚持标准，特别负责，把所有的餐具都洗得干干净净，让顾客对我们的卫生放心。

在高峰期，阿姨们穿上防滑筒靴在洗碗池忙活着，汗水已经打湿了脸庞。前厅翻台快，一筐又一筐的餐具送了过来，阿姨们按照食安步骤认真清洗，没有因为餐具多就不按标准操作。高峰期翻台快，厨房出餐也快，餐具周转也快，这边洗好的餐具马上就要拿去使用，她们坚持在洗碗间把好"干净"这道关。

前厅高峰期过后，店长安排伙伴们到洗碗间帮阿姨一起洗餐具，缓解一下阿姨们的疲劳，从中午洗到下午4点多，晚上洗到快11点。阿姨们洗完餐具并有效覆盖、清理完洗碗间卫生才下班。工作这么忙，阿姨们却从来没有抱怨过，为她们的付出点赞！

（三）李刚分部食品安全经理薛剑节日期间保障门店安全生产0事故、0投诉。

在节日客流高峰期，保障顾客的食品安全是重中之重。分部统一安排食安经理薛剑重点严查门店卫生和产品赏味期，保证洗碗间的每一个碗都是干干净净的，让顾客放心使用。他迅速给门店食安专员召开线上会议，明确节假日期间安全生产的重要性，落实每晚闭餐在分部食安盯控群内反馈重点项目。

他每天巡店 2 家，重点帮带洗碗间清洗流程，尤其是儿童餐具种类多，不好清洁，每到一个门店他都亲自带着洗碗间阿姨做整体浸泡、消毒，做好后再放到消毒柜内进行二次消毒，执行“再看最后一眼”的流程，保证顾客面前的餐具干净安全，和洗碗间阿姨们一起为前厅创收做好支持。

过节门店收市时间晚，每天晚上他都要带着食安专员拿手电筒检查卫生死角，检查完所有卫生后下班时都已经是晚上 11 点多了，用行动体现了高标准、严要求。在他的带动下，每家店的食安专员检查时都特别认真，反馈及时，门店卫生全部达标。

2023 年 10 月 8 日

“羊肉置顶”战略落地，供应链协同作战，保障羊肉产品原料供应，服务好门店。

今年和导师、采购在草原上开了羊肉采购标准现场会，侯总和羊肉采购组杨军在选羊的标准上提供了有价值的建议，羊迟宰一天就多长两三肉，迟宰 10 天多长 3 斤肉，长的都是肥膘。门店投诉羊排肥的多，羊收得越晚就越容易肥。现场一起优化了选羊标准，原来的标准是 26~30 斤，优化成 26~28 斤，解决羊排肥的问题。

在保证风味的前提下优化了羊排云皮破损大小的标准，加快了选羊的速度，能够抢在羊还没有长肥膘的时候就把我们要的量收够。今年采购整羊 20 万只，整羊采购比分部位采购效率更高，采购价格上有一定优势，综合算下来一只羊便宜 12~13 元，而且工厂的加工效率也提高了。

中秋、国庆期间门店对羊肉产品的销量吃不准，预估调整得多，在此过程中加单的量很大，供应链团队都能及时保障供应。

2023 年 10 月 13 日

跟营运团队召开会议，沙漠课程的核心主题是：2024 年生意如何突破？大挑战、大激励、大成果，和老大们探讨后达成了共识。

组织力打造一定是聚焦经营目标的实现，只有敢挑战、打硬仗才能真正提升组织力。2024年门店的生意怎么创造？要紧紧抓住3个字——“创”“抢”“管”。“创”，即每一天都要有创客、创收行动，做到常态化。根据生意情况将门店分为A类、B类和C类，细化每一类店型的增长空间，要创造性地实现增长。每一家店细化到全年365天，堂食要增加多少客流、外卖要增加多少订单，每一天都按照目标推进。“抢”，即节假日生意抢客流、抢营收，核心是如何排兵布阵，重点要激发门迎岗的创造力，做好候餐服务，挑战候餐顾客0流失。“管”，即基础管理的标准要达到。这次到沙漠集体梳理优化流程给门店减动作、减负，留下核心动作，反复强化训练力求做到。

经营目标的大挑战必须配套大激励才能驱动管理者挑战难点，突破创造。门店多创造出来的收益，要敢于分给“三剑客”，尤其要把店长激励好。当老大的做生意一定是看总收益，算大账，给每家店管理组提供足够大的动力，把分部蛋糕做大，结果不会差。

2023年10月14日

参加西贝那达慕羊肉美食节北京蓝色港湾站大型活动。

整个现场是节日的盛会，草原文化氛围很浓，蒙古包、蒙古歌舞和蒙古族搏克手摔跤表演吸引了许多顾客前来体验。“掰赢搏克手，烤串跟你走”“反手撸串挑战赛”顾客参与度很高，非常热闹。“羊在草原跑、肉在西贝烤”烤羊产品、蒙古牧民奶茶、燕麦纤维饼、专业儿童餐，每一个档口前都围着很多顾客在品尝美食。亲子活动吸引了小朋友参加，他们穿上蒙古族衣服，手工DIY，玩得很开心。

安达组合现场演唱了歌曲和我们的《西贝三宝》，晚宴盛大的烤全羊开羊仪式将活动氛围推向了又一个高潮。此次活动，线上视频号和抖音观看的人数也在不断增加。互联网年代，既要用好线上传播，提高声誉，又要做好门店交付，形成口碑。

2023 年 10 月 15 日

莜面村事业部全国巡店暗访，发现有些门店未按标准执行品牌承诺，全面曝光，强化门店做到。

周六、日高峰期有 10 家门店员工的新版品牌承诺省略了“不好吃，不要钱”这句话，它们是：北京西单君太店、财富中心店、宣武门店，上海成山巴春店、大宁店、浦东万嘉店、世博百联店、静安大融城店，深圳光明大仟里店，福州泰禾广场店。

“非常好吃”战略落地，品牌承诺必须向顾客有力量地传达出去。品牌承诺是很严肃的事情，必须一字不落地极致执行，要敢承诺并且兑现。现场员工没有做到，原因还是我们从上至下没有盯到位。分部老大要继续落实强化训练，现场追踪反馈，形成闭环。

2023 年 10 月 17 日

在沙漠参加“数字化转型训战营”学习第 2 天，实操练习项目立项，很有收获。

立项的核心是找对人、找对事、分好钱。找对事的核心是设定好目标，定北极星指标，客户可感知、落地和优化。在定目标上学习到了科学方法，先穷举再筛选，后优化。这也是达成共识的过程，我们要确保在系统流程中同一物品命名统一、同一词语解释统一，我们的经营指标——开台数、订单数和客流都需要明确定义，形成文件下发，让大家统一认识，这是最基本的。

在立项目标的选择上没有完美的目标，要平衡目标的数据可采集、成本及准确性、运营可改进。目标的相关性比因果更重要，业务管理的不是绝对值而是趋势。运营监测的指标可采取滚动 30 天或 7 天的方式，这样更有利于运营动作的改善提升，同时再匹配一个健康指标，通过财务结果去监测运营指标的提升。不能把财务指标直接作为项目目标，而要设定通过运营动作能够提升的指标，基于客户的感知落地去设计、改善、优化，带来财务结果配套达成。

项目立项要根据项目的量级明确对应的负责人，会员增长项目是公司战略项目，应由业务一把手牵头，才能调动相应的资源。接下来，重新明确项目的负责人、项目组成员，用老师教的科学立项方法把会员增长项目梳理清楚，营销统领，用内容服务让用户留下来，好服务是贴心的，好内容是专业的。

项目落地的核心是推动组织变革，解决落地难点，解决人的不知、不能和不愿的问题，洞察人性，驱动变革，人因触动而改变，而不因知道而改变。目标牵引，业务拉动，技术推动，一号位亲自上手一把手工程，相关部门协同作战，强化担责，共同推进。

两天的数字化转型训战营学习，让我理解了产业数字化，打开了认知，掌握了科学的方法，一切要回归到流程机制方法，一切思维要基于用户体验，让用户可感知。在接下来5天6夜的沙漠课程里，将带领全国营运干部一起梳理细化，学以致用。

2023年10月18日

西贝莜面村在“窄门餐眼”西北菜用户口碑榜口碑值评分为92.78分，超过了晋家门的92.14分。

从8月29日到现在，全国门店共同发力，达成了口碑评分超过晋家门的目标。在市场每个维度的对比上，我们做餐饮必须争做第一，因为市场份额决定市场地位，顾客口碑就是生意。

口碑评分是根据门店在大众点评、美团和饿了么上的星级、口味、环境、服务和好评率综合得出来的，核心还是做好服务。这次沙漠课程梳理出关键动作，反复训练，持续做到，一切为了顾客吃好。

2023年10月20日

铁军沙漠基地《不争第一，我们干什么》首期课程共创会第2天。

6大模块PK选出第一名的小组：

（1）服务模块第一名赵文辉小组；

（2）生产模块第一名张维小组；

（3）外卖模块第一名姚青华小组；

（4）大众点评模块第一名李世龙小组；

（5）亲子活动模块第一名张利娜小组；

（6）激励机制模块第一名王跃小组。

给大家颁发了奖金和奖状。在第一名报告基础上，融合小组亮点共创形成每个模块最终报告，链接公司战略，聚焦为顾客创造价值，守好执行标准底线，落地行动要实。

第 1 个是服务模块，坚守实心诚意的西贝待客之道置顶，服务动作是跟顾客链接的触点，能产生价值，带来体验，优化服务考核指标，留下基础底线能力项，让员工有更多时间、精力去服务好顾客。儿童服务 7 必做、菜品服务两必做、迎宾服务 4 必做都是服务基础项，必须做好，突出围绕顾客桌边服务点菜介绍菜，优化执行标准，每项服务提炼关键词，让员工好学、好记、好用。将品牌承诺服务真兑现升级为第 4 大服务，不好吃不要钱、超时半价、沽清送券真兑现，持续做到，在顾客端建立好口碑，好体验带来复购。

第 2 个是产品模块，高品质稳定地交付的核心是高标准、强能力、强管控。建标—贯标—落标—修标是闭环，重点要提升分部导师、支部总厨、厨师长这些贯标腰部力量的能力，做好常态化训练，反复训练以形成肌肉记忆。用好 0.3%“爱顾客之星”奖，拉动标准落地，做好对伙伴的过程激励。齐立强分部韩宝宝分享的积分管理特别好，对高标准执行的工匠师傅及时给予奖励，每周总结每月表彰，效果明显。

第 3 个是外卖模块，一切经营活动围绕菜单，洞察顾客需求，拉动研发。对标城市商圈，精准上新品，丰富供给，产品上新围绕品牌战略产品，与平台置换高质量资源，提升品牌曝光度，增加营收。聚焦 3+6 重点城市、重点商圈，投入推广资源，午餐力推一人食提单量，晚餐聚焦节假日重点推大菜和家庭餐提客单。儿童餐包装使用环保材料，增加趣味性，传播性强。提升打包袋品质和保温性能，定制营销活动的打包袋，提前使用预热传播，优化顾客体验。

第4个是大众点评模块，细分商圈设定底线能力项必须做到，社区型不低于4.7分，商务型不低于4.7分，旅游型必上4.8分，综合型必上4.8分。齐立强分部五星门店从0家上升到27家，核心是管理者提升认知，大众点评是赋能生意的好工具。门店实心诚意服务好顾客，选出沟通能力强的伙伴跟顾客互动，对每条五星点评奖励3元，每月超额完成再奖200元，员工愿意去做，门店上五星，提升线上获客能力。

第5个是亲子活动模块，高质量的亲子活动为顾客创造好体验，让顾客留餐率高，是门店创客的有效方式。明确亲子活动3大关键动作，保障顾客体验，儿童专属物料配备齐全，场地设备到位，营造活动仪式感，人员配置与技能达标。贾国慧分部设定奖励政策，门店月均举办6场，场均家庭13组，奖励600元，增加一场奖励100元，伙伴有动力，创造性地招募（现场、企业微信社群、社区、学校、机构），办好活动，传我美名。

第6个是激励机制模块，核心是激发团队能量，基础能力项指标比重减少，守住底线达标即可。挑战高目标一定要在创收创利奖上放大，张忠其分部每季度、每月、每周有不同奖励，季度奖励利润增长，拿出利润增长的一部分奖励团队，支部经理和店长分享3季度非常受鼓舞；月度奖励创收，迎宾创客流奖、店长厨师长创营收奖，激发团队创客创收。0.6%“爱顾客之星”奖给到店长、支部权力，奖励实实在在地服务好顾客的一线伙伴，激发一线活力。

2024年挑战性目标是客流增长10%、营收增长10%，实现这一目标的核心是找到创收关键动作，也就是“抢”，识别出有挑战性的正确目标，让顾客体验到价值点。带团队一定要给激励，才有战斗力。分部支部教练全力支持门店达成2024年挑战性目标，店长是驻店店长，一切激励导向店长，强激励，敢放权，店长在现有营收基础上额外增长出来的，拿出来进行激励，按月、按季、按年奖励，激发店长的创造力。

沙漠基地是个大的能量场，能够充分激发大家的潜能，继续组织 PK，主题为 2024 年挑战客流增长 10%、营收增长 10%。分部营运区划分成 16 个组，共同投资奖金池 6 万元加持能量。明天拿出落地方案，挑战难点，进攻市场，创造增长。

2023 年 10 月 22 日

铁军沙漠基地《不争第一，我们干什么》首期课程共创会第 4 天，参加蓝天救援的急救课程培训。

丽平总安排的急救课程特别有意义，对门店干部很有帮助。大家掌握了科学急救方法，在现场遇到顾客或者员工突发紧急情况时就能快速进行初步急救，可以为救治赢得宝贵时间。

通过老师的讲解，我理解了救护原则：先看环境，要保证自身安全，在此过程中做好防护，防止感染，采取正确方式及时合理救护；做好心理支持，进行救护现场协作。学习到了怎样识别心脏骤停和急救方式，怎样去做心脏按压、人工呼吸，怎样正确使用 AED。每一个流程都是标准动作，特别专业。

我们是“家庭友好餐厅”，儿童客流多，在现场有时会遇到小朋友吃东西卡到喉咙的情况，老师教了急救方法——海姆立克冲击法：对腹部进行冲击让人把异物吐出来；还有背部叩击法，过程中还有操作细节标准，用科学方法帮助家长解决问题，让宝贝放心来西贝用餐。

老师讲解示范，大家反复实操演练，特别认真。通过理论考试和实操考核，大家掌握了科学急救方法。大家分享说，急救技能特别有价值，不仅可以提升自己的急救能力，避免受伤，而且可以真正帮到有需要的人。全国门店“三剑客”和“四梁八柱”都要在沙漠课程中学习掌握这项技能，保障好顾客和员工在门店的安全。

2023 年 10 月 25 日

参加 2024 年目标、有效行动方案、预算会议，带领团队作莜面村事业部报告，受到老板赋能。

“创客力”的表达比“创造力”更加精准，更适合门店场景，门迎岗的顾客是一个一个创回来的，激励门迎岗提升创客力，候餐服务有感知，做到候餐顾客0流失。我们开餐厅做生意，创客力是第一能力，激发店长创客力，越是一线就越要具体，门店好理解、好执行、好落地。词语的表达是有能量的——精准、简洁、生动，不断学习、修炼、提升自己。

莜面是我们的核心产品，现在全国莜面产品销售占比12%，产品主要以主食和热菜为主，2024年占比要挑战达到13%以上，要有更丰富的产品来支撑。老板提出创意、瑞青去银川考察的莜面揉揉，100%燕麦面皮，西北风味特色，用我们的面筋汁拌起来变成莜面面筋。西贝面筋是经典产品，销售占比6%，顾客特别喜欢。莜面面筋是西贝面筋呈现形式的升级创新，跟莜面村更加配套，顾客容易接受、认可，支持门店把莜面产品的销售占比打上去，强化莜面特色。赵立功师傅研发，瑞青作好协助。

跟秦歌招聘团队把费用拆细，梳理清楚，准确计算投入产出比，不能笼统“一锅烩”。把莜面村事业部团队的人员费用再往细拆，分清工资收入和差旅费，细化到每一个人，差旅费属于工作费用，不属于收入，要准确区辨。

减事减人减内耗，增能增果增待遇，核心是精准评价激励，激发员工提升能力，在公司平台上创造高绩效，增加个人收入。我们的薪酬对外有竞争力，能吸引优秀的人才进来，增强组织力，提升创客、创收、创利能力。

西贝小饭桌报告中分享的“吃不好包退包换”和莜面村的“不好吃不要钱”原理是一样的——都是在不断强化我们的好吃能力，实心诚意服务好顾客，不好吃不要钱，真退真换真兑现，营运团队收集门店的优秀落地案例，供全国分享学习，形成好口碑。

全天的汇报是一个大的学习场，能量很足，其他业务和职能部门的汇报启发自己对业务不同角度的思考，目标有挑战性，行动具体接地气，协同作战，效率更高。

2023 年 10 月 30 日

营运团队全国巡店，曝光门店场景、环境败相，推动分部整改。

环境场景是顾客体验的重要部分，看到门店在环境干净整齐度上整体有提升，但是还存在败相：有的门店员工工衣破损、脏污，不符合仪容仪表标准。人员形象必须高标准地做到，才能传递服务人员的好状态。管理者自身的标准要提高，严格把关，工衣必须干干净净。

有的门店沙发、椅子面破损，灯不亮，空调出风口脏，这些都是最基本的问题。脏、破的原因是管理者的标准低，破损的皮面要立即更换，不亮的灯要马上维修，将空调出风口纳入日常清洁。经营的核心是顾客体验，门店的环境场景也是能体现顾客价值之一，必须做到干净整齐，无败相。

2023 年 10 月 31 日

召开全国营运沟通会，落实全国门店关于“西贝莜面蒸饺 3 只 29 元”舆情的统一回复口径，有力量地践行“好吃”战略。

宋宣总团队监测到微博上出现“西贝莜面蒸饺 3 只 29 元”的舆情，成立了专项小组，统一回应。莜面村事业部全面配合宋宣总解决。按照宋宣总安排，门店遇到媒体探访、400 客服中心接到媒体询问，要全部转交宋宣总团队处理。门店有顾客询问，要使用宋宣总团队制订的统一话术回复。

宋宣总团队统一官方回应顾客，讲述莜面蒸饺有机莜麦粉、手工技艺价值，并向顾客公开作出承诺：西贝 2024 年将拿出 3 000 万元来践行“好吃”战略，兑现退菜承诺。分部老大落实门店有力量地作好品牌承诺：“闭着眼睛点，道道都好吃，不好吃，不要钱。25 分钟上齐所有菜品。”“不好吃，不要钱”是西贝莜面村对“贵”最有力的“诠释”。坚守实心诚意的西贝待客之道，真退真换真兑现，做到极致执行，一切为了顾客吃好。

2023年11月1日

品质外卖项目组研发贯标负责人王若飞带领团队梳理全国门店外卖标准，下到地区贯标查标，服务门店做到高品质、稳定地交付，在此过程中发现亮点，分享最佳实践，在全国推广学习。

贾国慧分部苏州中心店美团评分4.9，饿了么评分5.0。外卖产品预制和准备工作充分，外卖负责人李鹏帅在下预制单时会和厨师长作沟通，根据前一天销量作调整，有效错开堂食高峰期，所以外卖档口没有堆单现象。在出餐过程中严格按照预制、储存和出餐标准执行。预制菜品使用时间贴管理，保温柜有明确标识，进入保温柜菜品按“先进先出”原则使用。现场干净整洁，餐物料齐全，没有断档现象，保温柜、冷藏柜和微波炉符合标准，出餐菜品中心温度全部在60℃以上，确保顾客有好体验。

2023年11月3日

老板在北京五棵松万达店发现场景败相问题，受到老板赋能。

番茄莜面档口木纹贴膜磕碰露角，属于环境败相。这反映出我们管理者的标准不高，工作的认真度不够细。场景环境要干净整齐，无败相，破损就是败相，必须消除。营运团队和场景设计部共同梳理出门店环境必做项，全国巡店贯标落实执行到位，让顾客用餐体验更好。

再次跟场景设计部强调新装修的店不能用贴膜，档口使用频率高，贴膜很容易破损，门店一租就是6年，一定要选耐用的材料，实木、石材和木纹转印都可以，不能为了省钱而选耐用性差的材料。场景设计要服务于经营，场景环境标准高，顾客才能有感知。西贝莜面村品牌做的是长久生意，场景设计要跟公司战略保持一致。

2023 年 11 月 6 日

参加创造“战略性贡献”经营规划研讨会，受到老板赋能。

全天的学习让我收获特别大。康老师的讲解让我深入理解了“战略性贡献”，如何面向未来，有整体性思维，站在公司全局维度上作出成果贡献承诺，要事优先，聚焦战略性价值，有创造未来的勇气和想象力。在此过程中大家反复梳理，对于自己的战略性贡献感到越来越清晰。

学习了德鲁克关于战略选择的四项原则，过程中老板进行了区辨：不能把问题和机会对立起来，好多机会都藏在问题当中，问题本身不是问题，而是我们怎么去面对问题、解决问题，必须找到机会，才能创造企业的价值。在解决问题的过程中看到未来发展趋势，采取有效行动。不能把过去和未来对立起来，未来藏在过去，管理者要有力量地区辨。老板现场作了优化，表达更为精准：拥抱未来，而非只沉湎于过去；专注机会，而非只专注问题；选择自己的路，而不是随大流；目标要高远，而不是只求安全和容易。

梳理自己 2024 年能做出的战略性贡献：

（一）带领莜面村事业部创客、创收、创利，挑战做到客流增长 10%、服务 4 500 万人，挑战做到营收增长 10%、达成销售 63 亿元，挑战做到净利率 11.6%、实现净利润 7.3 亿元，门店数达到 423 家，成为中式休闲正餐的世界第一品牌。

（二）极致执行“非常好吃”战略，菜单设计结构性、全链条优化，梳理原料、工艺标准，收窄聚焦，增效提质，实现“闭着眼睛点，道道都好吃，不好吃不要钱，真退真换真兑现”，创造顾客好口碑。

（三）极致执行落地公司战略，强激励、敢放权，系统提升组织力，服务好门店。

不能把问题和机会对立起来，好多机会都藏在问题当中；也不能把过去和未来对立起来，未来就藏在过去当中。

2023 年 11 月 7 日

到海底捞金源店用餐，受到老板赋能。

海底捞空间布局精益无浪费，从座位下方的收纳、桌边柜子、菜品架和放壶的卡子等，让整个就餐区功能非常强，包括周边墙面全部是收纳柜子，精益布局，空间利用最大化，无浪费。反思我们的装修布局，要学习无印良品、宜家等各种收纳技巧，让顾客界面尽可能地整齐有序，东西“藏起来”，但员工取用还很方便。比如家私柜到底如何布局、用什么收纳架子整理，以及粉丝台餐具底座收纳等，找到好用的工具或小改造，做到整齐有序、方便取用。

生日聚餐是海底捞一大场景，为顾客做足体验。我们是家庭友好餐厅，“宝贝生日会，全家去西贝”，是接下来要重点打造的用餐场景，做成亮点。将我们特色的魔术加入生日环节，变个魔术，教小朋友一个魔术，变出个生日礼物，再配上歌曲、气球等氛围道具，让整个环节非常有仪式感，让小朋友觉得有趣、有记忆。把魔术打造成战略性产品，不仅是在生日做，而且要持续做好，成为服务亮点，可以网罗全国魔术爱好者作为资源库，让他们到店变魔术、逗顾客开心还把钱挣了。门店要保证至少一名伙伴高质量地掌握魔术技能，迎宾候餐、桌边服务时都可以给顾客变魔术、教魔术，成为传播点，让顾客有记忆、主动拍照、录视频分享传播。

海底捞服务持续的高质量稳定输出，具有叫客力。西贝实心诚意服务是有很强基因的，要把我们的好服务找回来。选对人很重要，把招聘部门用好，同时给够待遇把人留住。服务要搓住劲持续提升，服务出彩是具有创客力的，顾客花钱就是买体验，菜品、服务、环境整体的体验都要一起提升。

2023 年 11 月 9 日

召开全国创客、创收、创利营运沟通会。

看了 10 月、11 月整体的客流，发现跟我们预想的有一些差距，因此召开营运会议规划创客、创收、创利，全年必须达成预算目标

55 亿元，每个分部领任务，设定挑战性目标，拿成果说话，完不成就按机制兑现，说到做到，做到做好，做不好就跟自己没完。

落实创客行动，从今天起到 12 月 31 日，一共有 53 天，分解到工作日每一天要创多少客流，核心是必须做好节假日创客工作。调取了全国节假日候餐流失率数据，发现我们的创客空间还很大。分部老大根据每家店的具体情况决定一店一策，以提升创客力，高配门迎岗，候餐服务想方设法地留客，加配撤餐人手，内外紧密配合，加快翻台速度，强激励把客流抢回来，挑战候餐 0 流失。

落地好那达慕羊肉美食节，创造销售纪录。把销售羊肉置顶，现在全国羊肉销售占比达到 25%，卖的主要是烤羊腿、烤羊排，“羊有九香，越吃越香”系列烤羊产品整体销售结构必须均衡：对于不点烤羊腿、烤羊排的顾客，要介绍其他烤羊产品给他们，让他们感受到我们产品的丰富性，吃到特色。“背全羊九香，就送羊杂汤”活动必须执行到位，关键是营造好氛围，选状态好、会沟通的员工，让他们手举牌，佩戴“小蜜蜂”扩音器跟顾客互动，挑战活动核销数量占成人客流比达到 10%。

莜面花窝窝是莜面新吃法，按位销售提单客，挑战见台率达到 20%，强化顾客“健康抓关键，主食吃莜面”认知。蒙古牧民奶茶是我们的特色茶饮，体现蒙古特色。顾客落座后服务人员端整套茶点向桌桌推荐，让顾客尝新，挑战见台率达到 20%，推动销售增量。

所有创客、创收、创利行动全部和机制强绑定，按周专项滚动播报，通过曝光推动分部老大比学赶帮超，实实在在地落地，极致执行是真正的竞争力。

2023 年 11 月 11 日

“非常好吃”战略落地，核心是产品稳定交付。营运团队全国巡店，整理一线优秀工匠师傅好案例，在全国分享学习，激发工匠师傅高标准地交付产品，服务好顾客。

贾国慧分部昆山九方店儿童餐师傅马仁婷在餐前备料时对原料

严格把关，保证儿童餐高品质呈现；餐中使用可擦记号笔记录好儿童餐（豌杂汤、玉米羹和牛肉饭）的赏味期到期时间，认真执行赏味期要求；餐中出餐时关注出品细节，擦拭豌杂汤、玉米羹碗边，保证干干净净，在高峰期有条不紊地出餐，并且协助传菜伙伴一起核对单子，确保产品准确上桌。

王龙龙分部北京环球贸易店面点主管张雁红对面点菜品技能掌握得好，技能强，帮带能力也强，餐中对新伙伴进行帮带，搓窝窝速度快而且质量好，现场面点档口餐前备量充足，出餐速度快、标准高、没有超时，餐中帮助儿童餐档口出餐，协作意识强，为她点赞！

2023年11月12日

节假日做好候餐服务，留住等位顾客，门店有很多有效行动。魔术服务是我们的特色，特别有意思，很容易吸引顾客留下来愿意多等一会。重新把候餐魔术服务做起来，打造成我们候餐服务的亮点。

贾国慧分部上海五角场万达店周六晚餐不到6点排队顾客就有20多桌，很多顾客带着孩子，听到等位时间长就打算换其他家吃。这时，迎宾岗陈思彤立刻拿出提前准备好的魔术道具，佩戴好“小蜜蜂”为候餐顾客表演魔术：“小朋友们好，今天的魔术表演开始喽！有没有小朋友喜欢魔术啊？”短短几句话就吸引了所有候餐顾客的目光，表演过程中陈思彤与小朋友互动拍照，氛围非常好。魔术表演让排队顾客变得更快乐，而且其他迎宾伙伴的候餐服务也做得很到位，大家密切配合，留住了更多的等位顾客。

2023年11月13日

在西安跟老板和张忠其团队巡店，参加现场会。受到老板赋能。

职业经理人要作的3个承诺：一是承诺为公司做贡献；二是承诺专注地为公司做贡献；三是承诺通过建立体系为公司做贡献。

自己作为莜面村业务老大，承诺要引领和带动分部老大做贡献，引领的核心是组织力的系统建设，不是靠个人英雄主义单打独斗有多厉害，而是要把部队建起来，把能力培养起来，真正激发团队能量，让团队有成就感，有趣、有利、有意义，组织力提升了，才能打好每一场仗。

带领莜面村持续往上打，核心是做好品牌，关键要划好圈。在我们核心竞争力的事情上要持续深挖，不符合我们品牌属性的事情坚决不碰，不在非核心竞争力上浪费资源。CMO 俊珊要给品牌划圈，营销统领，实心诚意传播好我们的好食材、好工艺，讲得特别地道。投入时间精力把每个项目小组都拎得住，带出一支有创意、输出优质内容的团队，持续跟顾客链接，传播品牌理念，提升品牌力。

我们是家庭友好餐厅，亲子活动办了 7 年，已经积累了好口碑。“家有宝贝，就吃西贝”专业儿童餐引领市场，形成了优势，攻上去还必须要守得住。“宝贝生日会，全家去西贝”，用好华与华专业策划，拿出整套设计方案，突出场景感和仪式感；魔术师变魔术跟顾客互动，唱生日歌，营造独特的生日氛围，持续做出彩，使其成为服务亮点，创造顾客口碑传播。

一切经营活动围绕菜单，西贝莜面村卖的是西北菜（主要是内蒙菜），辅助的菜品不能有违和感，要能强化我们的风味优势。创新是在经典菜品上再创造，我们做家常菜就是用普通原料做出好菜来，全靠烹饪工艺。菜单全国强管控，所有门店必须在菜品库里选菜。跟张忠其、刘亮心作了沟通，西安三代店全面统筹成莜面村的产品和原料，一代店跟六里桥旗舰店的产品保持一致，不能乱创新。

创收的关键在于单客，要有好的产品支撑。餐尾来一份甜品，不占肚子，来一个甜蜜的收尾，有仪式感，顾客喜欢，单客涨 5 元就是很大的创收。开发酸奶系列甜品，酸奶是我们自己的牧场、工厂生产的，品质特别好；营销上要有新的概念，设计上有卖货的场景感；对标哈根达斯设立酸奶柜，既有功能性，又有展示面，把酸奶当作一个甜品卖好。开发奶皮卷等酸奶系列甜品，自己带上俊珊和刘亮心去呼市考察学习观摩，推进研发测试。

会员商城选品上就要聚焦牛羊莜儿童餐 4 个圈。卖其他品牌的产品，要跟莜面村品牌属性密切相关，还要有品牌背书，相互借力；跟我们品牌属性没有关系、品牌无法背书的，坚决不卖。梳理清楚之后，持续在执行上盯紧，落实到位。

对门店整体的场景陈列进行强管控，在顾客界面高标准地统一输出。自己的东西、卖场，对自己的品牌信息宣传要重点加强，同一个方向的东西浓度要够，让顾客每次来看的都是这些东西，形成强刺激。红白格台布是西贝品牌属性符号，全国一代店都要用红白格台布。莜面档摆放的东西要跟莜面产品强关联，与莜面无关的产品要全部撤掉。食材要新鲜，突出“健康抓关键，主食吃莜面”。

提升老店环境，对标“无印良品”场景，在北京打样。用好老板资源，在推进的方向和思路上更加清晰，把翻新做得很巧妙，投入不多但效果很好，为顾客创造环境体验价值。

2023 年 11 月 16 日

跟曾俊珊、刘亮心和霍总到呼市“元義所壹號”考察。

现场品鉴了手工老酸奶，鲜牛奶自然发酵，没有添加，奶香浓郁，包装很便捷。接下来，将优化我们的酸奶：一是味型，二是包装，在卖货上思考，提升顾客的方便性。关于酸奶包装设计，霍总和贺老师沟通出一版方案，俊珊和张铭老师也沟通出一版方案，然后将这两版方案进行整体对比，选更适合我们的。

奶皮卷的口感不错，吃起来不会腻，很地道。我们上奶皮卷要有国标，这件事由霍总办理。牛肉干的口感比我们原来的柔和一些。

整体看了人家的产品，启发了我们的研发思路，我们有自己的牧场和工厂、优质奶源，开发出西贝自己的系列甜品，既有风味特色，又健康，跟我们的品牌属性特别符合，更能支持我们创收。

2023 年 11 月 18 日

组织采供部蔬菜组、导师组召开蔬菜成本优化会议。

目前已梳理完成 15 种原料，最核心的是导师的标准，直接决定了蔬菜的出成率。从源头上进行整体优化，将原来“在净菜工厂清洗、改刀”的标准调整为“去杂”，减少中间费用加价。罗马生菜原来是在净菜工厂改刀，现在是整颗回到门店，我们自己改刀，这样既新鲜，出成率又高。按照这个方向和思路继续梳理其他原料。

对净菜工厂的价格也要有管理约束机制。在现有供应商的基础上，我们另外找到 3 家新的净菜工厂来竞价。在保证供货质量的前提、北京同标准、同用量的情况下，对比 4 家工厂的供货价格，通过竞争来降低整体供货成本。

蔬菜原料回到门店切配，目前已经选好了工具。原来店里有 20 多项切配标准，现在已经统一优化为 8 项标准，集中之后能提高门店切配效率，不用另外增加人手。导师组继续推进门店测试。

2023 年 11 月 19 日

收到老板关于对客品牌承诺优化的赋能，跟团队进行现场演练优化。

为顾客介绍现在的品牌承诺时，语言有点生硬和突兀，因此老板提出在前面加一句我们服务员的自我介绍，这样就有一个自然的切入点过渡；同时在承诺完之后再加上一句“随时招呼我，我乐意为您服务”，跟现场的服务场景契合，既严肃，又自然亲切。

跟团队在现场做了演练，代入自己，把自己当成服务员，反复体感、提炼，内容口语化，让员工好记好说。在老板赋能的基础上进行了优化，在结尾加上“祝您用餐愉快！”，把我们“实心诚意为顾客服务”的感觉融进去，一切为了顾客吃好。

您好！

我是您的服务员小董，

I love 莜。

西贝向您承诺：
闭着眼睛点，
道道都好吃，
不好吃不要钱，
25分钟上齐所有菜品。
祝您用餐愉快！

2023年11月20日

在上海召开营运贯标华东地区第4季度复盘会。

第4季度莜面村事业部营运巡店团队对华东地区4个分部151家店进行了全面检核。复盘会从服务场景、顾客体验、外卖、生产和食品安全版块进行了整体呈现，分享优秀门店亮点，曝光重点问题，目的就是为了推动标准极致执行落地，全面提升基础管理水平。

华东地区门店都在对齐公司战略行动，但执行的水平参差不齐，营运区及支部的管理能力有差距。复盘会就是一个大的学习培训场，分享优秀案例，丁恒和郝永权从沙漠回来之后在厨房周一至周四训练上执行到位，是全国最佳实践，故奖励他们3万元。跟做得差的营运区及支部徐艳、田朝东、董桓丞、苏贺现场互动，做案例分享，互动就是触动，强化责任担当，提升思维认知，扎扎实实改善。

曝光出门店的场景败相，有的用品脏污破损，有的老店舍不得投入，在环境上凑合，影响顾客体验。老店也要干干净净，该投入的就必须投入，因为生意不是靠省出来的，而是靠好体验不断地往来叫客，让他们觉得好再来才是最大的创客力。管理者带团队要拓下模子，场景的维护管理要做到日常化，落实到每一天的日用常行当中，为顾客创造环境好体验，为品牌加分。

顾客体验暗访由汪婷婷带队，从顾客角度全面体验并反馈问题，整体看到门店在迎宾、候餐、领位、餐中服务、结账和送客环节上做得不错，但有的门店在迎宾主动创客、为顾客倒第一杯水、品牌承诺和菜品服务上还需要提升，原因主要是强化训练没有落实到位，分部收到了问题，明确了改善方向，做到顾客全满意、员工好状态。

品质外卖是我们营收的重要增长点，反馈出公司下发的打包标准没有执行到位。在品质外卖的贯标上要加强，标准不能只是放到云学堂上，而要组织导师下到门店贯标。张杰外卖营运落地就是优化好标准，提取优秀分部最佳实践好案例，输送到做得最差的营运区和支部，紧盯落实改善。每周总结基础项没有做到的问题，给到分部老大和外卖负责人，推动整改问题。

食安和安全是企业底线，必须强管控。要大力提升一代店的食安管理水平，食安就是一把手工程，分部老大要把模子拓下，大店店长负责抓落地。基础的卫生问题比较集中，配套的清洁工器具按店型统配，12 月到店，提升清洁效率。安全上要对分部负责人员进行监督，必须在源头上高度重视安全生产工作，高压锅防堵安全帽由分部总厨落实更新防堵帽，保证换下来的安全帽回收到位，同时安全部从源头沟通厂家更换到位。

莜面村事业部营运团队全面下店，看到了各个分部落地的实际情况，也看到了大家在极致执行标准上的差距。“带人带作风，管人管行为”，管理者在标准执行上必须下定决心，要有狠劲。对于做得差的门店，分部老大带上团队帮助他们实实在在地改善提升，大家比学赶帮超，在下一轮检核中要有明显提升。看到分部老大带领团队的整体势能士气都不错，11 月和 12 月创客、创收、创利目标非常有挑战性，大家都在行动。莜面村事业部和分部协同作战，共同服务好门店，创造业务的高质量增长。

2023 年 11 月 21 日

一、全国三代店堂食菜单梳理完毕。

我们是风味特色餐厅，整体梳理的思路是聚焦我们核心——牛羊莜产品，把我们的特色做好、做精，成为经典。减掉了日均销售份数少的菜品，聚焦原料集中，采购端的供货、门店的加工生产效率都能提升。

全国三代店堂食菜单梳理完后是49道菜、儿童餐10道。三代店的菜品库统一下架28道菜品，在2024年1月15日之前完成，跟计调对接好原料订单及排产计划，支持门店顺利切换。

二、会员商城张萌团队推进贾国慧分部会员活动落地。

会员增长是一个积累的过程，要持续建立和会员的链接。会员运营的核心是服务内容运营，沟通后达成共识：周二会员日每周链接和黑、白金礼遇每月链接，每周、每月都有服务触点，提升会员的尊享感。

黑白金会员是我们最重要的会员资产，在门店要扎扎实实服务好每一桌到店的黑白金会员。12月黑白金礼遇活动，可以用会员商城的清水河有机小米，用甄选的好产品做链接。储值即会员，储值会员大部分又是我们的黑白金会员，储值活动要继续做起来，提升储值占比，从而增加核心会员占比。储值送甄选的好产品，对顾客更有价值感，同时也能链接到会员商城，带动线上会员服务。

2023年11月22日

一、在南京，召开分部2024年预算会议，给团队赋能。

2024年门店经营有效行动，必须要保障打胜仗，关键是支部经理要进去，自己的认知要提升。管理者不能脸薄，不能因为怕担责，所以不作为，不挑战难点。管理者带团队要提升自己的段位，对“被怼”要有正确的理解和区辨，认识到了问题，就马上改，在事情里不断地练，实现自我提升。

支部经理要和每家店的三剑客支部经理要和每家店的二剑客就创客创收利奖励机制达成共识，敢于将全年达成营收、利润目标后增出来的超额部分分给三剑客，放大奖励激发他们更大动力。按月按季按年奖励的节奏动态调控，核心是激发一线持续的创客力。

用好0.6%爱顾客之星奖，奖励好四梁八柱和优秀员工，每个月发好，一切围绕经营目标的达成。管理者要把核心的工作拎得住，造场造势，把员工激发好，提升员工积极性，员工更有动力服务好顾客，实现从心出发爱顾客。

基础保障的能力项必须具备，就是按公司的基础能力项考核执行，不能再给门店增加考核制度。管理者不能成为懒人，不能通过考核来要成果。餐饮是勤行，就是自己进去不断赋能，帮助门店不断提升，达到顾客全满意、员工好状态。

二、刘亮心总导师和超厨田总团队在上海测试了 3 款超厨生产的委外产品，推进委外产品收回超厨加工工作。

成立委外产品收回项目组以来，超厨田总团队和导师们协同推进工作。现场盲测了 3 款产品——儿童餐鸡翅、蒜味番茄酱和炒制番茄酱，炒制番茄酱符合标准，确认收回由超厨直接生产。

蒜味番茄酱发酵的口感和酸度都不错，但番茄汤的底味层次感不足。儿童餐鸡翅整体效果不错，味型相对接近，色泽、饱满度和目前委外工厂的是一致的，但过于甜，底味不够，有腥味。在现场刘亮心总导师和梁飞导师给了明确的优化方向，并推荐了专门做调味的师傅跟超厨深度链接，共同提升，确保产品达到标准，收回之后增加超厨产能。

注：门店“三剑客”即西贝直营店里的店长、服务经理和厨师长。

2023 年 11 月 23 日

在南京继续召开分部 2024 年预算会议，确认每家店的预算目标，给支部经理赋能生意怎么往上打。

战略驱动，创客创收创利，达成每家门店的经营目标；业务拉动，聚焦销售特色牛羊莜饮品；技术推动，分部巡检使用技术工具，数据结果呈现服务化表达，触动支部经理找到差距，帮助门店梳理改善。支部经理赋能的方式要改变、提升，现在时代不同了，门店中 95 后、00 后的年轻人很多，因此不能再拿曾经的方式去说教，而要用他们接受的方式和他们对话，造场的核心是引领大家达成共识，目标一致，上下一致，劲往一处使。

看了大家设定的激励机制，进行了互动赋能。激励机制的目标设定是“锚”，要有挑战性，才能引领团队不断往上打。对于超额部分的激励，幅度要足够大，才能激发“三剑客”更大的信心，确保打仗的势能士气冲上去。门店激励机制框架是一致的，但具体每家店的激励目标要一店一策，把权力交给每个支部，核心是支部经理对于每家店的经营要真正深入进去，摸清市场，吃透商圈，投入辛苦力、学习力和创造力，苦活、脏活、累活都要干，才能带上团队打好每一场仗。

新店的年度目标就是给支部经理定的，虽然没有历史数据，但是目标的“锚”不能低，科学规划，按月滚动推进，月度目标的设定很关键，支部经理根据生意把控节奏，在经营过程中不断优化、调整措施，带领团队提升组织力，把生意搞上去。

2023年11月24日

李春瑞汇报2024年魔术专项方案，现场沟通赋能。

要把魔术当作一个专项来打造成类似于专业儿童餐的项目，要配备专业导师，和工作室签约，聘请专业魔术师作为培训师、训练鉴定门店选出变魔术的伙伴。门店员工离职更换的频率高，有了专职教练。就能够保证门店伙伴的魔术稳定输出。同时，这些专业的魔术师，节假日在全国3+6重点城市高客流的核心商圈巡回表演魔术，吸引顾客分享传播，提升品牌声誉。

把魔术打造成亮点，加深顾客的服务记忆。工作日主要围绕白领互动，一个小魔术让人心情放松下来，缓解情绪。节假日就服务家庭客群，围绕小朋友生日用魔术送上祝福和生日礼物（爱心小厨玩具），唱生日歌送上生日面，让全家人在西贝过一个惊喜、有趣和难忘的生日。

俊珊跟华与华对接魔术专项思路，于12月底拿出整体策划方案。门店的生日背景画面由俊珊跟张铭老师沟通设计，提升布场的氛围感，延续我们专业儿童餐的设计理念。落实以上行动，提前推进 2024 年重点工作。

2023 年 11 月 26 日

召集全国各分部外卖负责人来北京，就 2024 年品质外卖问题开了一天会议。

现在品质外卖营收占比 35%，2024 年要挑战同店外卖营收增长 10%，全国整体平均占比上到 40% 的目标。品质外卖绝对好，相对贵，持续引领市场优质供给。全天的会议，大家按 3 个版块（平台资源、产品菜单需求和包装升级）分组讨论共建落地方案，对很多成果达成了共识，方向一致，行动聚焦。

强化品质外卖专项组，我自己当组长，3 位副组长马凯荣（负责平台营销）、何海宾（负责生产支持）、龙勇（负责数据分析）在专项上做贡献。华北、华东、华南、西南和西北地区各选出一位小组长。地区要达成共识：一个商圈里面价格必须相同，因为价格不同会造成品牌界面输出不一致，莜面村事业部从源头加强管控。

整体提高资源的投入。2023 年品质外卖营收预计达到 18.5 亿元，平台推广投入 4 500 万元（占外卖营收的 2.5%）；2024 年挑战品质外卖营收达到 22 亿元，平台推广投入 6 600 万元（占外卖营收比 3%）。根据平台营收占比规划，美团 4 000 万，饿了么 2 600 万，跟平台商谈提高返点，给的资源必须是对我们有用的。每周四品牌日在全国统一搞活动，配套专属物料，长期宣传，提升顾客认知。

马凯荣提出对配送范围进行优化，同样的商圈不要跟自己比，而要跟单量最大的品牌对比，我们的配送半径必须超过它，这样才能持续有热度。争取平台资源实现配送范围最大化。找平台增加专送、快送和全城送服务权益，服务范围要远高于其他品牌。推广资源的投入不能分散，要和我们品牌属性强关联，聚焦我们全年 3 大营销节日（莜面美食节、儿童美食节和那达慕美食节）对平台的投入，每个节日都是持续2到3个月，时间长更容易跟平台要到资源，得到重点扶持，相互借力，增加曝光量，拿出整体规划，明天跟美团当面沟通。这3个重要营销节日，在加大广告投入的同时，配套适当增加优免，提升曝光的有效性，增加下单交易额。

品质外卖产品研发聚焦牛羊莜饮品，不在跟我们属性无关的产品上浪费资源。现在下饭小炒类的一人食市场量大，我们一直重视一人食菜品，研发牛肉下饭小炒类套餐，丰富产品。

大家在分组讨论过程中反馈说我们的菜单图片要优化，看了其他品牌的图片和搜索词，特别有冲击力。我们大盘鸡原来的宣传语是"3个月的鸡"，而农耕记的宣传语是"招牌蝴蝶鱼：鲜美脆爽"，人家说的是顾客可感知的产品价值点，直接标注在菜品图片下方，明确直观。接下来，市场部俊珊要统筹图文并茂的内容产出，图片要有场景感。

关于包装的优化，分部提上需求，我们讨论了很长时间，但一直没有解决。自己直接当组长，亲自盯住往下落实。升级方向，精致有颜值，配得上我们的产品。儿童餐包装参考日式便当包装，突出环保、美观和有趣的主题。烤羊腿、烤羊排包装参考西贝杂粮月饼包装，分为上下两层，讲究品质感。牛大骨包装能固定保持产品品相，体现招牌菜价值。莜面鱼鱼汤使用汤袋，彻底去保鲜膜，颜色和产品匹配更易识别。

2023年11月28日

组织全国营运副总及亲子活动负责人召开2024年餐中魔术打造启动会。

为大家讲解了公司魔术专项的战略意图，把魔术打造成亮点，通过魔术创造惊喜服务，为顾客留下有趣、记忆深刻的好体验。魔术师是关键，人员形象要精致，魔术师服装、道具和推车由公司统配，方便门店，保证落地效果。

餐中魔术聚焦 3 个场景：在工作日沿桌互动，为白领带来轻松一刻；在节假日为家庭顾客送去快乐；“宝贝生日会，全家去西贝”惊喜魔术要营造仪式感。细分每个不同场景，设计跟顾客互动要点，变什么样的魔术、用什么样的话术全部用视频形式呈现，让大家感受到了魔术的奇妙效果，更有信心推动门店落地。

李春瑞团队邀请专业魔术师进行全国魔术集训，12 月全国开展 6 场，每场 3 天，大概培训 540 人。各分部根据培训时间提前选出符合标准的优秀伙伴参加训练鉴定，取得合格证书后上岗，从源头上严格把关。

2023 年 11 月 29 日

在六里桥莜面村研发中心举办全国莜面妹技能大赛。

目前全国门店的莜面妹都已经按照标准配齐，10 月莜面花窝窝上市，受到了顾客好评，门店挑战见台率达到 20% 的目标，在产品上必须保证稳定交付，支持好销售。为了验收全国莜面妹搓花窝窝的技能，莜面村事业部举办了全国莜面妹技能 PK 大赛。

组织各个分部从 626 名莜面妹中选拔出 50 名优秀莜面妹和 20 名导师参赛，设立“莜面窝窝质量最好奖”“莜面窝窝最快奖”“花窝窝又好又快奖”“最佳仪容仪表奖”“最快进步奖”“导师技能 PK 奖”。通过一整天的预赛、决赛，最终评选出各项技能标杆莜面妹，并给她们颁发了莜面妹专属奖杯和奖金。

营造“比学赶帮超”的氛围，树立 A 级莜面妹标杆，造场给大家提供相互学习、分享的机会，把好方法、好经验带回分部，传播出去，带动其他莜面妹共同提升，持续把莜面妹工程打造好，落地“健康抓关键，主食吃莜面”战略。

2023 年 12 月 3 日

一、在六里桥莜面村研发中心试菜。

目前有顾客反馈猪说骨头烩酸菜骨头大肉少，而且炖制过程中容易脱骨，现在的带肉率是30%，测试带肉率40%的猪骨头烩酸菜，肉量多、肉香味够。接下来将统一切换成带肉率40%的猪筒骨，跟采购对接盘点剩余成品库存情况，全国各门店在12月20日前切换完毕。

莜面村要整体提升羊肉汤莜面产品的呈现形式，全国门店12月10日上线羊肉汤花窝窝（锅/碗），花窝窝带笼上桌，服务员为顾客进行分餐操作，增加服务互动，让顾客更有价值感。

二、推进有机沙棘汁上线。

已经确认有机沙棘汁口味，梳理目前工厂加工进度，将于1月15日开始生产。测试的沙棘汁生产厂家吕梁工厂，供应链食安审核通不过，整改的内容比较多，需要食安做重点帮带，如果帮带合规，周期将超过1.5个月。

跟采购作了沟通，让目前供应门店沙棘汁的两个工厂（西安厂、上海厂）申请有机证书，周期大约1.5个月，申请下来就能进行加工。3个工厂同步进行加工，加快有机沙棘汁上线速度。

2023年12月4日

跟进门店品质外卖评价回复率提升。

分析11月门店品质外卖评价回复数据，顾客评价信息总共有71 542条，已回复70 450条，回复率98.5%，其中王龙龙分部、张忠其分部、韩高峰分部、丁波分部、陈永华营运区、何娅娜营运区和赵小丽营运区回复率达到了100%回复。

对每一条评价的回复都是和顾客的一次互动链接，不只是回复差评，也要回复好评。如果在饭点之前回复好评，顾客就会收到一条推送信息，相当于免费增加一次门店曝光，而且人群特别精准，在一定程度上也增加了顾客下单的概率。顾客点外卖从线上平台下单，我们要用好每一次触达顾客的机会，认真做好回复。顾客体验汪婷婷团队按天追踪，推动门店回复率达到 100%。

2023 年 12 月 8 日

线上参加齐总、孟总《美国，我们来了》直播分享会学习。

听齐总跟孟总分享说他们到美国实地考察，对餐饮市场有了更进一步的了解。美国是全球第一大经济体，人们消费力强，文化包容性强。美国现有中餐的供给质量不高，跟我们国内中餐水平相比差距大。鼎泰丰优质中餐供给服务美国主流人群，生意火爆，这些都是我们西贝“出海”的机会。美国人主要吃牛肉、鸡肉和鱼肉，喜欢甜食，我们制订“出海”菜单时要充分考虑当地饮食特点，考虑得很全面。

感受到了齐总、孟总对“出海”创业信心十足，为他们点赞！西贝“出海”，跟我们的愿景和使命直接相连，西贝有很强的美食“基因”，通过“出海”开店，把西贝美食带到全世界，让人们吃到地道的中餐美食。

2023 年 12 月 11 日

2024 年，一定要用好线上平台，在营销端“玩”起来，提升线上叫客力，召开市场营销跟营运落地会议。

从今年第 4 季度生意来看，市场竞争更加激烈，受 3 年疫情影响，人们的消费力有所衰减。在这样的市场形势下，我们更要把自己做强、做牛，争当市场第一。我们原来在线下发券的传统打法起到的作用已经不大，应整体布局，2024 年所有线上平台营销活动，不断投入，从线上往来叫客。

围绕我们的特色风味开发引流产品，配套支撑全年线上平台营销玩法。每个季度都有创新产品，能站得住，支持堂食和外卖引流。我们推出的莜面花窝窝，对经典莜面产品造型进行创新，提升了产品呈现的价值感，研发就沿着这样的思路进行，不能乱研发。

最近见了各个平台，对自己的触动很大。2024 年的生意不能闭门造车，要自己亲自挂帅，深入进去，不断学习，看到每条线上平台创客方法的不同，拿回来为我们西贝所用。坚持我们的营销主张，用好平台资源，明天见抖音本地生活平台领导，后天召开导师季度新品研发方向沟通会，整体统筹推进落地。

2023 年 12 月 12 日

营运服务团队组织召开门店场景败相问题专题会。

结合全国巡店发现的重点场景问题，营运团队跟场景设计部团队一起优化了门店场景标准 4 必做：品牌形象高标准地执行、招牌档口烟火气十足、空间环境舒适宜人、消除杂乱破败相，核心是为顾客创造舒适、干净的用餐环境。

环境场景也是顾客考量的一个重要因素。跟大家明确：台布是公司品牌符号，必须做到一致，不能脏、破、皱和褪色。顾客用餐桌椅（包括沙发座）不能破损、脏污、晃动，而要干干净净，这些细节跟顾客体验直接相关，场景维护管理要做到日常化，分部支部教练要帮带门店梳理流程，拓下模子。营运团队全国巡店，持续追踪推动门店落地，为顾客创造环境好体验。

2023 年 12 月 13 日

跟导师们召开 2024 年产品研发规划沟通会。

产品研发由营销统领，市场部拿出全年营销日历和大营销节日规划给导师们讲述，现场作了沟通互动，把每个人的研发方向梳理得特别清楚，匹配到自己工作当中。

已经将全国菜单目前梳理一致，建立适合各个地区的时令蔬菜产品库，丰富味型，协同采购做好供应，应季上新，让顾客尝鲜。全年对经典产品进行两次优化，持续迭代，强化风味。

莜面村明年的核心是创客、创收、创利，提升线上创客力；围绕全年营销日历和3大营销节日开发出具有我们特色属性的引流新品，好吃，站得住；策划推广活动，配套线上各个平台传播，线下门店做好体验，线上线下联动，推高品牌声誉，带动客流增长。

3大营销节日要重点打爆，3月启动有机莜面美食节，“吃过香椿，才算春天”，油泼香椿莜面每年3月20日上市，2024年提前到3月1日“抢鲜”上市，市场稀缺，只卖45天。虽然刚开始香椿的价格高，但是综合算下来的成本不会高，关键是领先市场，让顾客提前吃到特色。

6~8月暑假儿童美食节，聚焦“宝贝生日会，全家去西贝”，规划配套行动，贯穿全年。现在我们的儿童餐产品已经有了基础，2024年要考虑如何做出彩，儿童餐产品和营销活动绑定，通过“爱心小厨”IP、儿童玩具升级IP联名，抓住小朋友的心，增加亲子家庭到店消费概率。

秋冬季西贝那达慕羊肉美食节突出草原羊肉风味特色，产品端更要研发出牛肉产品，造场造势，有效扩大传播力。

针对全年的节日（女神节、母亲节、端午节、父亲节和中秋节），要策划出跟节日概念符合的主题活动，配套研发跟西贝风味属性一致的新品，从源头提高标准化程度，让门店操作落地。借助节日热点，用好平台资源，制造话题，做好传播。

外卖新品研发可以跟堂食错开，实行专供；在研发上要打开思路，推出适合年轻人口味的下饭菜，精致妈妈、都市白领更喜欢的健康餐；外卖产品命名也要适当调整，名字要符合平台分类推荐规则，以获得更多流量，支持外卖业务增长。

在贯标落标上，许慧带着贯标导师洞察每个地区市场需求变化，然后将发现反馈给研发导师，做好研发支持。强化贯标，把分部导师联动好，严格稽核周一到周四的训练落地情况，有没有做训练、训练的质量如何，明确小时工配比、能干什么工作，给门店以指引，在灵活用工的同时要保证产品稳定地交付。全国生产，一以贯之，力出一孔。

2024 年目标为客流增长 10%，单客涨 5 元，统一规划全年营销节日，研发新品支持引流创客，提升产品叫客力，创造性地实现营收增长。

2023 年 12 月 15 日

一、收到丽平总关于呼市大学路店、满都海店的体验反馈说服务、菜品存在一系列问题，派营运团队和导师迅速到现场解决问题，整改提升。

在服务方面，存在顾客上二楼无人接待、品牌承诺“不好吃不要钱”未兑现、餐中高峰期电梯运输建筑垃圾等问题。核心是店长、服务经理日常标准不够高，对员工缺少训练，服务专业性不够。管理就是抓住关键的小事，高标准地落地。营运部要针对一代店特殊的服务场景制订标准，全国统一，将品牌承诺未兑现纳入底线，加大稽核力度，扎扎实实地做到。店长不在店，楼层经理不清楚店长去了哪里。店长必须驻店工作，在店期间当好每一餐的值班店长。同时还要培养服务经理、楼层经理掌握值班店长技能。店长有事情确实需要离开门店时，必须交接给值班店长，现场管理不能断档。梳理明确值班标准，营运团队全国稽核落地。

在菜品方面，上羊蝎子膻、硬和不入味的问题，已经派导师到门店具体测试，从原料、工艺上排查原因，整改到位。陶瓷餐具底座容易脏、显得破旧、破损率高，统一更换为小锅牛肉新餐具底座，已安排订货。全国支部总厨技能 PK 赛结束后（12 月 21 日），刘亮心总导师带团队到呼市全面梳理一代店产品，强化贯标，提升整体出品质量。

现场暴露出来的管理问题，要在源头上加强管控。必须加强对一代店的监管，分部老大在生意上可以有自己的思路，但在公司品牌的一致性上必须按标准做到。“带人带作风，管人管行为”，带团队投入时间拓好模子，提升组织力，服务好顾客，才能长久地把生意做好。

二、推进全国菜品标准优化建议奖励机制落实。

全国菜品定标和创新权力收归莜面村事业部统一管理，同时成立菜品标准化优化评审委员会，刘亮心总导师跟研发导师作为评审官，评选出对菜品有实质性帮助的建议，给予相应奖励，鼓励一线伙伴共创优化。

现在门店伙伴通过云学堂学习菜品 SOP，增加菜品优化建议窗口，大家可以在学习的同时提出菜品建议。设立 3 个优化建议收集维度，优化工艺，提升菜品品质；优化工器具设备，提升效率；优化 SOP 语言，使描述更加精准；用好一线员工智慧，让标准更加实用、好用。

2023 年 12 月 16 日

分部老大协同张屏总团队落实老店环境提升优化行动。在顾客体验上敢于投入，增强商圈竞争力，支持 2024 年创客、创收、创利目标的达成。

贾国慧：和张屏团队转了杭州、上海的场，一起就老店环境提升达成共识：一是店门口和外立面不能暗、乱，既要有品牌调性、品质感，又要有亲和力；二是档口要重新整理优化，突出“蒙古牛大骨”“羊在草原跑、肉在西贝烤”，要露出专业儿童餐“家有宝贝就吃西贝”“健康抓关键，主食吃莜面”，牛羊肉、儿童餐是叫客产品；三是座椅问题，商场里单客 100~150 元的品牌店以皮椅和卡座居多，我们也要投钱提升座椅，增加舒适度，顾客体验好就会再来。

2023 年 12 月 17 日

一、营运团队巡视呼市大学路店、满都海店，帮助门店改善提升。

从整体服务上可以看出，散台服务按标准执行，喜悦热情，但两家店餐前准备不足，检查不够细致，基础管理标准需要加强。

满都海店包间生日服务氛围较好，快乐小分队给顾客唱生日歌、端上蛋糕、配上音乐，顾客很开心。下周去北京学习魔术后回来重新优化生日餐流程，以魔术为主做出彩。现场作了沟通，要配够包间服务人手，才能保证高峰期服务的及时性。包间餐具、茶壶全部统一成六里桥旗舰店同款，不符合边距标准的转盘全部更换掉，整体包间服务细节和专业度需要提升。

呼市大学路店，电梯上2楼后迎宾热情领位，但3楼领位衔接有一定缺失。选人标准较高，基本都是年轻伙伴，状态好。同一包间内出现4种不同尺寸的碗，而且椅子面不统一，现场作了沟通，必须统一，管理者的标准要提高。

周一上午对呼市5家门店进行培训，详细讲解目前的服务标准、仪容仪表和场景环境标准。包间服务标准（包括餐具、摆台）全部统一成六里桥旗舰店服务标准，做到品牌输出的一致性。

二、跟进全国门店值班店长排班落地。

每家门店每一餐都必须有值班店长，而且要在系统里排班，值班店长对整个门店当餐的运营管理负全责。对排班系统进行追踪，赵小丽营运区表现较好，所有门店全部安排了值班店长。其他分部在执行力上需要加强。2024年的经营目标需要分解到每一天、每一餐，值班店长是关键，他要明确职责和挑战目标，带领团队服务好顾客，创客、创收、创利。

三、六里桥旗舰店在包间生意上打造好生日宴，精心组织布场，融入服务情感链接，突出仪式感，感动顾客，形成口碑。在六里桥旗舰店打好样，输出到全国一代店，让其成为我们的服务亮点。

2023年12月18日

今天是发烧的第6天，烧完之后感觉浑身难受，肌肉疼、关节疼、喉咙疼，出虚汗，医生给我开了药，继续输液治疗。我感染了全国性的病菌，这次感染的人比较多，自己染上了就要好好治疗，靠时间一点一点地恢复健康。

老板让我去沙漠参加冬季那达慕，向餐饮界的3位大咖学习，这么好的机会我却没有去到现场。看了参加伙伴的作业分享，感受到了现场氛围，将他们的经验链接到自己工作当中，很有收获。海底捞张大哥是普通人出身，把业务做大、做牛了，分享出来的能量场就会不一样。每个企业都有自己的文化基因，要分辨哪些是可学的、哪些是不可学的，更加自信，专注把我们自己的业务做牛，领先市场。

对“常识”有了更深的理解，工作是建立在“常识”基础之上的，这些常识既是对人性的洞察，也是多年管理经验的总结，需要反复修炼、提升自己。

对“最小作战单元”要精准定义，门店就是我们的最小作战单元。2024年莜面村经营目标要想达成，要“创、抢、管、强激励”。其中“强激励”的核心就是充分激发店长的活力，敢放权、敢分利，对完成目标之外的超额部分给予店长等人激励，引领和带动分部老大一起落地好门店创客、创收、创利机制。

海底捞的创新机制很先进：创新源自务实的工作态度，围绕自己企业属性坚持微创新，敢于让一线探索、自下而上，总部在创新机制上引导自上而下，上下一致，组织的合力就会更强。2024年莜面村要重点加强在经营上的创新，在品牌一致性的基础之上对经营上的创新要鼓励试点，给予政策支持，要对做出贡献的进行表彰奖励。一线离顾客和市场最近，把“炮火”架好，激活一线。

餐饮冠军赛竞争的是极致体验，在争第一的过程中干部要能上能下，这样组织活力才会更强。2024年莜面村要把干部的末位淘汰制执行好，淘汰也是“爱”——降级使用、给他们时间学专业长本事，获得成长机会，提升岗位胜任力，要有“温度”地做到做好。

2023 年 12 月 20 日

参加西贝莜面村品牌务虚会，受到老板赋能。

一、鲜是天道，辣是霸道，香是王道。参考中国白酒的主要香型——酱香、浓香和清香，对中国菜进行了分类：粤菜鲜香，川湘菜辣香，而西贝要做“脂香派”的开创者，这个战略创新对莜面村来说是统领，既引领产品研发，又配套服务落地，用服务话术传播出去，形成顾客价值闭环，从而在市场上立起来，跟鲜香派、辣香派明显区分，创建我们独特的竞争优势。

脂肪是第一呈香物质，菜品研发端要在油的使用上发力。做菜用油是专业工作，非常讲究，选出适配菜品、增添菜品香味的油脂（植物油、动物油脂），真正激发出每道菜的香味，好吃，站得住，落地“好吃”战略。导师在研发过程中自己要深度参与进去，一起在源头端优化，不要想着省钱，而要做好，提高要价能力。

二、一切经营活动围绕菜单。我们是风味餐厅，对菜单结构的优化要整体思考。聚焦“草原的牛羊肉、乡野的五谷杂粮”，结合脂香派的方向，在菜品用油上进行优化，提升菜品的香味，增加风味餐厅的魅力，让产品的“香味”给顾客留下深刻记忆。

“那达慕羊肉美食节”提升了羊肉产品的占比，让更多顾客吃到了我们的羊肉产品，形成了“顾客吃烤羊来西贝”的认知。牛羊产品都是西贝特色，在销售上有整体的结构配比，有的顾客喜欢吃羊肉，而有的则喜欢吃牛肉，都要满足好他们。跟分部定了牛大骨销售目标，12 月牛大骨占比已经从 11% 提升到了 14%，继续强化门店堆头展示，让门店更有卖场氛围。

梳理“羊有九香”产品，草原羊三香、清炖手扒肉 1 月下架，销量不佳的羊肉肠、羊三拼 2 月份下架，正常售卖草原羊蝎子。现在的草原羊蝎子没有进行真空塑封，保质期是两年，但是过了一年之后会存在表面风干的现象，2024 年进行真空塑封优化，保证原料品质。

2023 年 12 月 21 日

参加公司年会筹备会议，受到老板赋能。

2024 年 1 月 13 日至 15 日，公司将召开年会暨合伙人大会。合伙人、受表彰的干部员工都要参会，同时选派一些有潜力的年轻干部参加，让他们感受年会氛围，对他们也是很大的激励。

年会最后一天是表彰会，表彰优秀个人和团队，让获奖的人受到鼓舞，点燃现场氛围。奖项的含金量是关键，自己和分部老大要严格把关筛选，提报获奖名单，同时要有具体案例起到激励作用。之前已经就在年会奖项的建议，跟林男总团队深度共建，接下来还要深入互动，把年会的奖颁好，给大家鼓劲。

任何会议都不能影响门店一线接待顾客的质量，也不能走风漏气，更不能削弱一线的战斗力。不管是公司的会议还是分部支部门店组织的会议，都要按这个原则执行。分部老大统筹做好参会人员安排，保障好门店营运现场。

2023 年 12 月 22 日

收到丽平总反馈说门店服务中出现动作慢问题，影响顾客就餐体验，要落实整改。

现场服务员为一位顾客组合空气馍夹烤羊腿，用时 26 秒，时间长，速度慢。服务动作既要按标准执行，又要训练有素，快速、准确和友好是专业的体现。营运团队梳理优化 SOP，增加服务动作操作时间要求，现场测试定出标准，明确包一个烤羊腿要多少秒，给到门店训练目标指引，推动门店伙伴反复练习以熟练掌握。

2023 年 12 月 24 日

12 月 22 日是冬至，华东和华南地区门店用节日属性产品——羊肉水饺链接黑、白金会员，为门店创客。

12 月 21 日启动线上推广，企业微信私信一对一触达，门店四梁八柱发朋友圈宣传，门店商圈公众号推广。12月22日莜面村公众号推文“冬至团圆节，西贝请您吃水饺”。华东贾国慧分部及上海、杭州地区所有门店共链接1 083桌黑、白金会员，华南齐立强分部链接671桌黑、白金会员。

活动得到了顾客的点赞，他们感受到了西贝对自己的重视，反馈说：“今天冬至还能吃到现包的羊肉水饺，我是他们家的黑金会员，获送了一份水饺，很喜欢西贝重视顾客，下次要多带几个朋友去吃。”“冬至吃饺子，就去西贝。今天凭会员卡获送了一份水饺，我是西贝忠诚粉丝，过节都会有礼物收，说明西贝很重视我们消费者，必须继续支持西贝。”

聚焦全年营销日历策划会员营销活动，服务在线化表达，突出会员服务尊享感。节日是链接顾客的好机会，华东和华南顾客反响不错，接下来的腊八节和元宵节上线全国活动，提升线上创客力，为门店引流。

2023年12月27日

一、在南京带领团队到“孩子王”交流学习。

“孩子王”是母婴零售行业领先品牌。联合创始人徐总作了分享，“孩子王”的运营核心是科技力量 + 人性服务，以用户为中心，做重度会员、单客经济，深度满足每个用户的需求。“孩子王”有7 000多名育儿顾问，跟顾客深度链接提供个性化服务。要重新定义会员本身，会员就是跟自己的商业品牌有情感的用户。用互动作情感抓手，会员运营中互动是基础能力，一年举办25万多场线下互动活动。

数字化带给消费者信息对称，提升了他们的专业性，以用户为中心生产内容，让他们真正看得到、吃得着、摸得着，把一个消费者的真正体验传递给下一个消费者，口碑成为购买依据。“孩子王”线下店被定义为：城市的线下儿童社区，触达更多家庭顾客。数字化工具赋能运营，育儿顾问的“人客合一”系统让育儿顾问可以在手机端掌握自己的客户资料、喜好，为顾客有针对性地推荐产品和个性化服务。以前一个育儿顾问服务 300 多个顾客，现在通过系统可以服务 4 000~5 000 个顾客，服务精准效率高。

反思我们“家有宝贝，就吃西贝”战略 2024 年该如何升级？核心就是要有数字化系统工具，让现场服务人员能精准了解每个会员的消费习惯、孩子信息，通过会员信息分类标签为市场部的内容制订输出提供精准的依据，提高内容触达能力。同时，还能为我们的“宝贝生日会”和“亲子活动”链接到更多参加的亲子家庭。亲子活动是“家有宝贝，就吃西贝”战略落地的重要形式，通过情感链接产生交互，好体验带来口碑传播，持续往好做，打上去还要守得住。

二、做好莜面村事业部年度绩效评价。

2023 年的绩效评价结果与年终奖直接挂钩。各个部门负责人开始组织内部述职评价，对照 2023 年目标和工作职责，围绕服务门店，梳理清楚帮助门店做到了什么、哪些方面需要提升，要方向明确，实事求是，拿成果申请年终奖。大家提报上来，统一把关校准。

要拉开年终奖差距，导向多做贡献者多拿奖金，聚焦公司战略，对 2023 年产出高业绩、创造价值和做出贡献的伙伴加大激励，给他们“加满油”，激发他们更大干劲，提升效能。绩效评价是战略落地的重要抓手，同时梳理出每位伙伴为实现 2024 年公司目标而要做的关键行动，“说我所做，做我所说”，颗粒度更细，精准激励，提升团队组织力。

2023 年 12 月 29 日

门店魔术表演受到顾客点赞。

12 月 23~24 日两天（上周六、日）共收到顾客对魔术的点赞信息 169 条（大众点评 154 条、客访 15 条），其中王龙龙分部最高，有 47 条，高泽平分部 37 条，贾国慧分部 29 条。表现较好的门店有：北京顺义华联店（王龙龙分部）、朝阳门店（高泽平分部），青岛万象城店（贾国慧分部）。魔术表演给顾客带来了新的感受，候餐环节顾客点赞魔术精彩、氛围好，让候餐不再无聊，带来很多欢乐；餐中顾客快吃完时来个小魔术，同时还赠送魔术小玩具，孩子喜欢，有参与感。

顾客说："西贝一直是宝贝喜欢用餐的地方，今天去排了好久的队，但是并不像以前那么无聊了，等餐时还有魔术表演，特别精彩，孩子喜欢得不得了，回家后还一直在说西贝的魔术，还要去看，挺新奇的，为西贝点赞！"

顾客对魔术的点赞大部分发布到了大众点评上，魔术表演为顾客带去了有趣、记忆深刻的体验，带动顾客自发地分享传播。分部老大要细化好门店魔术服务落地机制，持续表演好魔术，把魔术打造成服务亮点。

2023 年 12 月 30 日

北京合生汇店（高泽平分部）获得抖音"城市风味榜"上榜商家荣誉。

"城市风味榜"是抖音为了对标大众点评"必吃榜"打造的，帮助顾客"发现城市好味道"，分享特色美味，作为选择用餐地点的参考。目前已经发榜两次，全国有 21 个热门城市设立榜单。榜单主要结合商户门店的经营能力、交易能力和评分评价进行评比，筛选受欢迎、口碑好、经营强的优质特色好店，成为顾客信赖的"城市特色风味指南"。

2023 年 12 月 31 日

元旦期间，莜面村事业部全面下到门店服务检核，支持门店稳定交付。我自己下到华东地区的上海、南京，华南地区的南宁，在现场看了新开门店的情况，给团队赋能。

要做难而正确的事。2024 年我们挑战客流和营收都增长 10% 的目标。做生意“省是有限的，创造是无限的”，如果老想着省钱，在顾客跟员工身上就不敢投入，会削弱品牌竞争力。生意不是省出来的，而是创造出来的。

难不在于想到，而在于做到。每家门店的目标设定好之后，核心是要做到一店一策，用好 2% 创客、创收、创利机制，强激励、敢放权，运用好“创、抢、管、强激励”工作闭环。工作日用外卖创收，节假日用候餐创客，环境上上下下都整整齐齐、里里外外都干干净净，没有败相。饭菜服务上强化训练持续做到，在门店“三剑客”的选人和训练上下功夫，把门店员工的状态激发好，提升组织力。沉住气、戳住劲、不取巧，扎扎实实地往上打，顾客有了好体验，我们才能实现增长。

要把苦活累活做好做细。回顾全年的营运工作，发现门店的基础有了提升，但没有做出彩，在一些细节上没有做到，就像炒菜欠了点火候一样，缺那么一股劲。细节决定成败，管理者要想把工作做细，就必须注重细节，核心是提高自身标准，向自己发起挑战，若做不好就跟自己没完。只有自己的标准高了，才能带领团队提升。工作要想做出彩，就要有敢挑战的劲，投入时间和精力，洞察市场变化，链接到团队，不断学习提升。

要年年、月月、天天做好做细。分部支部干部要当好教练，细化达成目标的核心动作，每日复盘、每周总结、每月表彰，辛苦力打底，深入进现场现地现物，做到复盘有理有据，现场表彰的仪式感要够，树标杆、立榜样，分享最佳实践，服务好门店。

2024年

1月1日—10月9日

价值评价决定价值分配，价值分配拉动价值创造。

面对面的坦诚，背靠背的信任，肩并肩的作战。

不能用权力压人，不能用力过猛，要高标准，好心态，慢下来。

心态决定心力，心力决定战斗力，战斗力决定生产力，生产力决定竞争力。

2024 年 1 月 1 日

2023 年 12 月 31 日当天净营收 3 061 万元，单日净营收创下 2023 年新高，同时也是历史第二高（第一高为 2020 年元旦的净营收 3 156 万元），圆满收官。

2023 年在节假日营收突破上整体取得了效果，分部老大高度重视节假日生意，带领团队在落地过程中不断优化，总结形成了有效打法，上下一致，一以贯之。

这次元旦假期，分部老大提前组织团队召开创新高挑战会议，对目标达成共识，排兵布阵，厨房伙伴早早就进店预制保证交付，店长开好岗会给全员提士气，迎宾岗高配，与散服伙伴通力配合，撤餐岗用熟练小时工，保证翻台速度。有的门店到晚上 12 点还在接待参加跨年活动的顾客，闭餐后给团队兑现奖励，同时发新年红包，为一线辛苦付出的伙伴加油。

2024 年开启新的一年，目标为营收、客流都增长 10%，把“创、抢、管、强激励”机制实实在在地落地。在每一期的沙漠课程上已经跟干部们达成共识，上下贯通，接下来挑战的就是做到、做好、做出彩。每一个节假日，每一家店门迎岗创客、候餐服务和魔术表演都要做到位，降低流失率。同时从线上往来叫客，用优质内容触达顾客，为门店引流，门店做好服务承接。顾客有了好体验会就形成复购，不断提升创客力。用好 2% 创客、创收、创利机制，奖励好优秀门店。

给大家发了红包，祝大家新年快乐。2024 年将带领分部老大一起服务好门店，提升品牌势能，创客、创收、创利，实现业绩增长。

2024 年 1 月 2 日

召开营运会议落实莜面村事业部、分部支部门店全员学习转发老板新年贺词，吹响新年冲锋号。

大家感受到了公司发展的高势能，备受鼓舞，信心更足，业务的增长是全体伙伴集体奋斗的成果。36 年的 36 句话，每一句话都是对餐饮的本质理解，用大白话描述，意义非常深刻，管理者不仅要学习领悟，而且要挑战自己如何做到。一切回到源头，把基础打好。2024 年，将带领莜面村事业部“尊重常识，苦练基本功，实现高质量的增长”。

老板在新年贺词中讲道：贾国龙小锅牛肉业务落实“时薪日奖月分红”制度，更好激励一线伙伴，为顾客创造价值。推进落实莜面村门店的“时薪日奖月分红”激励制度。在时薪方面，细化每个岗位的工作内容，把工作时间排满，从月薪到时薪拆分得更细，每个员工要完成的工作任务很明确，按标准完成，拿到相应时薪。

加大激励，根据营收目标和顾客满意目标把现在 0.6%“爱顾客之星奖”和 2%“创客、创收、创利奖”，重新细分，哪些是日奖、哪些是周奖、哪些是月奖，都要梳理清楚。周六、日生意忙，对于员工多付出的劳动，要通过奖金包形式，激励好。员工知道自己在哪儿使力，门店管理组精准评价，有效激励每一位为顾客创造价值的伙伴。

2024 年 1 月 7 日

一、推进蔬菜成本优化。

成立项目组，刘亮心总导师任组长，组织导师们从源头优化了标准，对净菜公司供应的蔬菜作了细分，确定了去杂和回门店改刀的原料标准，协同采购整体推进，在保证品质的前提下和供货商谈判降低了成本费用。导师们在门店进行测试，优化小料切配标准（由20种整合为8种），提升了加工效率，小料当天现切现用，做到新鲜稳定。

导师梳理了华东、华南、华北和华中地区的应季蔬菜库，跟大家作了沟通，要精选一些当地有特色的蔬菜，时令上新，让顾客尝鲜。有的蔬菜价值感强但加工时间长，要帮助门店梳理流程，解决难点，上市之后让顾客真的感到眼前一亮。

二、梳理莜面村事业部各部门项目制落地机制。

学了叶老师的课，数字化转型的核心是科学立项，会员增长和亲子活动是公司S级立项，正在有序推进。按照这个思维原理，整体梳理莜面村事业部下设各个部门2024年工作，明确了每个部门的O，部门立项，按照项目制推进。

目标牵引，项目落地。每个部门负责人和下面的每一位伙伴对2024年目标达成共识，每个人的项目都很明确，配套激励机制规划奖金包，拿成果说话。每个季度根据项目完成情况发奖金，持续激发团队动力，服务门店创客、创收、创利，把工作落得更实。

2024年1月13日

一、参加“西贝因我而不同”2024年西贝集团年会暨合伙人大会。

西贝年会公约

（1）禁烟；

（2）限酒；

（3）守时；

（4）爱干净；

（5）做文明西贝人；

（6）西贝因我而不同。

自己是首席禁烟官，跟付建总完善禁烟制度，使其描述具体准确、更加严密，让大家一看就明白，不会引起误解。每个人都代表着西贝的形象，“西贝因我而不同”，从做一个文明人开始，3 天会议期间我带头做到。

带领西贝莜面村事业部、西贝海鲜、99 顶毡房团队作业务汇报。2024 年大挑战大成，目标激发更大动力，创造高质量的增长，西贝因我而不同！

跟老大们做团队展示，大家能量满满，信心十足，郑重承诺：

忠于西贝使命

坚守西贝核心价值观

廉洁奉公

不渎职、不贪污、不受贿、不“种自留地”

集体奋斗

创客、创收、创利

实现高质量地增长！

挑战营收额达到 70 亿元，利润达到 7 亿元！

说到做到，做到做好，做不好就负责任！

势必达成！

学习了其他企业的报告，启发自己完善莜面村创客、创收、创利的落地行动，目标明确，聚焦关键点进行突破。

职能部门保障支持业务部门的行动非常具体，2024 年协同作战，共同服务好门店。

二、晚上观看电影《马姨》和《阿甘正传》。

每一次看《马姨》电影，都会被马姨精神深深感动。马姨工作有原则、标准高、有韧劲，是解决问题的能手。马姨精神就是好汉精神，带领莜面村事业部团队持续学习践行，“做不好跟自己没完！”“我一出现，事情就会有所不同！”

《阿甘正传》讲述了阿甘精彩的人生故事。面对别人怀疑、否定的声音，阿甘从来没有想过放弃，而是乐观面对，最终获得了成功，还帮助丹中尉走出了负面情绪。遇到事情时，选择什么样的心态，决定了结果的差别。我们所经历的事情都是人生阅历，支撑我们能力的提升。来到西贝 31 年，面对难点，我内心坚定，选择挑战突破，一路成长，最终取得了今天的进步。心态决定心力，心力决定战斗力。

2024 年 1 月 14 日

一、参加“西贝因我而不同”2024 年西贝集团年会暨合伙人大会，受到老板赋能。

西贝赛场三原则

正能量：全力以赴为顾客创造价值，理直气壮为自己谋发展，为伙伴谋福利

玩真的：不作假、不惜力，凭本事升职加薪拿奖金

娱乐精神：胜不飘，败不逃，愉快地开始下一次

老板讲述了西贝赛场 3 原则——正能量、玩真的、娱乐精神，对每一条作了详细解释。我们是开餐厅的，好吃的饭菜、舒适的环境和周到的服务，都是顾客价值。2024 年自己带领分部老大落实公司战略，工作要做细做实，服务好门店，提升组织能力，为顾客创造价值。

玩真的、不作假是底线。我们是团队作战，就像一支球队一样，每个人做好自己的本职工作，不丢球、不漏球，全力以赴，不惜力。

既然是赛场，那就会有输有赢，而输赢是相对的关键是要认真复盘改善，愉快地开始下一次。正能量、玩真的、娱乐精神是一个循环，考验的就是管理者的心态，代入自己，学习领会。

全天都在听各个职能部门汇报。大家在自己的领域内为业务做好保障，为公司发展做贡献，行动明确具体，报告讲得很精彩，团队展示形式有创意，感受到了公司年轻干部的成长和活力。

二、观看电影《长安三万里》。

这是我第二次看这部电影了，依然被导演团队的精良制作、精美画面和细节匠心深深震撼。大唐盛世、诗意壮美都精致展现。3 年打磨一部电影，历经诸多挑战，功夫下得足够深。

高适是笨拙之人，没有李白的才情，但是务实沉稳，成长的每一步都走得特别“实”。他苦练武艺，读书艰难不取巧，请学童读书自己跟着读，克服了起点低的困难，最终建立军功，并成为唐朝著名诗人，留下许多边塞诗句，心中的一团锦绣，终有一日脱口而出。

天下事无所不难，要做就做最难的事，坚持做难事，积累的能力就会不一样。2024 年要苦练基本功，实现高质量的增长，挑战的就是我们持续为顾客创造价值的能力，扎扎实实地做到做好。

2024 年 1 月 15 日

一、参加“2023 西贝集团表彰大会”，受到老板赋能。

公司平台创造了大能量场，现场表彰莜面村事业部 2023 年在公司战略项目落地上做出贡献的优秀团队和个人，分部支部门店创客创收创利的金牌教练、金牌店长和金牌厨师长。获奖伙伴受到荣誉激励认可，特别开心，颁奖嘉宾鼓励的拥抱为他们加持，他们干劲更足。公司重用优秀年轻人，涌现出了很多优秀年轻干部，在公司平台有成长、有发展。因为西贝，人生喜悦！

祝贺孟总、刘亮心师傅晋升七星大厨，30 年热爱，坚持不离不弃学习成长，时间累积成果。我跟刘亮心师傅搭过班子，工作推进得特别顺畅。更高荣誉意味着更大担当，2024 年要坚守初心，高标准地极致执行，践行“好吃”战略，挑战达成菜品五星目标。

祝贺慧姐、齐总、忠其总、刘亮心师傅、邓总、武申豹、晋小雨、付国师傅和侯总获得集团老板特别奖。他们在自己的领域为公司做出了贡献，因此获得了公司荣誉和物质奖励。

我自己获得老板特别奖 100 万元，荣誉和物质的分量都特别重。来公司 3 年了，我不断受到老板赋能，提升了认知，特别感谢老板对我的认可，这个奖属于整个莜面村事业部团队。感谢所有服务于莜面村事业部的总部职能部门！大家协同作战，我有今天的成果离不开大家的支持。感谢分部老大带领团队上下一致，一以贯之，以服务心态支持门店，激发一线服务好顾客，共同取得了成果。

老板讲了职业经理人要作的 3 个承诺：一是承诺为公司做贡献，二是承诺专注地为公司做贡献，三是承诺通过建立体系为公司做贡献。现在莜面村工作落地的体系已经有了基础，2024 年将持续引领和带动分部老大为公司做贡献，把荣誉化为动力，实现高质量的增长，西贝因我们而不同！

二、晚上参加“西贝狂欢夜”，节目特别精彩，伙伴们表演得很投入，大家互动的气氛很嗨，享受这美妙的夜晚！

2024 年 1 月 16 日

一、参加西贝发展蓝图研讨会。理查德老师现场跟我们互动对话，在此过程中洞察、区辨、学习，提升了认知。

蓝图在建造一个非凡的西贝，能实现任何我们创造的且共同一致的意图。蓝图的每个字、每句话都和我们有关系，每一位参加学习的伙伴都是蓝图升级的贡献者，要完完全全参与进来，以开放的心态，倾听并学习。

如何将一群人构建为一个高绩效团队，核心是共同使命引领。企业有一个根本性意图（使命），人生也有一个根本性意图（人生召唤），两者连接并且对齐一致地活，才会有非凡的业绩行为和巨大的成就感。

人生召唤特别重要，要找到被鼓舞的那一刻，就要慢下来，找到打动自己的感觉，并用准确的词语表达出来。你的人生召唤是独特的你，有不同的维度和方面。我们是自己人生召唤的第一人，创造的是自己的整个世界。理查德老师跟伙伴们的互动重新优化了自己的人生召唤：“人们感受到爱，创造喜悦人生”，提炼得更加简单，更有力量地链接西贝发展蓝图。

二、参加年会总结复盘会，受到老板赋能。

2024 年莜面村事业部（莜面村、海鲜和毡房）挑战营收额达到 70 亿元、利润达到 7 亿元。现在整体市场的竞争更加激烈，竞争对手整体水平提高了，如果靠现在的常规打法那么取胜就有难度，所以必须打破常规，有勇气去创造，通过“非常好吃”战略高质量落地，标准化设计 + 极致执行，整体再上一个台阶，确保经营目标达成。

菜品标准化要严格执行总导师标准，不允许自由发挥，从源头强管控。现在我们产品水平“还不错”，只是达到了及格水平，不会得罪顾客，但也不会吸引顾客再来光顾。好吃才有叫客力，才会吸引顾客再来。年会上老板对七星大厨提升待遇，全国门店收到之后备受鼓舞。对现在的产品一道一道地升级细化定标，重新设计价值点，菜品不在多，关键在精；对现有餐具进行整体升级，更衬托出菜品的价值感，强化贯标训练，厨房配人是底线，给够待遇，稳定人员，做出彩，实现“闭着眼睛点，道道都好吃”。

至于服务自由化，要整体梳理现有服务，守好底线，在此基础上门店自由发挥，核心是顾客高兴、满意。营销的核心是讲好菜品故事，跟顾客聊菜品做服务，深化关系。“不好吃，不要钱”既是服务，又是营销设计，要突出感觉、惊喜，提升执行段位。“非常好吃”战略落地要投入，跟分部老大对落地机制达成共识，形成闭环。

我的人生召唤是：人们喜悦地创造一切可能。

2024 年 1 月 17 日

参加西贝发展蓝图研讨会学习（第 2 天）。

理查德老师跟伙伴们对话，帮助大家找准自己的人生召唤。在此过程中自己学习到：人生召唤是做所有事情的思维背景，只有带着意图去行动，才能鼓舞人心，激发生命活力。人生召唤跟企业的根本性意图对齐，重新升级了自己的人生召唤：人们喜悦地创造一切可能，链接未来，创造突破。

学习理查德老师的区辨技术，信息量比较大，理解起来有难度，是对自己的能力的一种提升，高度专注，紧紧跟上，链接对话过程中的信号，不能中断，提升自己的区辨力、感知力和共情力。瑞青人生召唤中的“被看见”、田梅人生召唤中的“更大的世界”都特别有力量，不仅点燃了自己，而且触动了别人。商业的强力场域是无形的，通过练习就能看得见市场变化，思考我们自己的基础，有清晰的判断，找到其中的差距。自己的认知要升段，建立莜面村统一体系、语言和行动，提升组织力。

2024 年 1 月 18 日

参加西贝发展蓝图研讨会学习（第 3 天）。

对过去和未来进行区辨，未来不是过去的翻版，再好的过去也不是未来，未来的核心是创造。“描述性语言”是发生过的，未来宣告要使用“创造性语言”，让原本不存在的东西因为宣告而被看见，鼓舞人心创造全新未来。

理查德老师带领大家重新设计西贝蓝图，从企业最终意图“创造喜悦人生”出发，按照新的蓝图结构版块“我们是谁、我们立足、我们看见、我们承诺”，大家分组共创，反复打磨，在此过程中感觉到特别“烧脑”，自己深度参与进去，不是把现在的蓝图搬到未来，而是要一丝不苟地独立思考，基于未来重新共创。新蓝图的每个词、每句话都是可衡量的，召唤我们成为更高水准的自己。

对于未来要敢于想象，我们立足的核心是想清楚为什么奋斗，要敢于设定目标，挑战不可能，实现企业的根本性意图。

听了理查德老师和田梅关于创业失败案例的对话，我学习到了：对事情的每一个解读都是有道理的，但不是现实本身。我是事情的起因，我选择这样看待，主动担当完结。只有我们承认失败过，才能想清楚未来应该怎么干，创造出不一样的未来。

学习了对情绪的区辨：情绪来源于自己的看法，一知一悟一做，面向未来，只有我们承认自己的错误，才能更好地发展，解决源头问题，跟老大们梳理清楚共识，带领团队高质量地发展。

2024 年 1 月 19 日

带领团队汇报莜面村事业部“非常好吃战略”落地方案，受到老板赋能。

整体方案中规中矩，辛苦力够，但创造力远远不够，没有激动人心。如果还用过去那套打法，就不会是全新的莜面村。非常好吃战略的核心是创造价值，关键要从创新上突破，通过学习提升创新力，有创新力才有创造力。

环境升级的核心就是升级功能，往美做、有品质感。桌椅、餐具、灯光、台布要用最好的，灯光照亮桌子、菜，可以增加氛围灯，如射灯光衰就马上更换，根据菜适配餐具。不允许摆绿植，不在软装上使力。未来3天西贝发展蓝图研讨会学习，希望认知提升能上一个台阶，能有全新思考和大胆突破。

2024年1月21日

参加西贝发展蓝图研讨会学习（第5天）。

理查德老师带领大家使用白板技术共绘新的蓝图，每个人在里面都找到了自己人生召唤链接的点，跟自己的工作紧密结合，感到非常有力量。

人不会与生俱来地对任何事情负责任。“我是一切事情的起因，我选择这样看待。”负责任是种区辨，是自己作出的选择。只有选择有担当，才能打开新的世界，我的西贝我负责。

语言是能创造未来的。我给予我的话以最高的尊重，我对我说的话负责任，我完全值得信赖。员工做不到表里如一，是因为没有链接到企业的最终意图。在企业中牵引我们行动方向的是蓝图，要不断训练自己的区辨力，学习历练，提升认知，对齐蓝图。说到做到，做到做好，做不好就负责任。

新的蓝图设计完成之后，要通过战略举措、目标、里程碑和行动落地实现我们宣告的未来。战略举措的命名要有创造力、有趣、有意思，能够鼓舞人、点亮人。莜面村的战略举措被命名为“西贝Logo闪耀全中国”，到2026年底全国莜面村门店达到600家，服务更多顾客。

2024 年 1 月 23 日

跟刘亮心总导师团队沟通 2024 年产品研发创新、优化升级工作。

聚焦“非常好吃”战略落地，稳定交付是基本功，不断训练提升交付水平。一切经营活动围绕菜单，核心是要在产品上大胆创新，提升叫客力，支持 2024 年经营挑战目标的达成。堂食产品研发，各个地区应季上时令蔬菜，让顾客尝鲜。每半年有新品上市，活化菜单，聚焦经典，突破创造。

外卖是生意做大的增长点，由刘亮心总导师亲自带队研发，向市场上优秀的外卖品牌学习，不是要对标价格，而是要学习人家的产品思路，突破我们现在的模式，通过西贝的好食材和工艺做到优质供给。

产品优化方向：特色风味更足，餐具更精致，售卖形式更有价值感；升级口味，汁浓味厚，突出记忆感。例如，现在的椒麻鸡给顾客味觉的刺激感不足，要改善做法，把味道做厚，给顾客留下记忆。

餐具升级，符合莜面村特色，更衬托出菜品颜值。例如：对烤羊排的黑色铁盘进行更换，更凸显大菜的价值。

呈现形式升级，改变上菜方式，提升价值感。例如，杂粮用精致的笼屉上，给顾客的感觉会不一样。2024 年给研发导师、贯标导师权力，考察优秀餐饮，开阔研发思路。莜面村事业部设立“产品创新优化奖”，对于好的优化点、创意给予重激励，以提升菜品创新能力。

2024 年 1 月 24 日

跟总导师刘亮心、贯标总导师许慧沟通 2024 年门店贯标工作，做到菜品稳定交付。配够人，门店按照生意营收排人，线上稽核落地强管控。稳定人员，每月追踪分析各个分部的流失率，排名曝光，按季度评选“人员稳定奖”，以增强人员稳定性。每月复核分部工资发放标准，确保公司薪资标准落地，给够待遇。总导师刘亮心统筹管理分部总厨在战略上的一致性，贯标总导师许慧统筹分部导师、支部总厨和厨师长，直接落标到门店，稳定出品。造场 PK，以赛促学，每季度组织技能 PK，提升分部导师、支部总厨和厨师长菜品技能，上下一致。奖励标杆，门店每月评比“工匠精神奖”“菜品技能奖”，把 0.3%“爱顾客奖”创造性地发好，“工匠精神奖”奖励踏实干活、不抱怨的优秀伙伴，设立年度金牌“工匠精神奖”，在年会上表彰月度多次获奖的工匠师傅，激励好一线。重新梳理赛场内容，只保留红牌、零容忍项，强管控，守好底线，形成“非常好吃”战略落地闭环。

2024 年 1 月 28 日

组织抖音新春主题大场直播复盘。

抖音大场“过年吃西贝，莜福同享”直播已经结束，线上交易额达 256 万多元，直播间进入人数 38 万多人，直播间曝光人数 230 万多人，直播间曝光 420 万多人 次，新增粉丝 1 万多人。本场直播代金券活动效果较好，订单转化 158 万多元，其次是亲子餐订单转化 31 万多元。

本场直播，看播女性用户观看占比最高，达到 80%，交易用户女性占比 83%（其中 53% 为宝妈人群、20% 为白领人群、10% 为资深中产人群），年龄在 31 ~ 40 岁，跟我们门店的客群属性一致。

本场直播销售额达成目标，根据自然增长粉丝的数据制订有效的粉丝转化方案，继续在“2 · 14”情人节直播发力，优化情人节直播福袋投放与投流方式，提升直播间曝光转化率及粉丝增长率。

抖音平台的流量非常大，我们做了全年整体规划投入，围绕营销日历和平台活动，根据用户画像特点优化产品组合，突出我们的专业儿童餐和风味特色，通过直播触达更多人群，为门店引流，提升线上创客力。

2024 年 1 月 29 日

在南京召开分部年会，给团队赋能。

2024 年分部生意聚焦“创造”“突破”两个关键词行动：“创造”就是创客、创收、创利，核心是节假日“抢”客流，提前排兵布阵，出餐时间要缩短、撤餐速度要加快，候餐区魔术要细化表演时间，创造惊喜以留客。提高工作日外卖一人食单量，提前做规划、准备。

尊重常识，苦练基本功，实现高质量的增长。在跟大家互动过程中，我感受到团队经营的基本功不扎实，对经营数据不敏感、不清楚，做生意要会算账，这些是基本功，带领大家加强练习。从网上看到神东煤炭集团有研究生学历的管培生都要先下井两年，从一线干起，练好基本功，然后才能到其他岗位工作，企业对基本功特别重视。

关于服务自由化，只有最大程度地给到员工权力，才能给顾客带来不一样的体验。要把服务员的权力梳理出来，核心是让他们有活力，真实退菜创造惊喜，部长选员工的标准是要会聊天，对顾客更加友好。

2024 年主题：教练要赋好能，造好场，帮助门店“三剑客”做好生意挣到钱。关键是教练的“突破”，教练要改变自己的习惯和赋能方式，不能着急，也不能用权力压人，更不能用力过猛，要有高标准、好心态，慢下来，投入精力。只有改变了自己，带团队才有组织力，生意才能搞上去。根据每家店团队的组织力情况规划经营目标，跟“三剑客”达成共识，在此过程中实实在在地赋能，帮助“三剑客”成长，达成目标。

跟大家一起确定每家店 2024 年的目标。在 2023 年的基础上，交流互动，提出销售增长思路。经营目标既要有挑战性，落地的行动又要靠谱。教练是创造者，带团队就要解决难点，不找借口，明天汇报举措。

2024 年 2 月 1 日

参加西贝大众点评及外卖平台学习会，受到老板赋能。

苦练基本功，只练基本功，管他成功不成功；苦练基本功，只练基本功，怎么可能不成功？

美团外卖、大众点评都是工具，关键是我们如何用好。不管过去、现在还是未来，餐饮经营的原理都没变，变的是方法、工具，让顾客觉得好并再来才是关键。现在餐饮供给过剩，进入了拼基本功、细节的时代，需要我们更加精细化地运营、精耕细作，持续做到高质量供给，创造好体验才能打动顾客。

我们的基本功还远远不够，对基本功的训练就是细节。开饭馆和专业运动一样，决胜技巧全在细节里，最后能拿冠军，就赢在那一点点细节上。胜利的源头在细节的训练上，而不在记分牌上。自己作为莜面村事业部的总教练，关键的是确定训练标准盯细节。真正的运动员是门店的店长、服务员，教练下到门店指导的动作一定要非常具体，陪着运动员练。对关键细节要保持开放，形成标准，持续优化。

2024 年服务自由化，要高度重视点菜，做好点菜服务。莜面村事业部分部支部门店干部最核心的工作就是点菜，点菜是最好的聊天时机，跟顾客建立并深化关系，核心是“一切为了顾客吃好”，搭配一桌好饭，不局限于纸质菜单，不是为了完成见台率指标而去销售，而是实心诚意地给到搭配建议、新菜推荐，让顾客感受到被重视，从而愿意多消费、满意度更高，门店因而成为更有人情味的店，顾客“吃好”自发分享产生裂变。学习贾国龙小锅牛肉“时薪日奖月分红”机制，对莜面村赛场激励机制进行优化，教练帮助店长营造主动链接顾客的氛围，全面导向顾客满意。自己跟分部老大要沉下心来，亲自上手，专注于细节，提高教练段位。

听了外部教练讲述贾国龙小锅牛肉外卖增长案例，反思 2024 年莜面村外卖怎样做才能实现高质量的增长，细化在美团、饿了么平台上的增长目标。现在外卖的市场形势发生了变化，要整体提升产品力、营销力和门店运营能力，高质量地做到，这样平台才会把更多流量推给我们。

在产品上研发丰富一人食的单品，要创新大单品，比如牛肉胡萝卜焖饭。同时，聚焦顾客用餐场景进行套餐扩展，一人套餐、双人套餐和家庭套餐，组合搭配要突出品质感，让顾客感受到物超所值。优化现有外卖菜单产品分类，让菜单更简单清晰、一目了然，方便顾客下单购买。在门店运营能力方面，规划外卖全年训练贯标，提升门店基础，保证顾客有好体验。

成立 2024 年外卖增长的大项目组，自己亲自挂帅统筹，何海宾任落地项目经理，张杰统筹门店落标，龙勇提供营销活动分析支持。从分部外卖负责人中选出华东、华南、华北、华中、西南和西北地区的组长，沟通让营销活动方案落地，提高线上获客能力。实施差异化运营策略，规划分级管理，为各个地区外卖提供政策支持，实现生意增长。

2024 年 2 月 2 日

参加高管述职会议，受到老板赋能。

最新的核心价值观是：

“我的西贝”：集体奋斗，共创、共担、共享、共富。

（一）我是一切事情的起因，我选择这样看待，我的西贝我负责。

（二）坚守“实心诚意的西贝待客之道”，全力以赴地为顾客创造价值，并超越竞争对手为顾客创造更多价值。

（三）帮助每一位伙伴学专业、长本事，以集体奋斗的方式为顾客创造价值。

（四）有效激励每一位为顾客创造价值的伙伴，激励必须公正、公平和公开。

（五）我给予我的话最高的尊重，我对我说的话负责，我完全值得信赖。

价值评价决定价值分配，价值分配拉动价值创造。面对面地坦诚，背靠背地信任，肩并肩地作战。

高管述职基于西贝核心价值观，意图、行动和成果是高度一致的。总结了 2023 年最重要的 3 个贡献：一是业务破局，落地“家有宝贝，就吃西贝”战略，以专业儿童餐为抓手重点投入打造亮点，得到顾客认可，莜面村生意取得了不错的业绩；二是莜面村事业部的团队建设优化，关键岗位重用优秀年轻人，团队朝气蓬勃；三是对分部老大的引领，领导、协调大家步调一致地把活干好，把生意做好，共同取得成果，分部老大认可。个人反思方面：思考不够深入，假如时光倒流到 2023 年我重新做，自己会把哪项工作补强、哪项工作就不做了。反思要总结过去的经验、教训，目的是为了提升 2024 年工作的有效性。

公司的营销手法要作一些转化，把原来投在广告上的资源配给门店，在门店端发力，在已有的线上渠道（大众点评、美团、饿了么外卖、线上商城）发力，跟顾客建立并深化关系。点菜是营销活动，也是专业能力，更是互动，顾客想吃什么、我们有什么特色，要帮顾客搭配一桌菜，让他们吃得更好，点好是吃好的基础。这几年门店电子菜单、手机点菜，服务人员的点菜功能退化了。西贝在临河爱丽格斯口碑特别好，当时丽平总和主要干部亲自点菜，通过点菜跟顾客深化关系。点菜就是销售，上菜就是交付，结账就是回款，每一个环节都有专业和机会。只有顾客满意，我们创客、创收、创利的目标才能实现。

重新梳理莜面村 2024 年的营销预算，在广告上不做大的投入，只是聚焦对客界面。前厅招工的待遇比市场要有竞争力，选会聊天的优秀伙伴。分部支部教练带训店长、服务经理和部长全部要会聊天，亲自上手点菜，跟顾客不断互动链接。服务自由化要守好底线，全面放开，不拿退菜指标考核设限，让顾客想退革就退革。

2024 年 2 月 5 日

学习了《申五的店》后，我的收获有：

只要是老人来店里用餐，申五性都找机会和老人拉拉家常，就能很容易摸清对方的饮食习惯。这些老人多半是被晚辈带到这里，他们是绝对的重要人物，但又不是主要角色。年轻人说着自己的事情时往往忽略了老人，所以老人也乐得和申五性聊天。通过贴心的服务，申五性化解了老人因为和孩子选择吃饭地点意见不一的闷闷不乐，还让服务员从旁边的炖菜馆里买来老人爱吃的炖菜，送上纪念日的花，一家人非常开心，从此以后老人经常会来店里坐坐。

顾客往往是始于尝鲜，终于满意。餐馆卖的是“顾客满意”，顾客第一次来西贝有各种原因，但第二次、第三次来，不仅自己来，而且会介绍朋友来，就是因为体验好而再来的。菜品标准化，稳定交付是基础；服务自由化，从点菜入手聊天深化关系。选出优秀案例，分享学习体验，提升互动能力，满意才有复购。

2024 年 2 月 8 日

一、收到丽平总在呼市中商 · 世界里店用餐后反馈的问题，落实整改。

中午一大桌菜，有几道特色菜并没有做出西贝品质，搭配也不理想，负责点菜的人不会点，店里的人也没有给出合理化建议，所以大家并没有吃好。点菜是决定顾客吃好并满意的重要环节，是种专业能力，也是必须要强化的基本功。把菜点好了是双赢，首先是创收，其次顾客还会因为菜点得好而吃得更满意。自己跟分部老大作为教练，要把这项工作拆细落实。

虽然现在开始重视点菜服务，但在落地方面还需要持续下功夫，梳理出不同用餐场景下如何搭配菜品，给到门店员工点菜训练指引。同时，点菜训练要反复实操演练，通过细节的训练强化提升点菜能力。商务宴请的核心是先要了解宴请的背景信息（包括主宾的饮食习惯），然后才是菜品的搭配，提前做好功课很重要。

烩酸菜、黄焖甲鱼出品问题是新店训练不到位、员工操作不熟练，刘亮心总导师已经派导师到现场复盘问题，帮助改善。前厅点好菜，厨房做好菜，顾客才能吃好。

二、《申五的店》的学习收获。

申五性觉得，如果餐馆的门面体现的是顾客定位，那么菜单则是一个餐馆的脸面。光有好的饭菜质量和优质服务还不行，一张黏糊糊、脏兮兮的菜单会毁掉你对餐馆所做出的一切。申五性坚持每周淘汰一份旧的菜谱，新顾客和服务员经常说的一句话就是："你家的菜谱真是干净漂亮！"

我们的店里也在用纸质菜单（包括儿童识字菜单），下到门店现场，也会遇到菜单有油污、破损和卷边的现象，这些都是细节标准没有执行到位引起的，影响的是品牌形象。因此，每一餐结束后都要对纸质菜单卫生进行清洁，破损、卷边的要废弃掉，在细节上做到位，让顾客消费得更加放心。

2024 年 2 月 18 日

参加"美国，我们来了！"西贝出海启动仪式，受到老板赋能。

西贝是愿景驱动的公司，是做美食的，西贝烧麦茶餐厅的精致产品，包含了我们的真心诚意、爱心，这是"出海"最大的动力。齐总、孟总"出海"先锋团队了解、理解、爱上并融入美国，在美国布局开店，用中华美食服务美国顾客，让他们因为西贝而了解并爱上中国。

对出海业务的最大支持，是要钱给钱、要人给人：要钱给钱，源源不断地用资本支持他们的发展；要人给人，多培养、重用年轻人，把他们往国外送，为西贝成为国际化公司做贡献。我们国内的干部员工做好国内的生意，把大后方稳固住，每一个人把自己岗位上的工作做出彩，尽职尽责，就是对西贝全球化发展的最大支持。我感受到"出海"团队信心十足，"出海"是西贝的战略，莜面村立足基础业务做好支持，不断输送优秀年轻人"出海"开店。

2024 年 2 月 21 日

汇报莜面村"管理升段、体验升级、品牌登顶"服务体验升级方案，受到老板赋能。

对春节期间（除夕至正月初九）主要餐饮品牌营收、客流数据进行调研对比，分析得不够具体细致。一平均就掩盖了很多问题，一具体就深刻，细致到每一个商圈、每一家店作分析，看看业绩好的品牌在营收客流上做对了什么，找到我们的痛点，知道经营上应在哪里使力。现在整体市场经济下行，人们购买力不足，企业只有靠创新才能把顾客需求激活，用创新来度过经济下行。

春节期间我们营收、客流下降，不能满足于自己掉得不多，要跟商圈里最优秀品牌对比，若不改变认知那就很难卓越。重新学习"非常好吃"战略，西贝有卓越的基因，10 年前"非常好吃"战略就被提了出来，但执行得不够彻底，过程中没有持续优化。现在要强化起来，重塑门店跟顾客链接的方式。

优秀是卓越的大敌，怎么才做到卓越？就是推翻重构，把原有的逻辑打破，回到现场拿一家店作案例，现场现地现物，往深挖。我们的目标不是更优秀，而是卓越。方法变了，效果就会不一样。招人、训人、开岗会先拿一个店打样，这个店的生意要超过商圈中的优秀品牌，总结出非常具体的经验。

标准设计 + 极致执行，服务自由化，靠标准设计引导。服务方针是：主动热情、耐心周到。服务要好，挖掘别人没有的故事，不能照搬别人的办法。不是桌桌魔术都变，要把魔术打造成增加乐趣的一道菜，顾客过生日时魔术闪亮登场，为顾客创造惊喜。门店岗位核心是奖，每个岗位多少钱，必须奖下去，激发全员好状态、好心情，不能罚员工，也不讲大道理。

消费的人才是顾客，储值的即会员，要对顾客用餐的每个环节进行细化，包括候餐、领座、点菜、上菜、结账、储值和送客。在现场实事求是地创新，不能用力过猛。只有把每一个环节做实，才能有实质性的突破。储值提前锁定顾客消费，设计储值政策，通过好服务长期链接顾客，提升门店储值所占比例。点菜是专业服务，取消纸质菜单，实现点菜电子化（手机 +ipad），菜单增加饮品、酒水和甜品，更加丰富，放大图片，以刺激顾客购买欲望。

管理升段就像树木的生长一样，根往深扎叶和果才能往上长，要在根上使力，而不是在叶和果上直接用力，源头流程设计要到位。门店日常经营模拟球赛形式，谁上场（值班）谁重要。教练把标准定好，下店可以顶岗带店或者观摩学习，通过系统化训练提升门店值班伙伴的“赢球”能力。

跟团队召开复盘会议，这次汇报功课做得不细不深。市场环境变了，但经营的思维方式没有大的转变，还是维持在原来的方法上优化，很累、很辛苦，但不会取得好成绩，效能不高。根据老板赋能方向，各个业务负责人带领团队亲自下场当运动员，在岗位上干活，梳理操作手册，图文并茂，以视频方式呈现，简单易懂。年轻干部缺少一线经验，只有经历过、有体会才能提升教练能力，服务好门店。

2024 年 2 月 26 日

营运团队在北京金源店打样，大家立足本职工作找到优化提升点。

曾俊珊在现场，有位 4 岁的小女孩过生日，按照首次调整后的随桌生日流程，她带着生日小分队为顾客庆祝，整体感觉氛围偏冷淡，顾客现场反应并不热烈。生日结束后复盘，调整生日流程，更换魔术种类，减少 2 种魔术，更换音响，增加氛围物料，增派生日小分队人手。惊喜的是，过完生日后大概半小时就收到了顾客五星好评，对生日仪式很满意，所以继续用调整后的生日仪式服务顾客，持续打磨优化。

李春瑞带领两名年轻干部进行魔术表演，梳理互动流程。候餐魔术一表演就有顾客围观，很聚人气，发现迎宾岗气球架造型简单，送气球缺少跟顾客互动。重新梳理流程，增加入群宣传物料，气球的品质感要够。魔术表演 20 分钟 + 折气球互动 20 分钟，既有魔术表演营造氛围，吸引人围观，又用气球互动留住顾客，实现入群转化。两天魔术表演获得大众点评 26 条五星好评。

汪婷婷当散服，在给顾客倒茶时了解到顾客在 5 种番茄浇汁莜面中吃出了头发，伙伴重新上了一份，但顾客并不满意，又给顾客赠送了 2 罐酸奶，再次真诚地道歉，顾客笑着回应“没关系，在所难免的”。在处理客诉时我们需要 1+1 的补偿服务，退菜（重新做）只是消除了顾客的不满，还要向前一步主动做补偿服务，真正让顾客满意。

张萌在服务岗体会到链接会员的关键环节在点餐和结账，顾客落座后询问他们是否是会员，POS 点亮会员小皇冠就可以看到顾客信息，对其进行精准推荐和服务。结账是推荐储值的重要环节，根据顾客消费金额推荐储值档位，增加 500 元储值档位，可降低顾客决策成本，提高储值所占比例。

营运团队一对一下到门店，找到感觉，现场有“神灵”，只有亲自做，才能不断地优化。

2024 年 3 月 1 日

参加“直面现实，勇于求变”德鲁克双月学习会第一期学习。

康老师带领大家学习德鲁克的经典文章，走进德鲁克，深入理解德鲁克，在此过程中分享了一些非常有价值的内容，联系到自己的工作，带入进去，做到学以致用。

德鲁克思想影响力大，他一生都在研究管理实践，总是在洞察真实的世界，并从中总结思想。管理是一种实践，其本质不在于知，而在于行；其验证不在于逻辑，而在于成果；其唯一的权威就是成就。要成为卓有成效的管理者，专注于带领团队把正确的事干成，为公司做贡献。

探讨“西贝最需要商榷的假设”，在康老师的互动启发下，大家坦诚发言，气氛轻松活跃，在此过程中收到了对莜面村业务的一些反馈，大家认真区辨，找出需要优化的点。组织变革的核心是管理者带头改变，市场变了，危机真的来了，我们不能活在自己的认知当中，而要在组织系统中作出改变，解决官僚主义、骄傲自满，回到业务的基本面，总部、分部、支部、门店上下一致，聚焦为顾客创造价值，练好基本功，提升工作的有效性。

（一）最有收获的一点。

在“西贝最需要商榷的假设”探讨过程中我想明白了：组织变革的核心是管理者带头改变，只有管理者改变了，才能创造开放包容的工作环境。

（二）回去后特别想做的事。

改变门店运营环境，全国24家标杆店打样成功，让全国门店感受其变化，学习提升。

（三）对公司的一条建议。

危机真的来了，我们现在的业务不需要这么大的总部，组织变革方向定了之后，该合并的就合并。

2024年3月2日

一、参加“直面现实，勇于求变”德鲁克双月学习会第一期学习。

对于8个假设有了系统的理解，这些理念可以作为工具提升我们作决策的思考维度，关键是如何运用。市场环境每时每刻都在变化，因此我们要敏锐地洞察，快速反应，立即行动，通过组织力强有力地执行。要聚焦20%的重要工作，回到现实当中，通过创新来激发员工好状态，做出顾客可感知的好服务，优化顾客体验。

康老师讲了管理演变的4个阶段：1.0的管理是控制；2.0的管理是参与，每个人带着饱满热情、认真的态度去工作；3.0的管理是授权，营造好团队土壤，关键是达成共识，激发团队创造力；4.0的管理是自治，员工的自主性高。管理不是一门科学，而是艺术，管理者要敢于挑战自己，面向未来，作出改变。

二、参加西贝组织变革沟通会，受到老板赋能。

学习德鲁克的思想，关键是怎么用它要回到非常具体的问题中进行思考：莜面村的市场环境变了，市场需求（购买人群、购买力和购买意愿）跟过去的不一样了。面对危机，心力不足是因为你的能力不强，省钱能力只是基础，要在合理范围内，核心还是要创造，提升挣钱能力，找到自己的差距，拿出适当的办法。

危机来了，西贝莜面村怎么办？要优化堂食外卖菜单，根据城市和商圈的不同细分。一定要重视服务，服务能提供情绪价值，好服务既可以创客，又可以留客，好服务既有叫客力，又有溢价力。我们从事的是服务业，但服务的欠账比较多，必须要补起来。消费的才是顾客，储值即会员，圈要变小，服务要变深，服务和营销的机会非常多，服务既要有标准化，又要细分哪些是放开的。创新营销方式，重点做好线上小红书和抖音的推广，讲好西贝故事，让顾客充满期待地进来，心满意足地离开。

危机来了，老大怎么干？核心是老大亲自干，也即亲自招人、训人、带人，见顾客、点菜、上菜、结账和送客，亲自带店。老大们回到一线练好基本功，在亲自干的过程中增强挣钱的能力，考验的是他们实事求是的能力、“玩真的”的段位。

跟老大们召开沟通会议，组织他们细化“危机来了”具体应对行动，守住底线，把员工积极性调动起来，提供优质服务，以打动顾客。24 家打样店关键是做到“三好一奖”（三好是好心情、好状态、好体验，一奖是岗会奖励），重构标准。定下总部的制度之后，统一口径落到门店，分部、支部不能再叠加任务，老大们带头改变，有服务心态，推动落地。优化菜单结构，牛羊莜特色稳定交付，现在堂食桌均 2.5 人，增加中间价格带的产品，顾客点菜好搭配，吃得更舒服。

跟大家确定分部支部人员“瘦身”目标，分部导师归莜面村事业部统筹管理，统一按地区就近贯标，提升效率。支部经理带店，增强经营管理能力。

2024 年 3 月 3 日

带领俊珊、刘亮心总导师、瑞青及研发导师到日本考察儿童餐。

2024年是做专业儿童餐第3年，优化菜单，对现有儿童餐进行提升。日本儿童餐营养搭配合理，呈现形式精致有童趣，套餐组合丰富，值得我们研究学习，开阔研发思路。

到GASUTO家庭餐厅考察，它在日本有3 000多家门店，客单价是120~150元人民币；下午3点多，生意爆满，产品全部是组合套餐，一人一份，成人餐卖给成人，儿童餐只卖给儿童。我们和店员交流，想点儿童餐体验一下，但店员说如果我们非点不可的话，那就只能请我们离开了，因为餐厅对此有规定，标准高。餐厅有专门的儿童菜单，儿童餐造型漂亮，色泽让人很有食欲，套餐里有玩具，用餐结束后可以兑换，还售卖儿童餐具，销售方式比较灵活。

2024年3月5日

一、在日本考察。

参观吉田榛原学校配餐中心，这是政府的一个部门，于1990年建立，迄今已经经营34年，配送周围的17所中小学学生用餐，车间有35个操作人员、2个营养师，每天配餐4 000份，都会严格按照一餐营养需求摄入搭配，从制作成品到学生使用完要控制在2小时内。

品尝了配餐中心的儿童餐，觉得儿童餐做得好，接下来我们儿童餐的配餐要做到以下3点：一是要注重营养均衡，二是色彩搭配要让小朋友喜欢，三是口感适合小朋友。配餐中心每周给小朋友做食育培训，类似于我们的亲子活动，通过儿童餐项目提升亲子活动食育培训效果，帮助家长培养小朋友健康的饮食习惯。

二、营运团队和分部老大参加南京余老师“门店盈利模型研修班”学习。

全天的课程带给大家在经营思维上的全新启发，面对现在餐饮市场形势的变化、生意难做，更要回归餐饮之道，“道生一,一生二,二生三,三生万物”，“一”是顾客，“二”是员工，“三”是门店盈利模型。生意好是满足了顾客需求。要盯住顾客需求，照顾好员工，构建合适的盈利模型，可持续地发展。

盈利模型的源头是顾客需求，它由人群、场景、渠道、时段、价格和功能组成，需求是多元化、动态的，细分颗粒度，就会洞察到顾客有很多需求未被满足。

经营复购就是经营人心，搞清楚顾客为什么来、为什么再来、为什么带人来；门店盈利模型就是赢得人心，让顾客先赢，找到他们首选你而不选别人的理由：你是谁？有何不同？何以见得？

生产和服务围绕顾客展开，最终由菜单来决定生产和服务效率。菜单最重要的是爆品，对于我们来说就是牛羊莜的招牌菜，持续提升见台率，这是在顾客认知维度上能代表莜面村的产品，而且要盯住卖得好的产品。对照莜面村菜单，我们牛羊肉的价值感强，还要增加平滑产品，拉宽价格带，满足顾客需求。

2024 年 3 月 6 日

在日本东京考察。

参观保育园，这里的孩子年龄在 2 月龄到 5 岁之间，专门有团餐中心供餐，食物做得很精细。关注营养，使用胚芽米，里面有酵素，有利于孩子消化。很多原材料和调味品都是专门为孩子加工的，大部分沙拉酱是以鸡蛋为原料做的，考虑到很多孩子对鸡蛋过敏，所以做了没有鸡蛋的沙拉酱。把香菇磨成粉作调料，用甜菜做甜菜糖，不用白砂糖，不添加额外调味品，对孩子的食材和调味品选择都非常重视和讲究，保证孩子的健康成长。

我们在儿童餐的用料上面要跟成人顾客进行区分，满足儿童成长的营养需求，没有过敏源，添加剂的使用要符合国家标准，以保证安全，在每个细节上精准把控，让顾客感受到儿童餐的专业水准。

保育园的孩子主要是玩，中午有 2 个小时的吃饭时间，但不是统一吃饭，而是有的孩子先开始吃，然后其他小朋友再跟着吃，1 岁小孩自己能拿勺子吃饭，2 岁孩子自己能拿筷子吃饭，自己打饭、找座位、送餐具。孩子们面对陌生人也不会哭鼻子，他们打饭的地方有两个台阶，让他们可以站上去，面对面地看到老师的眼睛，在互动过程中增加了信赖感，从小就培养孩子的安心感、独立的习惯。

现在我们的“儿童服务 7 必做”已经有了基础，今后还要根据孩子的特点在服务时保持跟他们目光接触，在服务的表情上让孩子感受到信赖认可。

2024 年 3 月 9 日

带领团队学习老板关于米村拌饭的收获。

米村拌饭的门店效率很高，盈利能力强。从产品、价格、渠道、推广和人的方面构建了锋利的门店盈利模型，顾客排队用餐，加盟商排队开店。菜单设计聚焦顾客需求，好吃不贵、性价比高，生产端原料品种少、好加工，顾客端感觉整份菜单很丰富，所有产品都可外卖，供应链系统做好支持保障。

西贝莜面村补充小锅牛肉产品，共用一条供应链，共同采购牛肉，能提高供应链的效率。牛肉产品一年 4 季都能卖，吃牛肉的顾客群体更广，关键是小锅牛肉产品价格和莜面村价格带形成互补，优质平价，顾客喜欢，带来复购。

一切经营活动围绕菜单，关于菜单优化思路，结合这次日本考察，我跟团队确定了方向。莜面村菜单的设计结构要合理，根据平均用餐人数考虑菜量搭配，分量不宜过大；补充中间价格带新品，用于引流，让顾客有新鲜感，选择没困难，增加菜单活度。

营销最重要的还是产品要好，要优化菜单结构，分量该小就小，可以将大菜优化成中份，选适合的盛器呈现，整体要有品质感。

儿童餐精致是底线，要真正做到对儿童友好，在形式、营养成分和口味口感上做提升。现在我们好多菜不适合做儿童餐，羊棒骨、牛大骨比较大，要向日本的儿童餐学习，做到精致化、小分量、有玩的趣味性、营养搭配和低热量。用好日本的厨师资源，学习运用酱类、羹类产品，提升我们的产品。

品质外卖聚焦一人食，将价格带拉宽，让产品丰富起来，要有成本优势，一城一策、一店一策，支持门店提升线上获客力。

2024 年 3 月 25 日

西贝北京华贸店打样，持续优化。

一、上周工作总结（3 月 18 日 ~24 日）：

（一）全面重塑莜面村，受到老板赋能。

重塑品牌，聚焦战略，带领团队高度重视。继续打磨菜单，优化厨房生产线、服务流程。老板布置了环境的整体升级工作，候餐区、门脸的整体格调氛围更有感染力。

升级为“西贝”之后，消费入口更宽，降客单、增客流，排队会成为常态，门店盈利模型更加锋利。对标商圈里顾客排队最多的费大厨，抢客流。升级候餐服务，门迎看到顾客后快步上前，微笑迎接，真诚地跟顾客交流，介绍新品小锅牛肉，请他们进店品尝。

“西贝”新体验，堂食增牛，怎样提升，做到波浪式增长、螺旋式上升。精选牛肉怎样用，选择是关键，风味好，质量好。目前堂食牛肉产品占销量比例达到 30%，外卖占比超过了 40%，主打牛肉产品是未来的方向，因为牛肉产品广谱性强，一年 4 季都能卖，南方北方通吃，有持续的竞争力。

当务之急是“抢救”西贝莜面村的客流，必须要把客流下滑的趋势阻挡住，而且要让客流往上走，成为热门品牌，信心是内外势能。市场上客人出来吃饭一点也没减少，只是他们选择性价比更高的，并不是每家企业的客流都在下滑，所以就要抢客流，不能把前几年吃上市场红利的好生意当成“理所当然”。

市场的艰难逼出了我们的潜力，我们创造出了小锅牛肉系列产品，盛器和口味都很有特点。北京华贸店的 Logo 改成“西贝”，试了一周，堂食客流增长，外卖营收增加，适合工作日用餐场景，没有原来那么重，顾客对产品比较认可，觉得特香、特下饭。

（二）服务：年轻人代表着活力和朝气，服务人员要全面年轻化，给够待遇，选愿意干的他们，训好他们，用好他们，将机会给年轻人，全面升级服务体验。

北京华贸店的信息同步给分部老大，让大家感受变化。

二、本周工作安排（3 月 25 日 ~31 日）：

（一）落实北京华贸店打样优化工作，跟曹萃、刘亮心和忠其总优化产品盛器。产品的命名特别关键，跟俊珊沟通梳理，命名要既好听又贴切。

（二）强化候餐体验的质量，增加柠檬薄荷水，口感和品质要好，继续提升候餐服务的细节。

（三）总结北京华贸店升级为“西贝”之后（3 月 13 日 ~31 日），环境格调、菜单结构、堂食客流、外卖单量、整体营收和顾客体验发生的变化，让各分部收到北京华贸店全面信息，理解老板整体的设计构思，看了之后非常清楚。老板对于北京华贸店的赋能，传达给全国莜面村门店，之前莜面村客流下滑，改成“西贝”之后更能带来我们未来的增长。

2024 年 4 月 1 日

全面重塑莜面村，参加公司会议，到兰湘子考察，受到老板赋能，推进落实工作。

一、上周工作总结（3 月 25 日 ~31 日）

（一）优化菜单结构：

全面重塑莜面村，策略是减羊增牛、降客单增客流、做强堂食、做大外卖。北京华贸中心店重塑两周后实现了降客单增客流、营收不减少的目标。怎样能做到顾客多到要排队，就是降低门槛，一份正餐 10 元就是一档，能吸引进来更多人，排队是最好的广告。全国莜面村在 7 月 1 日前把菜单更新完，有节奏地推进，把小锅牛肉加到莜面村菜单上，主卖牛肉产品，生意不好的店提前升级，做到场景升级、产品优化。

跟市场部、导师团队召开菜单结构优化会议，增加小锅牛肉产品，优化产品结构，整体考虑源头标准、营运生产售卖、顾客界面价值，形成运营闭环。根据生产周期提前规划盛器更换，统筹小锅牛肉韩式高压锅订货，其他新菜餐具跟曹萃沟通，菜名由俊珊对接华与华作优化。

牛大骨保留 3 个部位（肋排、脖骨、脊骨），小锅牛肉档口要保证摆在门店 C 位，可以跟牛大骨档合并，方便出餐。整排的韩式高压锅陈列有气势，再加上搏克手画面，有烟火气和格调，场景氛围有感染力。

3 月 29 日，跟美团外卖全国 KA 负责人范总团队召开会议，作了交流。基于北京华贸中心店外卖情况，小锅牛肉焖饭更广谱、更有叫客力，按照爆款打造，设定目标销量，结合平台用户画像精准推送活动，提高下单转化率。

（二）补强线上营销：

我们聚焦传播“牛肉还是西贝牛！”营销内容产出，一是由自己人创作，二是用好市场上专门生产内容的资源。支持俊珊把新媒体玩好，同时做好线下商圈广告，增强品牌势能，吸引顾客进店消费。

（三）标准化持续升段：

优化莜面村的标准，标准化升段是一把手工程。自己作为莜面村首席标准官，接下来统筹从源头到给顾客交付全流程，在每一个环节梳理标准，源头包装规格多大合适，一定是销售拉动，向源头提需求、定标准，还要预估排产预制盘点报货，包括赏味期，一个一个地优化，通过标准升段，保高质量交付。

（四）跟老板去兰湘子考察，学习收获有：

兰湘子生意好，不同城市价格带不同：北京价格为 68 元、杭州价格为 58 元、西安价格为 48 元，通过菜单结构的调整适应市场消费降级。大菜单由总部统筹，根据口味特点不同，每个地区给出 5 道菜的调整标准。

选址有策略，进每一个市场，要先打模型，验证完之后才布局城市开店，然后在城市深耕，做到开业即火爆，最后判断是否要进周边的下沉市场。对于验证后不行的市场，马上停掉。通过流程提高选址的成功率，确保盈利。

2024年4月2日

参加会议受到老板赋能，跟分部老大开会落实。

（一）标准化是一手活，作为莜面村首席标准官，对标准化的理解要升段，对所有标准最终拍板的人是自己，深入门店，钻研细节，从销售和顾客需求端整体拉通标准，提升标准化水平。

（二）全国门店取消绿植，撤掉跟品牌无关的画面，不设专职撤餐岗，由现场员工快速撤餐。

（三）时薪日奖月分红，全员角逐时薪日奖提高效率，员工多挣钱，就更愿意去服务顾客。值班店长是个岗位，不能断档，关键是操心，明确职责，店长戴袖标，增强责任感。事业部和每个分部各选一家店打样。

（四）西贝小锅牛腩档口，位置选在门店C位，展示面要美，有烟火气，7月前完成档口植入。老店椅子陈旧、射灯光衰，要全换掉，每家店增加氛围灯，以美化环境，提升品质感。

（五）在经营上我们高估了自己，觉得自己做得还不错，但是低估了对手，远离了顾客。顾客消费频次减少，但对质量要求更高，餐饮竞争更激烈。自己下一线，亲自优化标准。

2024年4月5日

一、顺利抵达美国旧金山，人生中第一次来到向往的美国，看到了美国生活跟国内生活有很大的不同，感受到了城市的活力，考察中用心学习，体验多元文化的魅力。

二、减羊增牛、降客单增客流，优化菜单结构，在北京华贸店的基础上形成全国三代店菜单初稿，跟分部老大交流了菜单调整的经营原理，主卖牛肉，优化部分产品分量，适度调整价格，以适应现在市场顾客消费需求变化，放宽消费入口。大家按地区提报优化建议，一地一策，达成共识，在顾客界面保持一致性。

三、4 月取消顾客满意度指标考核，优化客访问卷内容，放开样本量收集，听取顾客真实反馈，曝光的问题，由教练帮带门店整改。同时启动神秘顾客暗访，在全国重点城市增加频次，避免高分低能（现场表现），门店实打实地练好基本功，为顾客创造好体验。

2024 年 4 月 6 日

一、在美国旧金山考察。

去了渔人码头的 Bistro Boudin 吃了老板同款酸面包汤，这家店是个有趣的店铺，有餐厅、面包制作工厂和面包博物馆，是“旧金山最古老的持续经营的企业”，至今已有 170 多年的历史。

坐上旧金山有名的 Cable Car（铛铛车），转了一些著名景点，这些景点历史悠久，有经典味道。联想到莜面村菜单优化，对于经典产品的风味要传承，因为这些都是链接顾客的价值点。

二、参加“如何打造超级招牌菜”会议，受到老板赋能。

打造超级招牌菜，带动客流增长：芝士小牛盖被，芝士凸显产品价值感，用红色珐琅锅作盛器，服务员上桌，边改刀操作边跟顾客交流互动，菜品的做法、顾客的吃法形成了独特的记忆点，在新媒体的小红书、抖音和视频号上有话题、热度，吸引顾客“种草”，前来体验。

2024 年 4 月 7 日

一、在美国旧金山考察。

去了旧金山标志性景点——金门大桥，该桥横跨金门海峡，非常宏伟壮观；参观了世界著名的斯坦福大学，校园内文化气息浓厚，感受到了知识与智慧的魅力。

我还体验了硅谷的谷歌科技馆，该馆整体设计充满了科技感，创意富有想象力。创新要有开放的氛围，鼓励试错，我们也要通过试错机制充分用好一线智慧，优化标准。

二、强化值班店长管理制度。

全国门店每餐必须有值班店长，要提前一天在系统里排定。值班店长对门店当餐的运营管理负全责，确保顾客满意。当餐没有值班店长的门店，在全国曝光，并按赛场零容忍项扣12分，坚决不能断档。

三、许慧贯标导师组在上海巡店，发现有的门店香椿莜面汁由小时工兑制，未按标准操作，导致味道过酸、颜色发白，于是在现场叫停，明确必须由菜品负责人兑汁。通知全国总厨：香椿莜面味道在顾客心中已经形成恒久记忆，必须严格执行公司标准。

2024年4月8日

一、在美国考察。

从旧金山坐飞机到了拉斯维加斯——世界娱乐之都、全球知名的旅游度假城市，来这里购物和享用美食的游客很多，有各个地区的地道风味，特别繁华，充满活力。

二、组织召开大营运联合巡店启动会。

此次巡店服务、生产、外卖和食安安保4人小组，导向顾客全满意、员工好状态、标准极致执行。本轮巡店预计5月20日前结束，分地区复盘。强调了下店的纪律要求，严格遵守组织安排。下店过程中每日输出巡店曝光、简化巡店报告，曝光问题、分享优秀实践，同时形成记录作为评选金牌的参考。

三、外卖目前要求执行每单配带一次性外卖台布，通过后台3月26日至4月2日期间数据的分析，共收到顾客点赞25条，有顾客说："小细节做得越来越好了，小餐布很有仪式感，非常方便，让我在享受美食的同时也能保持餐厅卫生。"

点门店外卖进行抽查，发现有的未配带桌布，在顾客体验上不能省，分部老大落实，按标准执行到位。

2024年4月9日

一、在美国考察。

体验了拉斯维加斯很有名的早、午餐滑蛋汉堡（Eggslut），开放式厨房，所有餐点都是现场制作，顾客排队时就能看到生产过程，招牌汉堡的口感丰富，搭配上酱料，吃起来很香，令人很满足。

二、学习阿难老师“如何打造爆款菜”分享。

爆款菜的打造要从顾客视角出发，通过菜品 10 步法“品质感、食欲感、口味、口感、分量感、可吃感、耐吃感、高级感、速度感、整体感”，多方面整体思考、研发，再通过品牌势能的传播、服务员和顾客的链接给顾客综合呈现一道高品质、高颜值和高话题的菜品。提升了自己对产品研发的认知，全方位打造顾客可感知的价值。

三、跟进土豆牛腩咖喱焖饭测试。

六里桥旗舰店上线土豆牛腩咖喱焖饭 4 天，销售 76 份，日均 19 份。华贸店上线 3 天，销售 20 份，日均 6 份。产品卖 49 元，折后价 39.7 元。配比活动，增加销量，收集反馈。

电话回访 81 位顾客，针对顾客关于肉量、菜量、口味和汤汁的建议进行了优化。牛肉量从 70 克增加到 80 克，调整咖喱投量以减少辣度，前置咖喱投料时间，使牛肉、土豆和胡萝卜融合更入味。

产品研发就要全方位打造顾客可感知的价值。

2024 年 4 月 10 日

在洛杉矶参加基纳斯研讨会学习（第一天）。

这次老板没来参加课程，开场时大家有一些感受，理查德老师作了互动区辨：

（一）如果与贾总不一致呢？沮丧（我们创造的跟老板要的不一致，会不会感到沮丧？蓝图当中所要的，就是我们创造的方向）。

（二）我们中有的人不会认真的，没力量（老板不在现场有的人会不会不认真？认真才会有力量）。

（三）没有贾总的创造力，我们就不会创造出贾总那般出色的成果。担忧（蓝图是一切工作的根源，回到蓝图，进去区辨学习行动）。

自己学习到：通过课程把自己代入到蓝图当中，有力量地去用蓝图，人生召唤是每个人实现蓝图具体、明确的行动，独立思考，信任自己，在课程里和团队一起创造出新的可能性，核心是全力以赴打一场什么样的比赛才会感觉到非常自豪、不留遗憾。

6 天结束的时候，每个人宣告：这就是我们的蓝图，而且我们有力量地链接蓝图中的每一句话，清晰地知道"与蓝图相一致的行动"指的是什么。

每个人都对 2024 年莜面村的目标、成果、举措和行动清晰明确，达成共识。

2024 年 4 月 11 日

一、参加洛杉矶西贝发展蓝图研讨会第 2 天。

学习了"认同"和"对齐"一致的区别：不认同就会影响团队力量，认同一致才会增强团队力量；对齐需要过程，不认同是基于自己而不是团队，为了企业的核心意图，要改变自我认知，放下个人成见去共同创造。一定要有共同语言，西贝蓝图就是我们的共同语言，人生召唤是起点，蓝图是源头。

意图清晰、行动高效的团队才能加大成功的可能性。对 2024 年的举措，要思考清楚、行动明确，充满 100% 的必胜信念。每位伙伴都为全身心投入去打赢这 6 天研讨会比赛而自豪并充满力量。

二、收到丽平总在香山店堂食、外卖体验的问题反馈，落实整改。

训练有素的核心是发自内心地在乎顾客，管人管行为，营运区教练在现场要对这些眼中没有顾客的行为坚决纠偏，干部要起到榜样带头作用。

2024 年 4 月 12 日

参加洛杉矶西贝发展蓝图研讨会第 3 天。

一群人怎么把自己构建成团队，并且作为一个高绩效团队行动，核心是共同的意图，这个意图是共同创造出来的，每个人宣告这个意图是他们自己的意图，保证实现这个意图。

第一天上课时，在理查德老师的教练下，大家明确了这 6 天课程的意图，链接蓝图，明白了老一套的打法无法取得新的成果，真实地面对现在市场变化作出改变，清晰明确莜面村 2024 年的目标、成果、举措和行动，达成共识。自己是莜面村举措的责任人，带领大家全力以赴地参与进去共创，充满 100% 的必胜信念去行动。

在这 3 天的学习过程中，我深刻认识到蓝图的重要性：蓝图引领我们工作的方向，跟蓝图对齐一致是一个不断修炼自己的过程，要勇敢地战胜自己的“不真实”，清晰地理解蓝图，有力量地用每一个行动去链接蓝图。

2024 年 4 月 13 日

在美国观看 NBA（美国男子职业篮球联赛）。

快船队 vs 爵士队，顶尖的球员为观众呈现了一场特别精彩、激烈对抗的比赛，两个队教练的风格、战术不同，但到了场上只有一个目标——就是全力以赴赢球。整场比赛娱乐氛围特别浓，背景音乐的运用、球迷的呐喊欢呼，让人感受到了美国人民的娱乐精神。看比赛，让我更理解了理查德老师讲的“高绩效”团队，教练的核心就是激发好球员，往里排人，在此过程中跟员工沟通到位，持续优化。

2024 年 4 月 14 日

参加洛杉矶西贝发展蓝图研讨会第 4 天。

我们怎样喜悦地实现意图，玩真的、不放水、讲真话，真实地面对问题并开始行动，回答问题时直截了当，不绕弯子，所有的解释都是不说真话，不想负责任。负责任和能力无关，而是一种有力量的选择，想方设法地去承担职责。语言就是此时此刻的状态。只有行动跟说出的话一致，敢于承诺，才能在团队里建立信任。不兑现自己的承诺，不尊重自己说过的话，我们就不会实现未来的理想。而且，要不断觉察自己，当说的和做的不一致时就要自我纠偏，训练自己，养成习惯。

蓝图就像北斗星，指引大家取得成果、赢得胜利，所以每个人都要进去，跟蓝图对齐一致。每个人共同宣告唯一的蓝图，每一次跟蓝图的链接都会有不同的结果。

团队中每个人都有不同的视角，要学会聆听不同的观点，自己能从中学到什么。开放包容的氛围让每个人更愿意贡献自己的力量，去取得团队的成功。

2024年4月15日

参加洛杉矶西贝发展蓝图研讨会第5天。

领导力不是管理人，核心是怎样引导人。沟通很关键，会让团队感受到信心，敢于去做贡献。回到现实当中，员工的需求很简单——就是多挣钱、受尊重和有发展。作为教练，不能老在员工管理上“用功”，而要从源头上解决，改变自己，管理自己的预期，对齐蓝图。

理查德老师点评了莜面村2024年的意图、举措、目标和行动，跟老大们互动梳理完善，面对现在的市场环境行动要清晰明确，一致地落地。

减羊增牛、降客单增客流，优化菜单结构，增加小锅牛肉系列产品，优化部分产品分量，适度调整价格，适应现阶段消费降级的市场，放宽消费入口。

共识目标：

（1）打造1道堂食销售额达亿元的单品、1道外卖销售额达亿元的单品。

（2）做强堂食，做大外卖；堂食销售占比30%以上，外卖销售占比50%以上。

关键行动：

（1）产品——升级盛器，精致分量，拉宽价格带。

（2）推广——把意式番茄小牛盖被打造成爆品，拍摄视频，在抖音、小红书和视频号等平台“种草”传播。

2024 年 4 月 16 日

参加洛杉矶西贝发展蓝图研讨会第 6 天。

蓝图的最终意图是创造喜悦人生，我们立足做西贝根本性意图及未来的化身，而且每个人都能说“我热爱我的人生”。理查德老师说，“我热爱我的人生”会赋予团队力量，和蓝图对齐一致，享受创造的过程，让人生更有意义。

人生召唤点亮人，举措是把意图变为现实，要有具体可衡量的计划。完善了自己的“我热爱我的人生”项目，举措意图是：从心出发爱家人，和家人一起共享喜悦人生，跟蓝图中的“我们立足做充满爱的企业，建立支持每个人充分发展的平台，让每个人都实现人生理想”链接，提高陪伴家人的质量，突出生日仪式感，留下爱的回忆。

高绩效团队要建立并且维护好运营环境，管理者不能把自己当作房间里最聪明的人，而要让下属有权说出自己的想法，不然就会影响创新。团队要有组织的力量，选人、用人、管人非常关键，源头是企业的蓝图，每位成员对保持可能性的情绪状态负责任；不自责，拒绝虚伪的友善，勇敢地讲真话，做贡献，实现意图。

2024 年 4 月 17 日

收到老板关于北京华贸店饮品、甜品和小牛盖被产品优化任务，跟团队及时沟通落实。

打样橙汁饮品档口，何海宾对接设计部，要突出卖场氛围。刘亮心、张绪兵负责产品研发，测试两个品种的橙子，从口味、甜度等方面进行品鉴，最终选定湖北秭归脐橙——甜度高，橙香味浓郁。测试 3 种口味：鲜榨纯橙汁、沙棘鲜橙汁和柠香沙棘鲜橙汁，今天午餐开始售卖，每杯（350mL）15 元，服务员把“鲜榨、纯果汁”的价值点传递给顾客，营运部伙伴在现场收集顾客反馈，同步优化产品。

关于桂花酒酿厚酸奶，根据老板思路方向优化，增加价值感和趣味性，刘亮心正在组织测试。继续对番茄土豆小牛盖被测试原味和辣味，根据顾客反馈作调整。

2024 年 4 月 21 日

一、凌晨 4 点从美国洛杉矶顺利回到北京。

这次到美国考察学习时间充裕，体验了美国文化的多元包容，感受了自然历史景观的魅力，品尝了丰富多样的美食，6 天西贝发展蓝图研讨会就意图、举措、行动达成了共识，提升了认知，开阔了眼界。

二、营运团队全天在北京华贸店测试销售“茄子西红柿小牛盖被”。

全天销售 21 份，桌桌询问顾客意见，整体访问下来顾客反馈说，相比牛排其价值感不够，产品呈现杂乱。顾客评价不高，老顾客更愿意点番茄土豆小牛盖被。厨房出餐比较繁琐——先炒后烩再烤，时间较长，需要做好预制，工艺比之前的小牛盖被操作相对复杂，不容易标准化。研发团队受到老板赋能，继续优化小牛盖被产品。

2024 年 4 月 22 日

、到西贝华贸店体验。

感受到店里的整体格调有了很大的变化，橙汁档口展柜内橙子堆起来有感觉，保证了鲜度，广告宣传语为：整杯只有橙子 + 柠檬 + 沙棘，不加冰、不加水、不加糖，卖点一目了然。小牛盖被产品让人眼前一亮，形式、口味很有特点。

二、参加西贝华贸店项目验收复盘会，受到老板赋能。

通过华贸店实验，我想明白了其他莜面村店应怎么干：减羊减牛，去莜面村化，坚定不移地把 Logo 里的莜面村拿掉，小锅牛肉和小牛盖被合并成一个档口植入，位置要好，增加氛围灯以提升格调。线上宣传聚焦小牛盖被，产品有意思，自带话题，有故事可讲，华与华创作视频形成传播吸引人，产品实惠顾客就会复购，带来莜面村客流增长。

以传播来研发产品，确认小牛盖被有 3 种口味（原味、香辣、麻辣）。刘亮心持续测试打磨产品，找到性价比高的好原料，自己也要往原料基地上走，才能更有体感。明天准备跟分部老大就全国档口植入上新品的节奏达成共识。

2024 年 4 月 23 日

参加公司第 1 季度经营分析会，受到老板赋能。

全面重塑“西贝”品牌

去莜面村　提升门店环境

减羊增牛　美化亮化门脸

降客单　增客流

做强堂食　做大外卖

新媒体　强推广

抖音　视频号　小红书

现在干什么一定是基于对未来的想象，想象力会限制能力，能力也会限制想象力。想明白未来，我们现在的行动就会非常笃定、踏实。公司所有的资源穿透到两个业务（西贝 XIBEI、西贝小牛焖饭与拌面）。华贸店打样成功，在全国复制过程中还要加强。全国分节奏地推进，选生意差的店先改一批，根据生意情况再确定第二批。在此过程中跟分部老大一起在现场调整优化。根据植入时间节点同步进行新媒体推广，俊珊用好市场优秀视频创作资源。

从经营数据看出，2024 年市场形势变化大，越是市场难的时候就越要挑战难点，想要渡过危机就要坚定信心，增强组织力。跟分部老大梳理哪些权力分给大家，一城一策，品牌层面由公司统一管理。自己要下到每个地区的门店一线作经营分析，实事求是地贴近市场更有经营体感，洞察市场机会。

2024 年 4 月 26 日

收到林男和岳迅飞关于华贸店体验的问题，今天在现场测试整改。对问题进行了区分：哪些是现场解决的、哪些是需要投入便于服务员操作的。

服务上对于 SOP 的要求没有 100% 地做到，顾客缺少感知。通过动作要求强化肌肉记忆，形成习惯，确保 100% 地执行。顾客落座后，拉开抽屉介绍有纸巾、湿巾和牙线，让顾客清楚地知道，避免在桌子上贴提示语，带来败相。小锅牛肉主要传递“特香特下饭、帮顾客拌米饭”，不做多余动作。芝士饼放时间长了会变凉变硬，在服务用语上要求提示顾客趁热吃、芝士拉丝，还须持续强化训练才能做好。

测试了酒精块，我们用的是市场上比较好的酒精块，熄灭时难免有一点味道，现在用的是旧底座，改成新底座后，燃烧过程中空气流通性好，味道会更小。

小牛盖被锅边划痕较多，因铁勺取饼导致。为提升顾客体验，寻找一款硬硅胶勺，既好划开饼边又不伤锅，购买后在华贸店打样测试，但硅胶勺的清洗使用及耐用性有待进一步测试后，再确定全国菜品上市是否统一使用。

橙汁不贴标签，华贸店现榨现兜售，联系曹萃，决定全国推广时直接在杯身上设计图案作区分，现场出餐效率高。在菜单上增加卖点“不加冰、不加水、不加糖，5 个鲜橙榨 1 杯”的建议很好，已经优化。如果榨汁机增加食安提示标识，店长还要每天做记录，现在执行食安 SOP。暂时不考虑调整橙汁价格，全国开始推广后再跟老大们确认。

关于芝士小牛盖被（麻辣味）优化，请了外面的川菜师傅来现场指导，花椒麻椒经烘烤后磨碎入菜，入口麻香味足，辣而不躁，让人吃得过瘾。关于芝士小牛盖被（原味）汤汁稀、不入味的问题，最近一直在测试，不能给服务员增加操作动作，从源头解决标准设计的问题，现场测试，把“220 克土豆块”改成“20 克土豆泥 +200 克土豆块”，优化后汤汁浓郁。

在华贸店不断打样，在具体细节上深入打磨，优化标准，以推广到全国。

2024 年 5 月 2 日

一、营运团队在华贸店测试优化。

关于芝士小牛盖被上菜形式，取消掀芝士被动作，直接在锅里切块分给顾客，以保证芝士被是热的、口感好，菜品呈现效果不错。对比原来的操作，源头标准设计还减少了滚轮分餐刀和芝士被分餐盘，提高了员工效率，新标准强化训练做到。

从今天起，聚焦芝士小牛盖被（原味）制作，试卖一周。刘亮心研发辣酱，喜欢吃辣的顾客自行添加。目前选定牛大骨用的香辣干碟蘸料，味道香辣微麻，试用后收集顾客反馈。

顾客意见很重要，受到老板赋能后进行了优化，营运团队负责收集顾客意见，每桌都要访问到，以准确了解顾客意见，把顾客原意和原话白描出来，给作决策提供有价值的信息。

二、目前莜面村在“窄门餐眼”西北菜用户口碑榜排名第三，得分为 916.4 分，晋家门排名第一，得分为 921.4 分，长安大牌档排名第二，得分为 916.8 分。

口碑评分是根据门店在大众点评、美团和饿了么上的星级、口味、环境、服务、好评率综合得出的，顾客口碑就是生意，核心还是要做好现场服务。跟团队细化落地方案，持续往上打。在西北菜品类我们必须要继续保持第一名，品牌势能高，对顾客吸引力就会更强。

2024 年 5 月 6 日

梳理规范门店大众点评的评价管理。

大众点评是开放性平台，顾客可以在上面自由发表评论，会看到一些与事实不符的虚假评价。营运团队一直重视口碑管理，和门店一起复盘鉴定，整理申诉材料，跟进申诉进度，合理运用平台规则维护品牌权益。

顾客写好评的前提是我们现场做到、做好，严禁拿顾客手机写好评，已经将此纳入底线，按零容忍项处理（降薪一个月）。对于顾客差评，追踪门店要当天回复，在互动过程中说明解决方案，体现服务态度。

2024 年 5 月 15 日

顾客暗访首轮结束，全国巡店 345 家。

此次优化了暗访巡店形式，改成由真实顾客按照我们发布的任务要求完成体验报告。暗访顾客主要来自西贝会员，经过我们筛选、鉴定合格后，才能开展工作。

可以看到，暗访顾客的体验报告写得很详细，站在顾客需求角度提供了很多有价值的反馈。在各个地区的营运复盘会上将呈现从暗访结果提炼出来的报告，帮助我们优化服务标准，推进门店基础管理提升。

2024 年 5 月 16 日

参加菜品成本核算沟通会，受到老板赋能，开始落实工作。

这么多年来我们吃了商业综合体的红利，也吃了中国经济快速发展、人们消费增长的红利。但接下来的市场形势变了——商业综合体供大于求，竞争加剧，人们的消费降级，我们不能像原来那么骄傲自满了，要聚焦特色、特点和性价比，给顾客的价值感要强：料足、味厚、价实。

一切经营活动围绕菜单，优化菜单结构，减羊增牛，拉宽价格带，丰富产品，让顾客吃了感觉物超所值。选品如选命，定价定生死，准确的成本核算是定价的基础，全系统地降本、提效。

自己跟刘亮心、何海宾成体系地推进，亲自盯具体的事情落实，锚定菜品售价和毛利率，导师研发会灵活运用辅料，从工艺上解决。解决标准过高的问题，合理利用原料不浪费，从源头倒推供应链、采购降成本，各个地区设立成本优化专项组，分部总厨选门店亲自实验，核算菜品成本，梳理日盘、周盘、月盘流程，同步提升人员效率，设定奖励机制，分享最佳实践。

今天到了上海，明天跟分部总厨召开专项会议，沟通共识菜单，推进成本优化工作，下笨功夫，玩真的。

2024 年 5 月 17 日

一、参加西贝华贸店阶段复盘会，受到老板赋能。

我们西贝不擅长、也玩不了低价模型游戏，绝对好、相对便宜是西贝擅长的游戏，坚定地成为更好的西贝，最终让顾客的一顿饭吃得值。

在华贸店做试验，彻底切换“每天一头草原牛”，举办“草原牛美食节”，往来叫客。分部老大在一线打过关键“战役”，做生意自主性更强，由忠其总任组长，龙龙总、高总、陈利波、张屏总共同打造。自己学习到：要会用资源，每个人的不同就是一个创作。

二、跟华东地区的分部老大召开“一切经营活动围绕菜单”专题会议。

给大家讲述了 66 家打样店的菜单，在中关村 e 世界试了牛肉系列产品，要拿到 66 家打样店，增加菜单的丰富性，拉宽价格带，把牛肉产品做足，菜单结构更加突出，才能跟别人不一样，更有竞争力。

对于蒙古牛大骨我们一直追求销售占比，一份 200 多元，会伤客。作了调整，牛肋排单根售价 100 多元，能站得住，又是我们的特色，顾客感觉不到贵，提高见台率。今年举行第 3 届西贝暑假儿童美食节，大家要重视“家有宝贝，就吃西贝”的稳定交付。

经济下行，大家不能只看到表面，同样的市场环境，生意好的品牌有很多，要改变我们的传统观念，遇到难点要持续跟上企业战略，不断地修正，不能把团队的势能士气和组织力的信心丢掉，而要聚焦服务好顾客，创造更大的价值。

2024 年 5 月 18 日

在上海召开分部经营会议，给团队赋能。看到大家的势能不够，对生意缺少想象力，于是便激发大家遇上什么就解决什么。市场变了，环境也变了，管理者要通过学习改变自己的习惯，提升认知，以适应变化，增强领导力，对齐公司战略意图，统一目标。

管理者的权力不是用来命令指挥的，而是自己的责任和担当。管理者要以服务心态带团队，提升自我标准，尤其要务实，帮助一线解决问题，达成目标。只有自己承担，你才是一把手，门店的活力才能释放出来，统一门店四梁八柱的目标，方法要靠原则、机制和驱动力。员工的需求很简单——多挣钱、被认可、有成长，赋能要找准需求，不走形式，通过岗会造好场，最终才能真正点亮大家，激发团队的势能士气，服务好顾客，把生意做好。全面重塑西贝品牌，门店上了小锅牛肉、芝士小牛盖被新品之后，菜单丰富，顾客的选择更多，会带来生意增长，团队收到赋能，经营方向很明确。

接下来通过激励机制推动落地，一店一策，设定经营目标，拿出举措，店长、厨师长收入为基础工资 + 绩效奖金，用 0.6% 奖金激发好员工。从 6 月 1 日起大家拿目标成果说话，导向创客、创收、创利。最近下华东、华南、自己的分部好好转一下，感受市场的变化，对经营更有体会，聚焦我们的风味，在商圈的特色将会更加鲜明。

2024 年 5 月 23 日

从今天起带领大营运团队全面接管华贸店，全力以赴地打样。全天接待 733 人（外部顾客 296 人、内部顾客 437 人），开打开卖，必须拉通“每天一头草原牛”模式，在此过程中要敢于想象，不断打磨、测试。

厨房连夜加工了零售产品，草原牛的牛肉酱、牛腱子、牛肉丸、牛肉干、牛杂先在“每天一头草原牛”档口陈列，顾客一进门就能直接看到。餐中服务员给顾客试吃辣皮子牛肉酱，讲述会员零售产品权益，让顾客购买，他们觉得好吃才会复购。

中午跟研发导师到芙蓉无双品尝小炒黄牛肉，牛肉切得薄、有嚼劲，叫的是小炒黄牛肉，实际工艺是炝料调味煮 30 秒，选用贵州毕节黄牛的肋排肉。安排赵永胜中午直接进厨房学习，回来改进我们的小炒黄牛肉，试菜后感觉差距还是大，继续优化，用碗上，确认了餐具。

访问了两桌顾客，第一桌是 A15 台，妈妈带着孩子点了儿童餐、土芹菜小炒黄牛肉，在等儿童餐的过程中给孩子送了燕麦纤维小饼跟他互动，反馈说土芹菜小炒黄牛肉有点柴。虽然我们昨天换了工艺，但肉片自己加工，太厚，味道还行。第二桌是 C6 台，有 3 位顾客，点了炝炒牛心菜、牛肉粒烩豆腐、小锅牛肉、烤牛肉串，反馈说烤牛肉串肉嫩、香，小锅牛肉剩了几块。跟顾客互动，顾客说味道还可以，但塞牙，之前来吃过小锅牛肉，觉得很好，给顾客退了菜。亲自访问完，接下来跟研发导师们沟通产品的优化。

事业部参加华贸店打样的人员给华贸店全体伙伴召开表彰岗会，发了 4 000 元奖金。打样两个半月，大家很辛苦，感谢大家的付出！为了给公司打样做贡献，门店也是受益的。

2024 年 5 月 26 日

顾客目前对“每天一头草原牛”的概念感知不强，要加强宣传，增加牛身份信息广告牌，制作每头草原牛的身份证，由服务员一桌一桌地给顾客介绍，让他们有感知。顾客选择我们的原因，除了我们营销概念好之外，主要还是基于我们产品的性价比高和好吃。为保障原料的稳定供应，要在原产地精细化分割，通过嫩化工艺、选部位做适合的菜、调整改刀方式等。让牛肉口感更好，保障出品稳定、菜品好吃。

牛肉铺在凉档改造完成，安排专人向顾客介绍、品尝和销售，营造卖场氛围，明天销售核心转到服务顾客餐尾结账的环节，把零售产品的福利带给顾客。零售是“每天一头草原牛”的泄洪口，堂食、外卖尽力卖，卖不出去的就从零售泄洪，可以设置储值赠送，给到员工激励，明确告知顾客零售不取利，每天零售品必须全部卖完。

“每天一头草原牛”是对未来生意的想象，不是看眼前的生意，必须做坚决。受到老板赋能，我对战略意图还是没理解，行动不够快，过程中缺少互动，心力不强。当缺少想象的时候就一定要跟战略走，全身心地投入。“每天一头草原牛”必须要做到，跑通了就真正能把客人叫进来、留得住，人们大多是因为看见才相信，所以华贸店打样要坚决跑通。

2024年5月27日

老板带团队去陵园祭拜马姨，到家里看望了夏叔，听夏叔讲了马姨年轻时的经历，被她的坚韧所鼓舞。马姨工作有原则、标准高，是解决问题的能手。马姨精神就是以马姨的名字命名的，它是西贝人要传承和践行的精神，我会带着团队持续学习践行，“做不好跟自己没完！我一出现，事情就会有所不同”

2024年5月28日

重塑西贝品牌，升级为西贝XIBEI，“牛肉还是西贝牛，百分之百草原牛”战略非常明确，要围绕草原牛讲好故事，聚焦草原，草原的话题够西贝在未来几十年好好挖掘的，给老顾客创造新价值，同时发展新顾客。跟华与华策划有故事、有传播属性的话题和活动吸引客流，用好的体验留住顾客。

菜单结构是关键，定价定生死，选品如选命。按地区彻底优化菜单，我亲自任组长，对每道菜的命名、重量、分量和盛器把关，分量影响价格门槛，盛器装盘美会更有价值。每个地区菜单要报批，根据不同城市、商圈生意确定菜单，一城一策。菜品命名要聚焦草原，把“百分之百草原牛”做实，宣传卖点要统一，每道菜就一个价值点，要反复说。

区辨零售和餐厅业务关系，决定取消零售业务，因为它会透支堂食同款产品的声誉、印象，拉低定价档次。门店牛大骨档冲击力够、有气势，小锅牛肉档特色足够、有烟火气。菜单结构化，既要有魅力，又要有效率，选牛的什么部位做什么菜、多少重量、定什么价、装什么盘，形成一个整体，既有叫客力，又能保证毛利，实现结构性降客单、增客流。增强堂食、做大外卖，堂食、外卖聚焦一亩三分地，做好体验，顾客满意就会再来。

恭喜马燕、刘旭光成为西贝好汉！持续践行好汉精神，跟老大们共同把业务做牛，为西贝培养更多好汉！

2024 年 5 月 29 日

一、参加马姨追思会、理查德老师追思会。

感谢理查德老师带领我们找到自己的人生召唤，创造出西贝蓝图，他点亮了我们所有人，让我们学到了领导力、区辨力，感受到了力量，特别是在说出“我热爱我的人生”时候特别有力量，让人生更有意义。马姨精神“做不好跟自己没完”“我一出现，事情就会有所不同”一直鼓舞着我。马姨精神就是好汉精神，我会持续践行，向马姨学习。

二、参加西贝 36 周年庆典，召开明星员工、忠诚员工、功勋员工和“西贝好汉”颁奖活动。祝贺获奖的伙伴，你们是西贝最闪耀的星！感受到伙伴们对西贝的忠诚与热爱。作为老西贝人，我更要跟老大们一起把业务做牛，让更多的伙伴在西贝的平台上成长、获利，共同践行“我的西贝：集体奋斗，共创、共担、共享、共富”。

三、参加股东会议预备会，受到老板赋能。西贝品牌重塑，最核心的是我跟老大们全身心地投入。要在顾客端、员工端投入，商圈广告、顾客体验上的投入不能减，员工工资要高于商圈同行业 10%，薪酬有竞争力才能选到优秀的人，团队组织才能有市场竞争力，激活队伍，有足够的战斗力！

2024年5月31日

一切经营活动围绕菜单，在龙龙总沙漠版菜单的基础上持续优化，产品的命名全部与草原强相关，笃定“百分之百草原牛”，连续积累形成品牌资产。菜单加入西贝36年沉淀下来的经典菜，保护经典菜，羊腿、羊排和大盘鸡等菜品小份化，让顾客吃得更丰富，拉宽价格带。打造新的招牌菜，小锅草原牛肉势头正旺，可以将其打造成超级招牌菜。招牌菜要全链条打通，包括供应链端、盛器、营销和销售，从源头到餐桌稳定交付。在数字化营销上发力，讲草原故事，平台投入传播推广，做好服务承接，把招牌菜卖好，让顾客体验好再来。

激励机制持续优化，奖金来源全国统一。赛场不是考场，赢了才有奖金。对标费大厨设计不同岗位职级的激励细则、工作的数量和质量，奖励关键正向行为，做正确的行为，巧立名目发奖金；罚关键错误行为，不能触碰底线、红线，全国统一要求。钱是待释放的能量，能量是已释放的钱，通过简单有效、实用好用的激励机制激发团队。

2024年6月1日

参加叶国晖老师数字化营销培训，学习到内容营销是数字时代最大的红利，流量在哪里生意就在哪里，客户的注意力在哪里流量就在哪里。在数字化时代，消费者被赋能，消费场景发生了转变，我们需要拥抱变化，理解平台规则，用好平台工具，通过优质内容传播在线上引流，然后到店好体验承接，把顾客留住，形成闭环。

内容是数字营销最核心的，内容即流量，即需求，即品牌声誉，即成交变现，即会员推荐。要做到品效合一、营销与销售合一、传播与购买合一，二者是同时进行的，销售成交直接反映内容质量。看到我们跟海底捞在平台上的声誉差距，在新媒体平台营销上的投入远远不够，接下来通过赛马机制用好视频服务商，创作出接地气、抓人眼球、能为顾客提供情绪价值的短视频，触达更多线上顾客，提升线上获客力。

西贝 XIBEI 品牌重塑是一场营销战，“牛肉还是西贝牛，百分之百草原牛”，这是一群人——西贝人的生意，一群人——供应商（牧民）的生计，一群人——顾客的生活。在宣传上不是干巴巴地讲牛肉，而是讲牧民的故事、搏客手的故事、天南地北到西贝吃牛肉顾客的故事、研发导师工匠精神的故事，通过讲故事为顾客提供情绪价值。每个品牌需要提供“产品 + 服务 + 互联网内容”，才能服务客户或用户，通过数字化营销把客人快速叫回来，门店靠环境、菜单升级和好状态、好服务接得住，还要靠招牌菜，把小锅牛腩打造成超级招牌菜，全链条打通，做深打透，形成闭环。

2024 年 6 月 2 日

2024 年 6 月 1 日的销售净额为西贝历年来“六一”儿童节最高值！并且是历年来单日销售净额第二高值！ 72 家店销售额创历史新高，可喜可贺！大家要继续努力，服务好儿童就是服务好家庭，“家有宝贝，就吃西贝”！

跟龙龙总共同优化门店人员薪资、用工结构方案，提升招聘起薪，对标费大厨，要有市场竞争力，以抢到优秀的人。估算人员费用、奖金发放情况，并通过全职员工与小时工配比调整，灵活用工，优化人员费用，降本增效。零容忍、红黄牌底线项行为由各分部老大带团队和门店员工、四梁八柱一项一项地梳理，跟一线员工充分讨论，达成共识，各分部提报后会一项一项地讨论确定，每个人每月 12 分，罚关键错误。

参加腾格里蒙古 · 音乐餐厅开业仪式，美食、美酒配上腾格里蒙古乐队的歌声，整个场面令人非常放松、开心，人们听着蒙古音乐，情不自禁地想喝点酒，放松一下。

2024 年 6 月 3 日

策划华贸店创客方案，将叶国晖老师的数字化营销在华贸单店进行应用。在华贸会员线上公众号上发推文，宣传草原牛肉美食节。用好大众点评，购买流量以排名在前三屏，让更多顾客看到西贝，引流到店。门店要用好企业微信工具，顾客加企业微信、买付费月卡，通过企业微信、朋友圈触达顾客，运营好私域会员。外卖扩展周边公司团餐渠道，做大外卖。运用数字化营销的思维方法，在线上做活动引流到店，用门店好服务、稳定出品留住顾客，再通过企业微信将顾客触达渠道收口，促进复购。经营餐厅就是经营复购。

跟阿难老师开会讨论西贝 XIBEI 服务提升方案。阿难老师从服务认知、流程和制度角度进行讲解。服务提升在门店的落地，最重要的是先提升每个人的认知。认知主要靠管理者带动、践行，通过行为评价闭环。好服务流程就是员工不抵触、顾客不反感，以好心情、好状态为顾客提供情绪价值。服务不仅要标准化，而且要系统化，才能形成闭环。服务升级是长期战役，要持住劲持续做下去。跟阿难老师进一步细化方案，先在华贸店打样。

西贝 XIBEI 菜单优化，羊腿、羊排和烤鱼小份化，优化盛器更精致、菜品呈现更饱满，大花卷增加半份规格售卖，一两人吃没有负担，顾客可以多点一道菜，吃得更丰富、更舒服。产品的命名、分量和售价是一把手工程，我要亲自把关，跟俊珊、华与华深度组织营销、营运和研发进行讨论，往深做、往实做。西贝定价原则是“绝对好，相对便宜”，我们是结构性地降客单，不是直接降价，通过优化菜品分量、价格拉宽价格带，让顾客一眼看上去就不觉得贵，反而觉得很值。

2024 年 6 月 6 日

打造小锅牛腩超级招牌菜，开发西贝功夫牛腩汤，精选草原 18 个月龄安格斯牛的牛腩，用文火慢炖 3 小时，达到汤醇肉香。门店用小米电饭锅制作上桌，原汤原肉，用小火慢炖，是下了功夫的菜。

关键是选好原料，带团队到草原考察，一路上边走边测试，到牧场选不同种类、月龄的牛，选优质牛腩，现场用电饭锅制作。

晚上测试了 2 个品种的牛腩：西门塔尔 3 岁母牛、草原黄牛 5 岁母牛，制作西贝功夫牛腩汤，对牛肉的香度、口感，汤的清亮度和醇香度进行对比，还要对不同牛腩进行对比、优选。

下午到赤峰澳亚现代牧场考察，牧场占地面积约 1.3 万亩，奶牛存栏 12 000 头，肉牛存栏 13 000 头。牧场养牛的标准特别高，招牌上写着公司的理念“请善待每一头奶牛，因为它们也是母亲”。牧场对牛很友好，有禁忌项：牧区内车辆不能鸣笛，员工不能驱赶牛，也不能吓它们。棚舍的粪便每天清理 2 次，棚舍外的土每天都要翻土填坑，牛的生活环境好，没有粪便臭味，都是草和饲料的味道，能感到牛在这个牧场生活得特别开心。牧场有荷斯坦阉割牛、安格斯牛、和牛和奶牛，我选了安格斯牛腩和阉割荷斯坦牛腩，明天进行制作测试。

2024 年 6 月 7 日

带团队考察草原牛，受到老板赋能：收窄聚焦，定向开发超级招牌菜小锅牛腩，考察牛腩原料。边考察边试边总结，全面、真实、实时地反馈信息，肉香不香、嫩不嫩、价格合不合适，既要有感官体验数据指标，又要有真实感受描述，做排除法实验。

多种平行测试，快速往前推进，测试不同地区和国家（欧洲、北美、澳洲、新西兰、乌拉圭、巴西）的牛肉，各品种牛肉（安格斯、西门塔尔、土牛、黄牛、红牛），不同性别的牛，不同月龄的牛，甚至不同草场的牛肉也不一样，现宰的、经过排酸的、冷冻的牛肉也不一样。菜品制作上牛腩的配比可以有肉有筋，一部分草原牛腩取它的香，一部分进口牛腩则取它的糯。通过深入测试，成为牛专家。

打造小锅牛腩超级招牌菜，要经过彻底比对测试，明白草原牛到底有没有优势，到底用哪种牛质量既好、又稳定、成本还低，这些是经过实验选出来的，这是成果，是一个正确的决定。在战略落地上我要快速跟上老板，收到意图，迅速推进，实时反馈。晚上在中敖不断地测试，直到试得有成果了才往回返。

华贸店菜单优化后，结构性地降客单，价格带拉宽，顾客点的菜品道数增多了，目前的桌面小，顾客反馈说菜品摆不下，今天换回原来的70cm×80cm的桌子，让顾客用餐体验更好。再配上红白格台布，收餐效率更高，翻台更快。顾客反馈说“换回桌子和台布后，感觉更加明亮和温馨了，很干净，是西贝熟悉的氛围”。

2024年6月13日

一、华贸店新菜上市，在门店了解顾客反馈，现场试菜优化。

西贝小锅牛腩汤汁多增加了40克，压制时间多增加10分钟，肉更软烂，汤汁更融合，拌米饭更好。调整小炒草原牛肉片，切得更薄些，更像份下饭小炒。牛肉干会成为很有魅力的产品，打造牛肉干档口，只做牛肉干，只卖牛肉干，越单纯就越能做出魅力。

二、华贸店门口宣传格调要整体升级，不能太硬，要有美感。

门头整体更换了宣传画面，挂了条幅“牛肉还是西贝牛，小锅牛腩是顶流”，用电视展示菜品图片轮播，但在宣传上太硬、太愣了，顾客会有压抑感。老板带着大家转了华贸商圈各家门店的门头和菜单展示——琳琅满目，但很有美感。召集旭光总、小雨、曹萃和俊珊开现场会，优化整体宣传的格调，要有美感。从中也看到老板的创造和对生意的想象，自身段位跟老板还是存在很大差距。

2024年6月14日

一、考察华贸店新开的竞对品牌“安记食肆”。

华贸店对面新入驻一家陕菜馆“安记食肆”，还在装修中，带领团队去“安记食肆”国贸店考察体验，做到知己知彼。安记食肆菜品都是小份化、小吃化，顾客点菜没压力，菜品种类非常丰富，菜品味道很不错，场景也很有烟火气。

它的到来对我们是好事，能让这条街的餐饮重心往我们这边转移，对面这家生意一定会好，我们针锋相对地顶上去，生意也会好，跟他们唱好对台戏。

二、学习巴奴《产品主义》。

学习巴奴的“产品主义”，巴奴持续深耕这一点，从源头到餐桌有完整的落地闭环，让顾客有强烈的感知。西贝累积了 36 年的“好吃”经验，“非常好吃”战略提出已有 10 年，在战略高度上和巴奴一样，但在坚守和落地上还需要下大功夫。

“唯有产品，才能界定你的业务，明确你的使命，确定你的战略，树立你的愿景。”西贝 XIBEI 重塑战略“牛肉还是西贝牛”，打造“小锅牛腩”成为超级招牌，就要把所有的资源聚焦到这个产品上，产品的稳定交付、服务的介绍、营销的推广宣传和给力的激励制度，集中资源打造全新的超级招牌菜，从而实现战略和品牌的重塑。

2024 年 6 月 15 日

一、与巴奴杜总关于战略的交流后的收获。

跟巴奴杜总交流怎么样才能让战略长久、稳定发力，杜总讲述了战略、战役和战术的思考：一切都要回归到原点思考，原点就是品牌能给顾客带来什么价值、我能做什么、顾客需要什么、竞争对手允许我做什么。战略是长期、坚定的，目标是战略方向上的点，在实现战略的过程中要洞察顾客反馈，看团队组织力是否跟得上，跟团队就战略、目标和行动达成共识，实现战略是需要时间的，而战术上产品、定价、顾客、服务、环境、渠道和推广非常好调整，并且可以快速调整。

杜总给我在《产品主义》书上写下一句话——“深究战略、共识战略、捍卫战略”。西贝 XIBEI 品牌重塑是长期战略，我必须足够认同和坚持老板的战略方向，围绕定下的战略坚定不移地打上去。

二、成为牛肉专家，通过干式熟成柜展示让顾客感受到我们的专业。

西贝 XIBEI 重塑的战略就是要成为牛肉专家，也即成为牛肉采购专家、烹饪专家和销售专家。干式熟成柜展示牛肉原料，让顾客更直观地感受到我们的专业和精选的好原料。

统一干式熟成柜牛肉悬挂标准，露出牛肉自然纹理，进行分类管理，每个区域展示什么牛肉、制作什么菜品，存多少、用多少、损耗多少都要责任到人，这些都可以告诉顾客、写清楚，越具体就越有力量。我们只做浅度熟成，在恒温恒湿、紫外线灭菌的环境中排酸肉会更嫩、风味更佳，核心是用好熟成的营销概念讲故事，讲排酸的好处、鲜肉的问题和干式熟成柜的价值等。郑健懂食品科学，白描内容既形象又专业，配合做营销推广文案，把价值点挖掘出来，讲给顾客听。

2024 年 6 月 27 日

专业儿童餐产品优化，对儿童更友好。西贝专业儿童餐想要得到孩子的喜爱和家长的信赖，就要站在顾客角度考虑，持续优化升级，对孩子更友好。天气炎热，小朋友肠胃敏感，有顾客反馈说小孩吃完热食再吃凉的东西容易引起肠胃不适，儿童餐里的“小牛慕斯计划”标注清楚并跟顾客提醒到位，如果小孩子不适合吃凉的，可以换成爱心米糕，让他们多一种选择。现在人们对预制食品也比较敏感，尤其给孩子吃的东西更要新鲜现做，成品脱皮玉米羹计划测试切换门店制作。跟食安部联合开展门店培训，做好儿童餐食安风险管控，一定不能出问题，对孩子、家长负责，西贝专业儿童餐让父母更放心。

2024 年 6 月 28 日

华贸打样店把牛肉干档口改成羊肉串档口，放大羊肉串的功能，创新羊肉串的吃法，提高羊肉串的销量。

跟吴俊义、刘亮心在华贸店测试现烤囊配一把羊肉串，羊肉串配馕上桌很有烟火气，丰富小聚场景。手工羊肉小串味道、口感没问题，馕饼继续测试，要达到表皮焦脆、内里暄软的状态。现场确认羊肉串和馕饼克数、出餐形式、盛器、菜名、核算成本并定价，明天上线售卖，根据顾客反馈优化调整。

2024 年 7 月 2 日

重新理解“奖励、惩罚、表扬、羞辱”的核心是要让干部有荣辱感。“羞辱”是带引号的正能量表达，不是为结果，而是为没有全力以赴、偷懒取巧、对本职工作一问三不知的行为有羞耻感，通过“羞辱”刺激心中那股不服气的劲，更有力量地行动。

“宝贝生日会，全家去西贝”为顾客创造新的用餐场景，生日会要办得高级、氛围感十足，像一个欢乐场，大人小孩都喜欢，既热闹又简单好操作，还打动人。面向内部征集“宝贝生日会”方案，有奖 PK，发动一线团队创造力，把生日会做出彩，提升叫客力。

西贝 XIBEI 品牌焕新全国落地，我和分部老大盯住每一件事落实。门店端要重投入，总部团队压在一线，提升产品品质和服务。管理就是简单重复地训练，形成肌肉记忆。筛选实心诚意的人，提供员工好用、爱用的知识素材库，提升专业能力，激励实心诚意的行为，表扬奖励，培养提拔。门店端浓度、强度必须够才能出彩，实现西贝 XIBEI 品牌焕新。

2024 年 7 月 7 日

西贝 XIBEI 品牌焕新是全面焕新，要细节具体。华北区贯标总负责人许慧统筹导师稽核小锅牛腩落地，同时关注厨房生产的各个方面：动线合不合理，每道菜出品行不行，人、机、料、法、环一项一项地巡检帮带，优化提升。周末小锅牛腩销量明显上升，合理规划餐前准备，分时段精准预估，减少二次加工频率和剩余浪费。坚决不能用破损餐具，不够的要尽快补上，保证顾客体验。

收到丽平总反馈说，振华店两个部长工服已经穿到变形，软塌松垮。《仪容仪表标准手册》对工服有明确要求，没按标准做到，是执行力和标准不够。员工形象就是品牌形象，要足够重视，严格执行。增加数字化系统监测，计调部按时提醒门店工服换新，形成标准。感官判断与系统监督双管齐下，闭环执行，保障员工精神面貌焕然一新。

2024 年 7 月 9 日

西贝 XIBEI 服务焕新华东区打样店启动服务焕新是西贝 XIBEI 品牌焕新最重要的一环，也是顾客感知最强的一环。阿难老师赋能门店服务提升，经营、服务和管理 3 大认知入脑、入心、入行，激励评价闭环落地。

让大家认识到服务焕新的意图，要亲切的人性化，不要机械的形式化。服务标准流程只是培训素材，服务员不用背标准话术，而用最舒服的方式说出来，守住底线，自由发挥，百花齐放。管理干部要朝着这个方向示范、引导和激发门店伙伴。

华东区 4 个分部老大任教练、支部经理任打样负责人，带领一线伙伴积极创造，实现西贝 XIBEI 服务焕然一新。

2024 年 7 月 12 日

西贝 XIBEI 服务焕新华南区打样店启动华南区服务焕新启动会在形式上作了优化，将门店 10 大关键服务流程的“鉴定”转变为“演练”，不再考核，而是放开让员工自己创造，现场效果、氛围特别好。阿难老师点评说：“感受到伙伴们充分绽放，好状态不设限更精彩。”

现场两位老大分享，从本人开始焕新，要用自己的喜悦状态感染团队，100%地执行阿难老师的服务提升方案。

华北区、华东区和华南区服务焕新打样店全部启动，给够待遇，筛选实心诚意的人，服务认知入脑、入心、入行。教练做好服务和表率，时薪、日奖、月分红激励驱动，员工有好状态，顾客就有好体验，实现西贝 XIBEI 服务焕新。

2024 年 7 月 13 日

西贝 XIBEI 品牌焕新，让教练焕新带动全员焕新。教练服务门店要把自己的工作梳理清楚，这样落地时才有力量。和教练们就工作法达成共识：

（1）系统化：采用 PDCA 工作闭环，不断完善形成体系，沉淀下来就是组织力；

（2）流程化：教练保稳定交付，门店严格执行标准流程运营管理；

（3）专业化：自己的标准度足够，还能带团队贯彻落标，对自己职责范围内的事清清楚楚，如数家珍。

每个教练都要勇于挑战，修炼自己的心力和耐力，始终与战略方向保持一致，坚定目标把自己变成榜样，带领团队持续在一件又一件具体的事上优化提升，共同实现西贝 XIBEI 品牌焕然一新。

工作法：系统化、流程化、专业化。

2024 年 7 月 16 日

西贝 XIBEI 管理升段从源头标准入手，带着营运团队、分部老大跟一线伙伴一起逐项梳理优化实事求是，实用好用。

阿难老师跟营运团队在门店找感觉，优化品牌承诺标准和小锅牛腩服务标准，要亲切的人性化、不要机械的形式化。跟一线伙伴讨论优化服务流程，让员工不抵触、好操作，让顾客不反感，感受到我们的自信、真诚和实心诚意。现场让伙伴们演练，自然的表达、不完全复刻标准话术，更能展现自己的亲切和真诚。

2024 年 7 月 18 日

我的人生召唤为：人们喜悦地创造一切可能。

西贝 XIBEI 管理升段从高标准建标入手，从高管精神面貌焕新开始，标准操作流程 100% 地视频化，把操作流程视频升级为教学视频，让学习者跟着视频内容互动起来，用年轻人喜欢的方式培训，简单、轻松、高效。成立视频教材可视化专项组，明确方向与分工，何海宾任组长，跟张瑞青、曾俊珊全面统筹推进。

西贝 XIBEI 品牌焕新，源头是公司高管精神面貌的焕新。回归源头，定具体的行为准则：不油腻、不放水、顾大局、玩真的、务求具体、主动学习新技术、若做不好就跟自己没完、找准自己的顾客。对我来说最重要的就是玩真的！说了就算，定了就干，干就干好，干不好就负责任！始终坚定战略方向，带领团队实现西贝 XIBEI 品牌焕新。

2024 年 7 月 23 日

在华贸店参加老板组织的现场会。

一、打造“水煮南瓜子 × 草原酸奶”档口，极致呈现。

将水煮南瓜子作为餐前开胃小吃在华贸店打样，思考给顾客的呈现方式、怎么上桌、瓜子皮怎么收、服务员怎么介绍。曹萃设计实用好用的瓜子包装盛器，打造有价值感的顾客体验。

西贝草原酸奶作为甜品，能让顾客甜蜜地结束一顿饭。今天下午调整全国统一售价：9 元 / 杯，甜品取利低些，关键是卖起量来，总成本才能降下来。曹萃统一设计“水煮南瓜子 × 草原酸奶”档口，8 月 1 日前极致呈现。

二、白兰瓜呈现价值感不足，从源头标准上优化。

体验白兰瓜果盘，感受不好，没有按照标准出餐，瓜切得不对，用的叉子也不对，训练不够。“说了就算，定了就干，干就干好，干不好就负责任”，全员高强度地刻意练习。现场优化标准，白兰瓜切块后放置在整条瓜皮上，顾客用签子吃，这样方便、有价值感。下发最新标准到门店，出品如下图：

作为首席标准执行官，要玩真的，不放水，务求具体。从高水准建标入手，亲自在门店反复测试比对，死磕细节，经过打磨再形成标准，带领门店进行高强度的训练，高质量、彻底地执行。

三、建立服务徽章荣誉体系。

建立徽章体系，包括臂章、肩章、胸章，每个徽章代表不同的技能、荣誉，匹配对应的津贴，巧立名目激励员工。至于如何设计、鉴定、考核和申报，和老大们讨论后拿出方案。

2024 年 7 月 24 日

参加集团 2024 年半年度述职会议。

这次视频汇报形式新颖，能清楚地看到每个部门的工作，方便相互学习，汇报更高效。视频汇报高质量呈现的核心在于内容，说你所做，做你所说，呈现干货，高水准的流水账，不炫技，不喊口号，实事求是，配上自己的原声让报告更有力量。

红白格台布已经成了西贝的品牌符号，在顾客心里有认知，要保持全国统一。改动品牌核心符号、Logo 等关键元素，对菜单的一些实质性改变，加一些拿不准的菜品，都要经过老板报批，由老板亲自把关。分部、营运区老大检查门店，100% 使用红白格台布，清除店内不符合场景标准、没有功能性的装饰品，绿植、干花这些不能出现在店里，保持西贝 XIBEI 品牌形象的统一性。

2024 年 7 月 26 日

梳理荣誉徽章体系，通过徽章把激励简单化、可视化、显性化。徽章不用多，要少而精、小而美，每个徽章都有不同含义，有明确的申报、鉴定和发放管理细则。

徽章代表荣誉和津贴，可按月、季、年进行评选，分成 3 类：第一种是技能徽章，人人可以学技能，过鉴定，挣津贴；第二种是激励徽章，奖励优秀行为；第三种是荣誉徽章，比如明星员工、忠诚员工、功勋员工，马姨精神奖。

跟老大们共创方案，到门店现场交流，听取员工的真实想法，用最能打动他们的方式公正、公平、公开地有效激励。

2024 年 7 月 27 日

追踪改善各分部台布、绿植和挂画情况。跟老大们达成共识：所有门店必须使用红白格台布，大雅间台布不符合要求的按标准尺寸定制。街边店外、外摆区功能性绿植可保留，但门店内的绿植、干花，与品牌格调无关的挂画、没有功能性的装饰都要换掉。一代店内绿植和画面的更换由设计部到店给出优化方案后再作调整。特殊需求找老板报批，营运部按标准检查。

跟刘旭光、晋小雨沟通，门店装饰必须像西贝，不能偏离，设计团队到门店给出具体方案，老大们监督落实，确保西贝 XIBEI 品牌场景一致性。

2024 年 8 月 2 日

测试一把羊肉串配现烤馕最佳工艺。

老板今天到华贸店用餐，一把羊肉串配现烤馕体验差，羊肉串又膻又硬，看到 3 种不同规格的羊肉串，工艺、签子都不一样，效率比较低，于是拉群沟通，看营运团队是如何思考的。

羊肉串现切现穿对环境要求高，如温度把控不好就容易出血水，出品不稳定，会出现肉膻、硬的问题。中午在当代店测试工厂配送的 20 克木签羊肉串，其工艺与三代店羊肉串一样，烤出来口感稳定，热吃或凉一些吃，都不硬不柴不膻。决定统一工艺，都用木签子，30 克串用于堂食和外卖，20 克串用于一把羊肉串配现烤馕，由超厨统一配送，让门店好操作。

已完成在工厂制作现烤馕冻胚的测试，冷冻配送到门店，解冻完直接烤就行。对接工厂，快速推进羊肉串和馕饼标准落地，预计 8 月 4 日完成产品切换。

2024 年 8 月 6 日

推进西贝 XIBEI 菜品标准教材视频化。成立菜品操作标准视频专项组，刘瑞峰任组长，新建沟通群，组织协调人员，制订拍摄计划，讨论优化内容，实时追踪进度。

之前刘瑞峰策划制作的“大厨来了”视频号效果不错，这次任他为项目组组长，整体统筹拍摄制作，从设计脚本开始，快速推进；田朝胜参与标准建设，将精益思维导入菜品操作标准教材中；曾俊珊参与脚本创作，提供拍摄思路，研发导师配合录制；大家协同配合，共同打造实用好用的菜品操作标准视频教材。

2024 年 8 月 10 日

作为西贝 XIBEI 特色服务，魔术要让顾客有感知，发自内心地有惊喜感。魔术的道具和表演形式对魔术效果有很大影响，可以针对不同年龄表演：比如针对 4 岁以下的小朋友使用大一些的变物道具，直观地变出小零食、小玩具送给他们，让他们感到惊喜；针对 7 岁以上的小朋友及成年人可以互动一些逻辑性较强的魔术，比如海绵心、扑克牌等，激发他们的好奇心，甚至可以教他们变个魔术，让他们留下深刻印象。重新梳理魔术针对不同年龄表演标准，按照 4 岁及以下、4~7 岁、7 岁以上进行表演与互动效果区分。除魔术技巧外，重点在互动与话术上下功夫，给顾客创造惊喜。

2024 年 8 月 14 日

西贝品牌承诺是专属特色服务，要让顾客感受到西贝品牌的实心诚意；让喜悦自信、亲切自然作品牌承诺，桌桌回访兑现承诺成为峰值、极致体验。要求各门店进行高强度的刻意练习，每人练 100 遍，追踪落地，极致执行。

同时在结账单上增加显示品牌承诺“菜品不满意无条件退菜换菜、超 25 分钟菜品半价”，顾客投诉服务不满意、员工诱导写好评、弄虚作假行为奖励给他们储值金。通过质朴的语言文字、实打实的行动让顾客感受到西贝的实心诚意。

2024 年 8 月 15 日

西贝小锅牛腩超级招牌菜专项组稽核复盘，保障战略产品西贝小锅牛腩超级招牌菜高质量稳定交付。总部分部联合巡检稽核：确保上岗人员技术过关，具备感官工艺转化能力；严格执行生产标准流程，保证有、好、快，无估清、无剩余和无底线项。

在巡检稽核过程中，查标、修标并二次贯标。优化了牛腩解冻标准，外卖牛肉分份、分装、收汁标准，外卖压蔬菜汤汁标准，焖米饭锅标准，同步落地新标准，极致执行。

目前完成两轮巡检的门店有 235 家，计划月底前全部完成 4 轮巡检。对于问题门店，稽核组精准扶弱，直到问题解决为止。小锅牛腩档口不符合标准的，立即整改优化，各店韩式小高压锅不得少于 10 个，把小锅牛腩档口气势呈现出来。

2024 年 8 月 20 日

举办“宝贝生日会，全家去西贝”全员创意 PK 总决赛，看到全国各地代表团精彩呈现，感受到了一线年轻伙伴活力满满。PK 赛打造的是能量场，在 PK 的过程中相互学习，共同成长。

“宝贝生日会，全家去西贝”是能为顾客提供情绪价值的产品，要把它作为战略产品打造，重视开发近景魔术，玩出彩；做好招募工作，每天上、下午高峰期前办两场主题生日会，越办越专业、优势越强，成为“餐饮界的迪士尼”。

西贝 XIBEI 品牌焕新，聚焦放大“家有宝贝，就吃西贝”，升级“宝贝生日会，全家去西贝”，成为有叫客力的产品，形成口碑。成立专项组，由总部统筹，激发门店创造力，百花齐放，既要提供好顾客体验，又要激发好员工动力，闭环落地，一以贯之，实实在在地落在门店，给我们带来生意。

2024 年 8 月 26 日

西贝 XIBEI 品牌焕新，优化厨房动线，精益改善，成立精益项目组，由田朝胜挂帅，和刘瑞峰在动线不合理、硬件条件弱的门店优化打样，把精益管理融入到“人机料法环”中，升级《门店厨房管理标准手册》。刘亮心、许慧组织门店落地，在贯标的过程中将精益思维带入日常管理。新店设计厨房动线的核心是精益，必须统筹。

考察嘉里中心儿童探险乐园，他们有专门的生日派对套餐、派对房，布置和演出单独收费，每场 1 000 多元。我们“宝贝生日会”场地更大，有更多展示、布场和表演的空间，形式也更灵活。只要把欢乐场的氛围做足，打造极致体验，就能提升要价力，成为我们生意增长的突破口。

晚上在当代店开现场会，餐厅是最适合过生日的地方，跟吃结合在一起就可持续。菜品是种载体，叠加出一个新的价值是生日会的表演和仪式感。过生日是人们容易花钱的场景，收费倒逼我们精心准备，破了收费的局。更专业的“宝贝生日会”是更认真、更用心、体验更好，用情绪产品提升顾客价值。

2024 年 8 月 27 日

“宝贝生日会，全家去西贝”是全公司战略置顶级产品，也是服务型产品，更是一把手工程。发动分部营运区、支部和门店全部快速动起来，在做好日常管理的基础上聚焦精力在服务产品上发力，大胆投入。给新业务创造新价值，在市场上形成势能，助力门店创客、创收、创利。

“宝贝生日会”营运落地团队体验磁场剧场魔术亲子秀，整场魔术 4 个片段主题：榜样、梦想、包容、分享，寓教于乐。魔术没有炫技，会故意露馅让小朋友看出来，设计了很多亲子互动环节，整场氛围很欢乐。“宝贝生日会”的互动环节也要精心设计，让每个家庭深度参与进来。一把手快速确定门店生日专区，把宝贝生日会办起来，先开干再改善，不断操练。

2024 年 9 月 2 日

召开分部战略落地会，给团队赋能。学习《西贝干部精神面貌焕新 10 条》，认真对照，代入自己，服务门店，激发好动力，让团队感受到信心，做出贡献。

“宝贝生日会”战略置顶，带领大家领悟战略，达成共识，明确落地行动方向。支部经理作为老大，亲自打造。场景布置要执行公司标准，不能用力过猛，要精致化、有品质感。采访魔术师是仪式的主要情节，要重点突出，让顾客尖叫，创造情绪价值。敢于给高待遇，招募喜悦、会聊天、身高标准的优秀伙伴，建设好人才梯队。

梳理周边零售产品（水煮南瓜子、黄酒、奶酒、3种八宝茶、8种酸奶制品）的售卖、赠送与呈现形式，规划在门店、会员和商城的整套闭环方案，门店落地，让顾客在西贝品尝到更多优质产品，提升体验满意度。

2024年9月4日

一、在西贝杂粮月饼热销期，展台、展车要按标准摆放，如实物杂粮月饼不够，可用空盒代替，货卖堆山，营造出节日氛围。以“莜面月饼庆团圆”为主题的亲子体验营和宝贝生日会具有节日属性，带小朋友学中秋习俗、看魔术表演、制作月相盘、现做现烤莜面月饼都是价值点。全员有效行动，借中秋节大力推广，活动数量翻倍，在提升堂食客流的同时整体提升人员状态，服务焕新。

二、巡店发现华北部分门店有地面黏脚的情况，原因是清洁剂不标准——使用洗洁精而不是“艺康橙净”清洁剂，洗洁精擦后还需要过水，有残留就会黏脚。经过测试，统一门店清洁标准，使用“艺康橙净”清洁剂，明确配比浓度、清洁频率和清洁方法，拍摄教学视频，在全国培训执行。门店发现的问题要回归源头标准思考，找到真问题，高水准建标，细化颗粒度，管理升段。

2024年9月5日

参加石景山当代店“宝贝生日会”预演，老板到现场进行了指导并提出改善方向。

一、“宝贝生日会”专区要有私密性，不能过于开放，既要让过生日的人感受到专属感，又不能让其他顾客认为我们是儿童生日主题餐厅。优化石景山当代店生日会场景布局，调整舞台方向和呈现形式，摆放 6 个圆桌，增加屏风，迭代升级。

二、“宝贝生日会”与亲子体验营是两种不同产品，亲子体验营侧重亲子手工制作体验，而宝贝生日会侧重聚会场景的欢乐体验。宴会城的编导团队有丰富的演出经验，邀请他们与张瑞青团队一起共创。设计“宝贝生日会”不同价位对应不同配置，可以实行阶梯式定价，比如基础版人均 150 元、经典版人均 200 元、定制版人均 300 元，这样就更具仪式感和品质感。

三、张瑞青作为“宝贝生日会”负责人，要勇于拍板作决策，我提供支持，把控好方向，培养年轻干部。

2024 年 9 月 13 日

“亲子厨艺课堂”项目组与郑健、食安团队讨论设计课程插件。先围绕亲子莜面课堂制作食安、食育和食娱的课程插件，调动小朋友感官，在玩的过程中学知识。例如，食安的洗手采用儿歌形式，小朋友更喜欢；认识莜面、了解莜面营养价值，可以通过卡通动画、种植莜麦苗等方式呈现，浅显易懂；借助各种模具教小朋友制作燕麦饭团、蔬菜莜面卷、五彩卡通馒头串等，简单有趣，真教、真做、真吃。分工分组制作课程插件视频，脱个模子出来，支持门店“亲子厨艺课堂”快速推进。

2024 年 9 月 17 日

西贝干部用心经营员工感受，带领教练组和干部们实心诚意爱员工，对员工好。用好“时薪日奖月分红”，开好喜悦岗会，巧立名目地激活团队，用焕然一新的精神面貌服务顾客。

多花心思在员工的吃住行上，员工餐食谱要丰富，营养荤素搭配，节假日加油餐及时补给。宿舍干净、卫生、离店近，用水用电方便，温度适宜，基础生活保障完善，有家的温馨感。

干部们以身作则，积极帮助伙伴完成工作，学专业、长本事。对伙伴一视同仁，主动沟通，倾听他们内心的声音，及时排忧解难，让伙伴有归属感，最重要的是形成企业文化，把“实心诚意爱员工”落在行动上。我们爱员工，员工爱顾客，顾客爱西贝。

2024 年 9 月 18 日

推进应季蔬菜上新，采购与各地区总厨联合建立应季蔬菜库。各地区总厨研发试菜后报总导师刘亮心试菜把关，老大们确认菜品的成本、售价后报批上新。最新确定 8 道应季蔬菜为：北京、天津上新玉米笋烧杭白菜、椒油莴笋尖，华东上新葱油塔菜，华南上新葱油番薯苗等，都很有地方特色，于 9 月 25 日前各地区完成上市。

同步上新的还有一把羊肉串配现烤馕、草原羊蝎子、猪排烩酸菜，原料、餐具陆续到店，导师和总厨们同步安排菜品培训落地，保证全国菜品上新，高质量稳定交付。

2024 年 9 月 20 日

聚焦战略，“亲子厨艺课堂”“宝贝生日会”是门店的增量生意，堂食、外卖有目标，根据业务合理配人，精益用工，确保顾客有好体验。优化用工结构和岗位编制，建立人才发展规划，明确晋升通道及薪资标准，学技能、得徽章、挣津贴，让员工有清晰的发展、增收路径，有目标就更有动力。招、训、用、留、汰是人才供应链的重要环节。扩大校招和内推两大渠道，招募爱笑、爱玩、会互动的人加入西贝。新人入职有师傅帮带，帮带新人有标准、有记录，教技能、给关爱，对师傅有奖励。全员通岗训练，员工主动申请，通过鉴定有岗位奖励。日常管理用好时薪日奖制度，开喜悦岗会，激发员工活力。保证员工吃好、住好，节日有福利，每月召开员工大会，实心诚意对员工好，让他们在西贝开心地工作，有钱挣，谋发展。

2024 年 9 月 21 日

学天使姐想西贝，坚定西贝 XIBEI 品牌增长之道。

一、新的时代周期，企业从高增长到低增长，从增量到存量，靠的是品牌和价值红利。找到西贝的差异化价值，给顾客选择我们而不选其他的理由，并传播此价值。应对市场变化，调整好心态。心态决定心力，心力决定战斗力，战斗力决定生产力，生产力决定竞争力。

二、用户需求发生变化，重构模式才能穿越周期。从品牌资产、品类机会和竞争优势的交集中找到西贝发展的增长机会点，就是要定位"家庭友好餐厅"，把亲子厨艺课堂、专业儿童餐、宝贝生日会当成 3 个产品来打造，坚定战略：亲子厨艺课堂想象空间巨大，先保本创客，数量翻倍，逐渐变成盈利产品；专业儿童餐全面升级，下决心做到能有机不普通，能现做不预制，能天然不添加，把最好的给孩子；宝贝生日会高质量地举办，把工作日、周末的空余时段填满，形成西贝新的盈利模式。

三、重构的核心不只是模式，还有组织的创新，组织也要有竞争力。我们要做到做好，极致执行，顾客"好体验、好再来、好再买"。持住劲、沉住气，用 3 年时间把战略产品打造起来。

2024 年 9 月 28 日

到广州琶洲保利店复盘并试菜。最近上的几道新菜出品不够稳定，接下来许慧带贯标组重点帮带，强化训练。新品上市要按照城市集中培训，打造 PK 场，员工技能认证通过才能操作生产，保证菜品高质量、稳定地交付。

针对 9 月 23 日菜品估清找出真问题，复盘真原因，从源头上解决。靠人管事容易发生错漏，每个人的标准不一样，执行力也有差距。要建立一整套厨务生产管理系统，盘点、报货和排产自动化、系统化管理，超时估清监测预警，系统保障人员工作不错漏，提高管理效率，支持菜品有、好、快，精益不浪费。

2024 年 9 月 30 日

在当代店试菜，跟宋宣、曹萃就外卖产品分量和包装达成共识，试了无抗鸡腿健康餐、3 款杂粮版的小锅牛腩焖饭，焖饭搭配烤蘑菇和烤葫芦，颜色丰富，看起来营养健康，顾客自由选择白米饭或杂粮饭，用纸浆材质的椭圆盒加腰封作包装，有质感和健康属性。

以乌兰布和有机山药为原料开发产品，研发了 3 款堂食菜品，试吃后计划上一款。研发热饮有机山药汁，试喝后觉得味道不错，天冷了适合售卖。往鸡汤炖豆腐里加入有机山药，增强价值感。曹萃负责设计门店有机山药堆头，把新鲜食材展示给顾客。按节奏推进，与那达慕美食节菜单同步上市。

2024 年 10 月 2 日

厨房贯标组在国庆期间到门店协助师傅预制出餐，餐中帮带标准执行，梳理门店制作流程，优化工位动线，根据菜品差评数据有针对性地制订巡店计划。

前厅服务徽章荣誉体系先在北京试行，配合着北京地区新工衣（白衬衣、黑围裙、黑裤子、黑鞋，配绶带和徽章）切换一起进行。厨师争星级，前厅争徽章，徽章分为 3 类：激励徽章、技能徽章、荣誉徽章，徽章命名顾客有感知，员工有荣誉，挣津贴，承担责任。过程中与门店紧密沟通，不断优化方案，全国统一更换新工衣时整体推广徽章体系。

2024 年 10 月 4 日

国庆期间各分部积极举办“亲子厨艺课堂”链接顾客，共举办了 1 140 场，链接 9 804 组家庭。在食育、食娱上创新开发了蛋炒饭、莜面水果派和象形萝卜仔等课堂，老大们带着团队持续创造，百花齐放。瑞青团队制作完成 16 款食娱产品视频插件，讲解原料、器具和制作方法，供门店学习使用，丰富厨艺课堂内容，支持门店。

国庆期间“宝贝生日会”举办了 20 场，每场人均消费额基本在

120 ~ 150 元，大家在主题上也积极创新，有魔法主题、公主主题和小火龙主题，在仪式上也持续优化：小朋友戴生日帽、唱生日歌、许愿吹蜡烛、家长上台分享更有仪式感，礼物台、生日宣传展台也很吸引顾客拍照打卡。“宝贝生日会”是战略产品，需要在举办中持续打磨，老大们亲自进来，不断创新优化、相互学习，赢得顾客口碑。

2024 年 10 月 8 日

老板组织营运团队开会，提出各部门业务优化方向。专业儿童餐左跨一步是“亲子厨艺课堂”，右跨一步是“宝贝生日会”，做好增量生意，全面升级专业儿童餐。现在开始准备，配备更强的研发团队，新菜注重形式，从多方面进行升级，丰富顾客选择，带动家庭消费，抢占生态位。2025 年开始对外宣传，把最好的给孩子。

思考接下来的门店生意，核心是要在创客创收上发力，人员费用占比受人工成本和销售额两个因素影响，要想如何增加销售额，而不是单纯地控制人工成本，只想着省就把竞争力省没了。回到分部，经营好门店，门店是唯一的战场，从人员入手，打造有战斗力的团队，组织力强起来才能把生意做好。

2024 年 10 月 9 日

参加老板组织的述职会，找到门店经营关键有效动作。西贝 XIBEI 品牌焕新的关键是员工精神面貌焕新，团队素质能力才是真正的“土地肥力”。聚焦战略，因上使力，从人员入手，给够待遇、关爱，选优培优，精益管理，带领干部当好大家长、教练和老师。亲自抓招、训、用、留、汰，实现干部员工焕新，态度好、能力强、接得住、顾客满意。

坚定战略，抢占生态位“重种一棵树”的阶段半年不从门店取利，门店挣的钱全部投入到门店团队能力建设和门店创客上。回到门店，面对具体的人和事，每一个环节都操心到，深潜业务。

我心中的董俊义

贾国龙　张丽平　何海宾　刘亮心　侯剑强　贾国慧
齐立强　王龙龙　高泽平　陈利波　何娅娜　陈永华
刘旭东　张　萌　付宇婷　汪婷婷　杨　超　邓广冰
桑苗苗　刘香付　董琦瑶

贾国龙

西贝餐饮创始人

董俊义在西贝是个传奇人物。他 1992 年入职西贝，干过学徒、采购、划菜、小店店长、大店店长、公司采购、小分部经理、大分部经理、公司 COO、总裁和 CEO。

董俊义于 1972 年出生在苦寒之地——内蒙古自治区呼和浩特市土默特左旗铁帽乡章盖台村。他苦到什么程度呢？他母亲为了给他攒娶媳妇的钱，一年只吃 3 斤油。

董俊义小学五年没上完就辍学了，因为他太调皮，也太聪明，老师管不了，也教不了。

董俊义在西贝却是特别爱学习的人，公司组织的所有学习他从不请假，认真上完每一节课，在 LMI 领导力学习班上他被评为“最佳学员”。

董俊义是西贝大学的特聘教授，他调侃说：“我自己小学都没毕业，却毕业于西贝大学，而且还被聘为教授，真像做梦一样。”

2020 至 2024 年，董俊义在西贝总部 COO、CEO 岗位上心得分享日日不断，篇篇高质量。

注：LMI 全称为 Leadership Management International，由保罗·麦尔先生创立于 1966 年，是全球领先的领导力机构，致力于激发组织和个人的领导技能，支持客户达成可衡量的目标。

张丽平

首席贝爱公益官

俊义是西贝高管中服务意识最强的，每场有他的饭局他都是最先主动站起来为大家斟茶夹菜，多年来一直秉承着这一美德。

俊义也是西贝男高管中最注重衣品形象的，在任何场合出现，他都是干净清爽，眼镜片锃亮，衣服精心搭配过，鞋子一尘不染。

俊义之所以能够长期这样，以我的了解，除了他对自己要求高之外，跟他有一位“家庭良师”时刻影响着他有非常大的关系。这位良师就是他的爱人韩茹，韩茹聪明、温和，有智慧、有审美，擅烹饪，相夫教子，持家有方，在这样的伴侣影响下，他俩互相激励，彼此成就。

一个人在职场的样子，其实也折射出他在家的样子。祝俊义和韩茹一直携手进步下去！

何海宾

首席运营官

在我心中，董总更像我的老师。刚带我的时候，董总基本每天都打一个电话，一打就一个多小时，他给我赋能，不但讲工作怎么做，而且教我怎么为人处世，让我做事更细心、耐心，找到做事的初心。记得有一次事情没办好，我找了借口，董总给我讲了一个故事：早年西贝火锅城卖一道菜“红枣烧猪手”，有天沽清了，老板问负责采购的董总为什么沽清？董总说红枣没了，老板说不行，必须马上弄来红枣，董总准备骑上车去西贝临河另一家店爱丽格斯去取红枣，老板进一步“逼”董总：“不行，5 分钟必须弄来！”骑车到爱丽格斯就要 10 分钟，董总只好另找办法，结果到新大都马路对面的水利饭店借了一把红枣回来。人不逼自己一把，哪来的办法？这个故事让我记忆犹新，学到了老板和董总身上不找借口，穷尽一切办法把事情办成的劲儿。董总就是这样通过言传身教用心地帮带我，让我在西贝平台不断喜悦成长。

刘亮心

西贝事业部总厨

跟董总相识32年，我印象最深的是早年间看到董哥骑着二八大杠，把上、后座上装得满满的鸡肉、鱼肉和菜，各种大小袋运送到厨房后门，叫大家出来拿货。早上买完原材料，他中午就进厨房划菜，还帮着面案烙饼。那时我就觉得董哥太能干了！相识这么多年，董哥在社会上的朋友很少，他把全部的精力和热情都投入到了西贝，以及团队的建设和团队伙伴的培养上。董总总说："任何事情，一定是到现场，只有行动才有结果。"

侯剑强

首席供应链官

在我眼中，董总是一个盯工作一盯到底、盯到有结果的人。在公司发展新业务的那几年，过程中因为业务调整产生呆滞原物料，原则上我们根据原物料的权责归属，须由相应的需求方处理呆滞原物料。董总当时是西贝莜面村事业部CEO，原本这些呆滞原物料和西贝莜面村事业部没关系，但每次我找董总寻求帮助时，他总是站在公司角度，按照“物尽其用”原则给出妥善的使用方案。而且每次他都是亲自组织营运、计调和采购部门讨论方案：继续使用的就明确使用区域和周期，对外销售由采购部门负责谈价，门店员工餐使用的就明确使用门店、使用量等，他多次协调，跟盯执行情况，尽量不浪费，减少损失。他永远都是把公司的事当作自己的事，心力很强，让我十分敬佩。

贾国慧

原贾国慧分部总经理

董总强调服务心态，他就是这么做的。

我们有时开会聚个餐，董总给我们所有人倒茶水、发餐巾纸。

总部布置任何工作，董总都要求大营运服务好分部。

董总提出“三力”，尤其重视干部的辛苦力。

经常看到他帮带手下的每一位干部，认真、细致和不辞辛苦地和大家写报告、改报告，做方案、改方案。

董总对干部既高标准地要求，又用心呵护他们。

无论事业部季度会还是和分部经理开会，他都会严肃批评指正干部的错误认识和行为，但又往往在散会前特意鼓励、认可那位被批评指正的干部。

董总是我的榜样。

齐立强

原齐立强分部总经理

好多人叫他“董总”，而我一直叫他“董哥”，人前人后都是这么叫。我们认识有 20 多年了，我还在读大学一年级，也就是 1998 年就认识了他。我从心里一直都尊重、佩服和喜欢他。

他讲话直接，爱讲粗话，讲起粗话时会吓我一跳，但话糙理不糙，听起来很过瘾，我喜欢和他聊天，粗话简直是劳动人民的“抒情诗”。

他特别会做生意，无论在内蒙古临河市还是在包头，他都漂亮地打赢过竞争战，听他讲商战故事很过瘾，我特别佩服他的生意头脑。

董总爱企业，在西贝奋斗 30 多年，仍然能量满满，总是充满斗志。他说自己的能量都是他的爱人——韩茹嫂子给的。他常常和我分享最近他的老婆大人又教会了他什么，他很爱老婆，甚至把她当作妈妈一样看待，他真是一个有智慧的男人。

王龙龙

原王龙龙分部总经理

我印象最深刻的是董总刚就任CEO时提出的“服务心态”。CEO是很高的职位，人们通常认为该职位代表着权力，而董总竟然提出“服务心态”，这让我想起了沃尔玛的“公仆领导”——即领导是员工的公仆，员工为顾客服务，领导为员工服务。董总把自己放到低处，托起各个部门和团队，这就是“服务心态”。

董总的“服务心态”不是假装的，因此格外有穿透力。例如，我们同桌吃饭，最先提起壶给大家逐一倒水的那个人就是他，上菜后第一个给身边人逐一夹菜的那个人也是他。

有的管理者特别害怕别人挑战他的权威，当别人提出不同意见时就觉得是在和他对着干，甚至暴跳如雷，但董总不是这样的，当你提出一个好建议时他会异常开心。当我们提出外卖广告应该怎么投、套餐怎么做、会员积分兑换怎么设置时，董总会说：“龙龙，这些方面是你的强项，我听你的。”而且还要求职能部门“配合龙龙总去落地”。

从“术”的层面看，经营管理是各种策略、方法、模式和模型的竞争，但在本质上比的是谁更通达人性，董总的“服务心态”就是对人性的洞察，也是他身上最闪光的地方。

高泽平

原高泽平分部总经理

董总是我在职场中极其敬重的领导与挚友。和他相处、听他讲话，对我而言是一种享受。他讲话毫无架子，全是通俗易懂的大白话，却饱含深刻智慧。

他曾说："急躁、烦躁就是不祥的预兆。"这句话乍听简单，细品却蕴含深意。在忙碌工作中，压力常让我们情绪失控，陷入负面状态。此后，每当我感觉心跳加速、内心烦躁或者做事急躁时都会想起这句话，并及时调整自己，以免因情绪误事。

陈利波

城市经理

在我心中董总是一个始终有“服务心态”的人。

在我的印象中，凡是在跟董总在一张餐桌上吃饭的时候，我就会感觉作为一名营运干部在服务细节上“自愧不如”。我是回民，每次在一些非正式场合吃饭时，跟我熟的伙伴会用某道含有猪肉的菜调侃我，董总会第一时间制止他们，说要尊重少数民族。餐中如果有非常明显的猪肉菜品转到我面前，董总也会第一时间转走；挨着他坐时他还会主动给我夹一些牛羊肉，说：“这些菜波波你都能吃。”

另外，跟董总同桌时他会主动给每个伙伴斟茶倒水，我们觉得不好意思要自己倒，他却总是说“坐着别动”，给大家倒完了最后再给自己倒。跟他相处起来很轻松，没有距离感。

这是工作之余的一些案例，我自己在其中也很受益。作为一名服务者，无论职位高低，始终要有服务好他人的心态，用心服务好身边的伙伴，伙伴们也会用心服务好进店的每位顾客。

何娅娜

城市经理

2023 年我们分部刚成立，当时接手的门店亏损多，作为分部老大的我压力很大，特别是邯郸店已经决定闭店，商场负责人找到老板，希望我们继续经营下去。

董总带着团队一起到邯郸，做顾客调研，听取顾客的声音和需求，帮助我们调整菜单、营造更好的就餐环境，同时和物业沟通减房租、降压力，要商圈广告资源以扩大宣传，提升品牌势能。在董总的帮助下，这家店成了分部利润率名列前茅的门店。

作为新上任的分部老大，我在带团队上有时会急躁，董总经常对我说："标准要高、要求要严，同时要有服务心态，还要会激励。"在董总的鼓励下，团队凝聚力和战斗力越来越强。

陈永华

城市经理

我心中的董总始终给人以松弛感，但对待工作又是高标准、严要求、执行力超强，用董总的话说就是："说到做到，做到做好，做不好负责任。"董总的这些特质激励着我始终保持激情、高效的工作状态。

董总还是一个非常爱学习的人，学习力极强，能够迅速看透事情的核心，抓住事物背后的本质。工作中，董总经常教导我们要提高学习力，激励我们不断学习进步。

服务心态是董总的工作法则。他经常对我们讲："要有服务心态。"他要求总部职能部门人员必须到一线了解、学习业务，目的是更好地服务分部、门店，为团队提供资源和支持，帮助员工成长和发展。受到董总的影响，我的工作心态也发生了改变，一切以服务门店、团队的每一位伙伴为核心，带领团队打胜仗。

董总的服务心态不仅体现在日常工作中，而且在生活中也是如此。每次和董总同桌用餐，他总是用心服务同桌的每一个人——夹菜、倒茶、倒酒，忙个不停。这种无形的榜样力量也深深地影响了我，让我在工作和日常生活中主动用心服务身边的每一个人。

刘旭东

原刘旭东分部总经理

董总挂在嘴边、最常说的话就是：在任何时候都要永远保持“服务心态”，而且他也是这样践行的：无论在开会、用餐还是在外考察的时候，他都会随时随地地为大家热心服务，端茶倒水，整理桌面，从来不会摆架子。在当公司总裁期间，他特别强调要服务好分部老大，为老大作贡献，共同进步，真正做到了无私无畏。

董总还有一个特点就是擅长“讲故事”，讲在他身边发生的故事、他的过去、他在西贝的成长。他用最通俗易懂的本地话讲出的故事很有画面感、很有意思，也很有哲理，大家都爱听。

张萌

品质外卖高级总监

我心中的董总是一个狠人：他说了就算，定了就干，干就干好，干不好就负责任，特别坚定、果敢和睿智。

在学习力方面，董总经常提出各种灵魂拷问：知道秦始皇是如何统一六国的吗？他从电视剧、短视频和文章中处处学习，再用到工作中；看到和我工作相关的文章他还会转给我，比如视频号张琦老师讲的“星巴克为什么越来越贵？”巴奴公众号分享的“宠粉会员日玩法”，帮带着我一起学习。

在辛苦力方面，我记得董总带我们过半年度报告，大营运 12 个部门一上午才过了 3 个部门报告，到晚上 9 点还有 4 个部门没报，第二天早上 9 点继续汇报，因为每个部门他都手把手带着找核心 O 和 KR，直到让板块负责人都明确下半年的核心工作。

在持久力方面，我想分享下董总怎么创造性地带我：我做会员商城时，年货节期间会员商城订单爆单，仓库运力不足、缺货产生客诉，我给董总打电话汇报情况，以为他会特别严厉地批我一顿，但董总说：“我知道啊！你不是在仓库发货吗？只有经历你才会成长，能力是靠阅历支撑的，只有经历的事情越多，你的能力才会提升越快。”这件事对我的触动特别大，鞭策我做不好事情时就一定要跟自己没完，核心就是心力的提升。

董总经常说带年轻人时要站在他们的角度思考，激发激励他们。我们眼里要有光，是未来，心中有火；是梦想，敢于设定目标，用梦想驱动自己；标准要高，执行力要强，才能让自己专业升级。

付宇婷

主题小宴会总监

董总就像长辈一样关爱着我们，无论生活还是工作上，他总是笑盈盈地耐心讲解和开导；带着我们一起下店，让我们懂得如何以服务心态服务好分部和门店，制订标准要先到门店测试，门店觉得好用的才是好标准和好制度。董总总说，学习力、辛苦力和创造力中最重要的是心力，感觉没有任何事能把他卡住，他总会在我“轴”住的时候给我讲西贝过往的各种案例，让我豁然开朗，还鼓励我不断突破自己，成为更好的自己。

汪婷婷

顾客体验反馈总监

在漫漫人生路上，总有一些人以独特的姿态给我留下深刻印记，董总便是其中的一位。他的言行举止极具力量，每一次与他接触，都能精准地触动我内心深处的弦，引领我在工作与生活的道路上不断思索、前行。

而生活中的他又有着细腻温暖的一面。他总喜欢给人夹菜，这一小小的举动满含着他对伙伴的关怀。他用这种方式传递着情谊，让每一个人都感受到被重视。同时，他对浪费深恶痛绝，身体力行地践行着节约的美德，时刻提醒着我们要珍惜每一份资源。

杨超

生产支持副总监

董总带我们时经常说“管人管行为，带人带作风”，他不仅关注结果，更注重过程和细节。董总的细致让我非常佩服。记得有一次，董总问到了菜品售卖的具体情况，华北、华东、华南不同地区的售价、成本、毛利、店均日销量，甚至还会问到原料规格。这些数据董总都能脱口而出，而我当时却没能完全答上来，他让我第二天做好功课重新汇报。这件事让我意识到：只有充分准备，才能应对高标准的挑战。之后每次见董总前我都会做好功课，以免再次被问倒。董总细致的管理风格深深地影响了我，让我在成长的道路上不断前行。

邓广冰
服务教练

2007 年我被调到包头，跟随董总一起工作了 18 年，我印象最深的是董总随身带的包：里面放着许多种药，分门别类地摆放——哪种早上吃、哪种中午饭后吃、哪种睡觉前吃，降血压、降血脂、降血糖、助睡眠的。有时候忙起来他一天只吃一顿饭，但一天三次药必须按时吃。有同事跟董总说："你每天吃这么多药，还这么辛苦。"他说："最辛苦的是老板，比起老板我差远了。"董总在家中排行最小，虽然体能弱，但是一直靠挑战自己和坚持在工作。

桑苗苗

南京缤润汇店部长

我在南京江宁金鹰店时服务过董总很多次。后来我被调到了南京雨花万象天地店，董总来巡店试菜，看到他，我就激动又开心，给他倒茶时手不由自主地发抖，上小锅牛腩时说菜拌菜也不像平时那么熟练自信，拌菜动作标准要领没有做到位。董总看到后笑着鼓励我说："苗苗，别紧张，平时你服务顾客状态那么好，现在就把我当作顾客一样对待，来，我教你一遍。"说着，他拿起勺子，边操作边告诉我为什么要这样做，那一瞬间我的紧张感就没有了，按照他教的方法重新操作了一遍，得到了他的认可，重新找回了服务自信的感觉。

刘香付——上海汇智店洗碗大姐

2016年，我加入西贝当撤餐员，店里每天排队，有一次餐尾员工餐开饭了，但还有3张台顾客刚走没有撤餐，我就和店长说我撤完餐再吃。我正撤着餐，没想到董总来了，看到大家都在吃饭只有我在撤餐，就问我："怎么不去吃饭？"我回答后董总和我说："再忙也要先吃饭，不吃饭怎么行？"然后和我一起把3桌餐具撤完，还给我打了饭。他看到菜有些凉了，就让厨师长给我加热，当时我别提多感动！他还把店长叫来，很严肃地和店长说："餐尾组织伙伴们帮助大姐一起撤餐，保证每一位员工吃上热乎饭！要想边缘岗位优秀，关键是管理者要重视！"吃完饭以后董总还拿了50块钱奖励我，说我是辛勤付出、创造美好环境的优秀员工，当时我的眼泪就流了下来。

董琦瑶

主题小宴会经理 董俊义女儿

2018 年 12 月，在澳大利亚的大学毕业典礼上，我收到了西贝创始人贾国龙先生祝贺我顺利毕业的信息，那也是他首次邀请我加入西贝这个大家庭。那时候，我对西贝这家企业有着既抗拒又好奇的奇怪情感。

我的父亲在西贝工作了 33 年，人生几乎一半的时间都在一家企业，这让我难以置信。回想儿时对父亲的记忆，他总是早出晚归，身影忙碌而模糊。经常出差的他，每次归家总会拎着一个"百宝箱"，里面时常会有一些我从未见过的新奇礼物——动物形状的巧克力、手工的 mini 小茶壶、精美的小摆件……这让我开始期待他每次出差的日子，因为我知道我又能收到新的礼物了。然而，随着我慢慢长大，父亲与家庭的陪伴却没有增多，再多新奇的礼物也难以弥补他在那些重要时刻的缺席。

记得有一次妈妈发烧，正好赶上他有紧急的会议在外地，没办法陪伴在妈妈身边照顾她，那一刻我对父亲的工作非常不满，不理解为什么工作如此重要，似乎成了一个无情的"掠夺者"，抢走了父亲陪伴家庭的时间。

我对西贝到底有什么样的魔力感到很好奇，于是在2020年7月选择加入西贝大学，成为一名企业讲师。那是我第一次接触西贝蓝图，它对于我来说就是挂在墙上需要我熟记的一张纸。随着深入到不同的业务部门，也有崩溃到想撂挑子不干的时刻，但团队的伙伴总会彼此鼓励着，大家都愿意朝着一个目标使劲。那时候我觉得西贝人好像真的有属于自己的企业信仰，西贝蓝图不再是浮于纸上的简单文字，而是行动的指引，总有一根线在大家最迷茫的时刻依旧牵引着大家走向最终的目标。

公司有战略性项目时不玩“垄断”，由老板牵头全公司组织竞聘赛，给年轻人机会。竞聘成功者薪资翻倍，成立专项组，给够待遇、给足支持，来真的、说到做到，让我看到西贝真的能成为年轻人圆梦的舞台。

在西贝工作的这几年，我也看到了父亲平衡家庭和工作之间关系的压力。在繁忙的工作中他好像永远精力充沛，像一台高速运转的机器一样，但不管工作中发生什么棘手的事情，他从来都没有把坏情绪带回家。只有在为数不多的深夜，透过弥漫的烟雾，我才能窥见他疲惫的样子。我开始能够理解父亲对于西贝的特殊情感、他曾多次邀请我加入西贝的苦心和他的执着。

后来，我终于懂了您——西贝的好汉、我的父亲。

附 1　西贝发展蓝图

西贝发展蓝图

最终意图：创造喜悦人生

未来宣言：

我们是谁

我们是一个建造非凡西贝的团队，喜悦地实现我们共同创造的、一致的意图，我们创造奇迹！

我们挑战不可能，勇敢地战胜我们的不真实，讲真话，玩真的，喜悦奋斗，创造我们开放包容的工作环境。

我们立足

我们立足做西贝最终意图及未来的化身，而且每个人都能说“我热爱我的人生”。

我们立足做充满爱的企业，建立支持每个人充分发展的平台，让每个人都实现人生梦想。

我们立足简单有效的做事原则：化繁为简即高手，实用好用即专业，实事求是就是神。

我们做的每一件事都践行工匠精神：

创新：立足本职，持续优化　　热爱：爱岗敬业，乐在其中　　坚持：持之以恒，永不言弃

专注：觉察周遭，心无旁骛　　精准：精确准确，不差毫厘

我们立足弘扬我们的好汉精神：把爱传出去！　把利分下去！　不争第一，我们干什么！

我们承诺

西贝只有一项真正的资源：人。

夯实西贝爱的能量环：西贝爱伙伴，伙伴爱顾客，顾客爱西贝。

从心出发·爱顾客：用我们的好产品幸福顾客，一切为了顾客！

从心出发·爱伙伴：帮助伙伴成长是对伙伴最大的爱，成长的人生就是喜悦人生。

从心出发·爱自己：全力以赴，做最好的自己。

如果爱的行动没有增加，一切都不会改变。

我们看见

西贝logo在全球每一个城市闪耀，客人们充满期待地进来，心满意足地离开。

人们被全新的可能性的世界所鼓舞，全球的美食艺术家、研发大厨、食品科学家、营养专家汇聚于西贝研发平台，在科技创新的驱动下，创造美食。

我们的顾客来自五湖四海，有着不同的肤色、信仰和文化。

30年后，全球百万西贝人喜悦奋斗，实现梦想。因为西贝，人生喜悦。

核心价值观：

我的西贝：

喜悦奋斗 集体奋斗　共创、共担、共享、共富

1. 我是一切事情的起因，我选择这样看待，我的西贝我负责。
2. 坚守实心诚意的西贝待客之道，全力以赴为顾客创造价值，并超越竞争对手创造此价值。
3. 帮助每一位伙伴学专业、长本事，以喜悦奋斗和集体奋斗的方式为顾客创造价值。
4. 有效激励每一位为顾客创造价值的伙伴，激励必须公正、公平、公开。
5. 我给予我的话最高的尊重，我就是我说的话，我完全值得信赖。

2025年7月4日第31次修订

附 2　从未被认可，一直在超越

——对话董俊义

时间：2024 年 11 月 20 日

人物：西贝首席文化官贾林男、薪火创客主理人刘峰、本书作者董俊义。

地点：西贝餐饮集团总部（首钢体育大厦）

信念系统：梦想要在目标之上

问　稻盛和夫这句话说得特别好："我们缺的不是能力，而是信念，有了信念才能找到力量。"您在 2020 年 10 月 6 日的日志里引用这句话，肯定也是有感而发。能不能具体聊聊您对这句话的理解？

董俊义　我引这句话想表达什么呢？我们在座的 4 个人，缺的不是能力，而是一个信仰或者信念，就是你的目标和梦想的关系。当你想立一个目标，目标是站不住脚的；但是当你在目标之上有个梦想，目标才立得住。例如，老板给了我一个目标——一年挣 100 万。我怎么能挣到这 100 万？我一定要有一个信仰。对大多数人来说那是个信念，目标之上我一定要有一个梦想。什么梦想呢？就是我要怎么超越老板交代给我的这个任务。第一是自信，一定要培养出自己的自信，你的信仰就会来，你的梦想也就会来。第二是我也不知道怎么能挣到 100 万 的这个利润。不要想得太复杂，你就一定要有一个梦想，这个梦想里面不只包括我自己，还有团队。那就得给我带的所有的团队——四梁八柱、三剑客，给他们定一个目标，启动他们的信念系统。 我要给他讲什么叫信念、什么叫梦想。你今年一旦达成这个目标，明年就可以当部长、服务部经理、店长，逐一具体落实，才能找到力量。有了信念才能找到力量。我在西贝 33 年了，如果我没有梦想，我会坚持 33 年吗？不会！梦想也不是今天说出了这个梦想，一辈子就是这个梦想。它是不断地调整，要跟随环境、事物变化而不断地拔高你的梦想。有了这个梦想或者信念之后，就有强大的驱动力了。人都是这样，目标是排在梦想之下的，梦想的驱动力是大于目标的驱动力的。

问 **人要有自信，但真正有自信的人特别少，自信特别难，特别是自己相信自己特别难。你是怎么培养出这种自信的？**

董俊义 只有把自己的一些想法去掉。好多人现在想得太多，想太多了。想法多了，还能聚焦你的梦想、你的自信吗？今天张三说你怎么样了，明天李四说你什么样的，过了一段时间又有别人说你怎么样，那你就天天活在不自信当中了。

问 **就是太在乎别人看法吗？**

董俊义 是、是、是，就这个意思，自信就是对旁边的各种噪音，就像我们窗外的噪音，都充耳不闻。那个参禅打坐的人什么声音都听不见，那是一种境界。怎么自信？什么都别听，只听你自己的心，不管对错，我做都没做，能知道自己的对错吗？只有你做了，去验证了，成了，更自信了，不成也别说就败了。只说事情怎么没成？我再调整自己。在过程当中不断调整。自信有一部分是天性，还是后天补的多。我觉得我的自信是后天补的。我特别自信，我不会跟同等类的人去对标的。什么叫同等类的？举例子，我是分部老大，我就跟分部老大对标，我会自信吗？不会。自信是要看你跟谁对标？我就是对标老板。我要超越他，他就是我的榜样，他为什么这么灵啊？当然人家老板读大学，学习力强，我那个“三力”（辛苦力、学习力、创造力）都是你老板的。我看到好多，同事说我好累好辛苦。那要看跟谁比，我对标的是老板，那我的辛苦力比起老板还差一点，就是你对的标一定要是超级高的一个标准。人要成功啊，没个对标的肯定就搞不定。他必须有一个人格样本。

问 **我觉得特别有意思的一个点就是，你不跟差不多的人或者比你低的人比。很多人是在和差不多的甚至更低的人比，觉得我比他们强，胜过了他们，所以我拥有了自信。如果跟一个目标定得特别高的人比，那我觉得我总体比不上他，他好牛，我跟他差距好大，他反而不自信。**

董俊义 跟牛人对标绝对会不自信。不过你对这个标，不是说今天 学习一天今年学习一年你就会超越他，不经过足够长的周期你看不到自 己的成长。再就是，你永远对一个标比你对四个标强多了。对的标多了你就乱了，你到底想学谁呢，想学什么呢？就会四不像。你对的标，要永远是那个“一”，最厉害的就是别把这个“一”丢了，我在西贝，老板带上我去学习，见过很多牛人，我一点也不怵，因为我的心里只有他。我在最近 4 年里跟他经历了很多，学到很多。我来西贝已经 33 年了。人需要立个标杆，树个榜样。我从老板身上都能看到一个人的成长。老板那个气场、办事的效率、风格，那个磁场对了你就愿意学，磁场不对就不愿意学了。

问 **那您发现比照他，还差得远呢！相当于就是能增加自信。很多人如果发现这个情况，就会越来越没有自信，为什么您反而会更加自信？**

董俊义 因为我自己的能力在涨，绝对在涨。如果你对的标乱了，你的能力就不会上涨，能力没上涨才会越来越没自信。

问 **我理解您的自信，其实是你自己在跟过去的自己比较，能力比以前的是提升了。**

董俊义 是，我一直在跟过去的自己比。我来西贝 30 多年，是从农村来到城市里的。我 1972 年出生，那个年代也不好，我娘跟我说，1983 年才包田到户。我刚来西贝的时候，哪来那么多自信？顶多是无知无畏。19 岁来西贝，我好多人还瞧不上，不在嘴上说，在内心想：这么个水平能当个经理？那我就更能当个经理了！我就是从小不服输。1992 年来西贝的时候，我就给自己定了第一个目标。你猜是什么？就是绝对不能回去，不能回农村。1993 年的时候认识了我媳妇，看上了她，我定的第二个目标就是我一定要娶个城市媳妇，因为那个年代城市户口和农村户口的差距很大，我要找个城里媳妇生个城里娃。一个一个地去实现我的目标。成家之后，我的月工资从 1995 年 275 块钱到 1996 年将近 500 块钱。在天天活羊店当上经理了，就拿到 600 块钱。2002 年又接手西贝餐饮广场。当时亏损很大，但把店接过来之后，一旦把内心那种恐惧解决了，就更自信。心里就想：啥时候我能做个比这个店更大的？2005 年被调到海鲜事业部包头店，占地 5500 平方米的店，亏损一千大几百万。最后我就当了分部老大。2016 年我带团队走出内蒙古开西贝莜面村。你在内蒙古不出来，就是没成长。2016 年出来开店，开店的时候我的第一目标就是部队要大，因为我不愿意带小部队，带的部队大，能力肯定也要提升，让大家看到你会说你好牛啊。我就想变牛人。2020 年就赶上了疫情，我当了营运部的 CEO。集团下面有西贝莜面村、贾国龙功夫菜等几个事业部。在总部四年，回分部的时候我做了个作业，我说这就是毕业了。

知、悟、做

问 您在 2020 年 11 月 3 日有一个分享，说贾国龙功夫菜的品牌驱动器是汤醇、料足、价实、真真、真善、真美。您还把这段粘贴在作业里。

董俊义 对，老板描述的每个字都是他推敲出来的。我是把他每句话都当作战略，所以就把他讲的那个内容不断地在作业上写，不断地悟，我想看看这话到底是啥意思，这就得去悟。

问　老板讲的 12 个字，您到底是怎么领悟的呢？

董俊义　汤醇讲的是味道，料足就是用料实在；至于价实，好多人说我们西贝贵，但我们买的那个原料跟别家的原料确实不一样。例如，别家的一道炒花菜，卖 26 块钱，我们卖 36 块钱也干不过他卖 26 块钱的毛利。因为我们买的猪肉是 9 个月才出栏的猪，他买的是 4 个月出栏的猪，那我们为什么要让猪多长这么几个月呢？“价实”就是我的原料跟我这个价格是匹配的。

问　您这个料足不仅指的是多，而且质量还很高。上次我们就点了一顿西贝的牛大骨。我想象是一个大骨的下面有一点带筋的肉，结果一盒子全是牛的那个肋排下面的肉。我第二天的早上都没吃早餐。后面那仨字特别有意思，真善美。

董俊义　我们就把这个真善美写在这儿，好比给自己立了个锚。我对标老板，不仅仅是欣赏他，好像他每句话我都喜欢。有时候被老板怼了，当时心情是不好的，事后想来还是他怼得对。他能怼得让你悟到你不能停留在那个现状，他激发了你。你当时肯定不开心，但是反过来缓一缓再去悟，这就是在给你打强心针，打完之后真见效。经常第二天再问老板，说你昨天怼我的是啥？他早忘了。

问　12 月 1 日您提到对“一知一悟一做”的区辨：悟是吃苦耐劳，抗击打能力够，人吃一堑长一智，才能慢慢感悟，才能悟出来。知是感知到，主要是体感，体感没有进去，就感知不到顾客，感知不到员工，感知不到团队。

董俊义　对，知是用心感受。体感不到就是没温度。体感不到，这个水壶再烫你能有感觉吗？

问　我理解，这个“知”就是用心感受。对方可能没有去思考你做什么，但是他从你的各种表情、语言甚至肢体语言能直接感受到你对他的态度。这是不是也在要求员工用心？

董俊义 我要求管理者最核心的是执行力要够，再有就是沟通能力。我怎么通过沟通把你引领到我们共同的目标上，引领到我们每个人的梦想上。你能造个什么场把大家引领过来，这才是关键。不是跟对方说两句话就叫沟通了。

问 您觉得沟通能力最核心的点是什么？具体有什么办法或者是策略呢？

董俊义 最核心的就是能把对方引领过来。具体办法，就像刚才我讲老板激发我也是一种办法。你对员工也是。普通员工需要一点点的引导，不是强刺激就能带起来，得有沉淀。我是从基层上来的，我在包头海鲜店当店长的时候，有个服务员当天任务没完成，顾客体验也差，被投诉了。我们开岗会时，就先奖励弱者，后奖励强者。会前先一人发一个苹果。苹果不是市场上 3 块钱一斤的苹果，必须是 5 块钱一斤的苹果，一颗一颗挑的。岗会上第一步就点名，让昨天表现最差的同事先向前一步，每人发一个苹果。其实这时候你就已经开始造场了。为什么他工作没干好，还要给他发苹果呢？你就要告诉他，苹果是爱心，是要帮助你，让你今天或者明天成长起来。这就是一个沟通力，是一种温和的刺激。第二步就是让昨天表现最优秀的向前一步，给他发红包。那是多大的刺激啊。现在也是这样。原来西贝有 14 个分部老大，各是各的样，怎么能拢住？大家各有想法，都是老板带起来的，老板可以拿威望拿权力去管理，我就抱定一个服务心态，大家就特别认我。

树叶落下，是风的问题还是树的问题？

问 2020 年 12 月 17 日您提到文化置顶，什么是文化置顶？

董俊义 一个企业、一个战略底层是文化，文化上不置顶，战略怎么执行下去？西贝文化置顶就得把西贝蓝图置顶，蓝图得靠西贝的企业文化来置顶，才能上下一致，执行落地。

问　您对“一个品牌一个声音”有什么要说的吗？

董俊义　一个品牌只能听一种声音，不能有别的杂音。这也是力出一孔、一以贯之的意思。

问　2020 年您上任之初，那时候有多难？

董俊义　其实对没干过的事情，上手去干也不难，难的是中间这段。做了一段时间会感觉特别难，上面对接老板，下面对接分部。怎么沟通？认不认同？走着走着就走偏了，老板会直接上手纠正，节奏就有点乱。例如，老板交代了任务，我带着分部老大开始干。这个过程中老板从来不会说我做得对不对，他看到问题会直接上手，还会质问我的部属，董总说的就对么？看到问题跨层越级解决，这也是个文化，是文化个性。我在自己的职责范围内做好，不能因为老板越级而不开心。我不会把情绪带到工作中。工作是为了开心。管理者自身要足够有弹性。

问　这么大的压力、这么多的事都要去摆平，还有应对各方的诉求，这么忙，您怎么给自己充电？

董俊义　学习这件事，关键就是每分每秒都不能浪费。不浪费就是在学习、在成长。有时候焦虑得想哭，其实不是火烧眉毛的事情可以缓一缓，死不了人。我从一些经典的古代影视剧上学到很多，主要是能看到人性：《康熙王朝》《雍正王朝》《大染坊》《大秦帝国》《亮剑》……《大染坊》里的陈六没念几年书，我也没有念几年书。陈六变成大老板，最后收拾日本人，活出了民族气节。还有《亮剑》里的李云龙，特别能打硬仗。《大秦帝国》里，秦孝公和商鞅那种合二为一的情感浓度，特别让人感动。其实做企业也是这样，团队如果有共同的理想、梦想，企业就能做到很牛！

问　对，您不也叫“董云龙”吗？特别能打硬仗，关键是能保持共同的梦想。我想，有时候贾总批评大家，大家没有那么激烈的

反应，哪怕沟通效果不好，也就当一次比较激烈的沟通而已，就是因为有共同的梦想托底吧。

董俊义 谈到梦想，这么多分部老大，每个人认真去思考：在梦想层面是不是跟老板同频？树叶掉下去的时候，是风的问题还是树的问题？是外因还是内因？我觉得还是主干的问题，是顶层设计和源头文化的问题。枝繁才能叶茂。什么是主干？我也算主干，起码在主干的十分之一处吧！我最近回分部，很多人以为我回分部会影响我的心情，其实是帮助我。有个原因是跟不住了。对老板的战略、手法的变化，我有点跟不上了，不是思想跟不上，而是体能跟不上了。我这 4 年，几乎一天的休息时间都没有，24 小时待命。我戴的这个华为手表是老板送我的，回分部不到一个月，我解决了很多大事，让组织更强了。管理者应该是个节奏大师，格局、段位、对人性的把握都要提升。回分部后和大家的交流、造场、引领，对节奏、人性的把握，都格外从容。一件事能做好就特别开心，还不是一个人的开心，个人开心那叫自嗨，大家都开心才对。我分部的核心高管，39 ~ 43 岁阶段的那批，有的成了“职场老白兔”了。怎么解决这个问题？不到一个月，10 个高管自动离职。我鼓励他们去创业，因为出去创业还有机会，还能干到六七十岁。老板说品牌焕新的核心是员工的精神面貌焕然一新，我觉得其实是组织力的焕然一新。组织就是主干，老板和管理层就是主干，员工焕然一新属于“叶茂”。

初心支撑意图，阅历支撑能力

问 **我看您在 12 月 28 日的日志里有句话“投入到队伍能力提升上，就是投入在顾客身上”，怎么理解这句话？**

董俊义 核心是顾客体验。如果管理队伍保证不了给顾客好体验，顾客就不会再来。西贝如果只是饭菜好，当你去某家店，环境和服务差，也不会有什么好的体验。饭菜、环境、服务这是三位一体，是综合的，某一项差了都不行，而这种综合体验完全靠队伍能力提升。

问 **别以为投在队伍上是花了很多钱，其实都是顾客买的单，意识到这一点太难了。**

董俊义 老大就是老大，要盯住核心，能抓到每个流程、每道工序的核心。把这些闭环变成管理的手法，形成管理者的风格、标准，就会形成真正的团队。管理者最重要的就是要抓到窍门，形成机制。例如，厨师长作为管理层，他的职责的核心就是带好人，稳定交付。概念上一语道破，带好人就是能留得住人，稳定交付就是稳住每个档口的主管。在总部学习了 4 年，我成长了很多，没有那么愣了，力量稳定了，才能做到稳定交付。厨师长的毛利、卸货、盘点都是日常的 SOP。日常工作用制度约束，不能仅靠人性人情。制度能够慢慢形成文化才叫制度，形不成文化的就不叫制度。例如，做菜的有做菜的基本点，管理者有管理者的基本点，眉毛胡子一把抓不行，只能靠机制，否则走走就卡住了。企业体量大了，核心是不能轻易破坏机制，机制卡住的时候要及时修改机制。有些事不是某个人的问题，错，大家都错，对，大家都对，要及时修正机制，不能只归责于某个人。

问 **一个店有很多核心点，然后你必须抓住那个核心点。**

董俊义 比如我的分部十二三个人，营运副总的位置我不会放给任何人，我是亲自上手干——对上对接公司，对下对接每个门店的教练、店长。我们现在是扁平化管理，避免隔层。餐饮这个行业特别熬人，体能得跟得上，能力也是靠阅历支撑的。有的企业家八九十岁了还在干，因为他的继承人还没有体感。方太集团老爷子茅理翔是做电焊喷头发家的，方太是他的儿子茅忠群创办的。茅忠群从西安交大毕业，能下到工厂和工人一起干活，像孟晚舟早年在华为带着保洁阿姨干活一样。我和茅忠群一起上课，听他分享我就知道他创业必成。说话听音，扬场看风。

问 他有哪些特质？您怎么看出他能成呢？

董俊义 他有志向、坚韧、有执行力、有体感，土话是“低调能喝尿，高调能跌头”，困不死。我是从未被认可，但一直在超越。我念书就到小学三年级，原来粗暴、粗野，没文化，骂人，坏毛病多着呢！

问 但是我觉得您很认可自己，就容易自信，自信就能溢出来，有一种自我肯定的力量：外界的不认可反而是我向前的动力。

董俊义 是的，外界对我的认可不重要，你认不认可我，那是你的事，我还不觉得呢！

问 我理解，其实被别人认可根本就不是最重要的，重要的是自己一直在超越。其实公司对您的认可、大家对您的敬重，就是因为您一直在超越。

董俊义 人家敬重我是现在，可 33 年前不是这样的。你能一直成长起来那是你的耐力。对别人的真实态度我是有感知的。别人的赞美都是表象，我也不会被表象困扰了。

问 您对自己的认可，就是您自知一直在超越。这和我的人生召唤特别像，就是人们获得新生，时刻在新生、进步。

董俊义 对，今天比昨天强就行了，今年比去年强就行了。人在唾沫中成长，在不理解当中找理解。

成为“走心派”

董俊义 2010 年我在鄂尔多斯奥林花园店，提出怎样让边缘岗位突出优秀：第一是给奖金，第二是领导重视，给他人道关怀。我发现了两个点：一是发现厨师长骂洗碗阿姨，我就在 300 人大会上让他写检讨，给他举例“假如那是你姐、你娘，你还会骂吗？”我必须现场纠偏，把关爱员工的文化拓下模子。怎样把边缘岗位的尊严体现出来，让每个人得到尊重？这就需要领导重视。还有一次，我去卫生间巡查发现卫生间的保洁阿姨拿着个水杯在喝水，水杯就在卫生间的洗手台下边放着，她顺手拿出来当场喝水。这样让顾客看见我们的企业文化是啥呢？我就指点她，卫生间对门有一个雅间的备餐间，必须把水杯放那里，在那里喝水才合适。我给她指定喝水的位置，让每个区域的部长经理重视。

问　**您在日志里多次提到“打造爱的场，让员工绽放”，是不是也是这样的背景，能不能具体讲讲？**

董俊义　激励创造激情，才能感动员工，感动顾客；感动不了员工，想直接感动顾客，这是不可能的。如果员工没有好的心情、好的感觉，顾客就不可能感受到好体验，这跟通过脑子思考完全是两码事。奥林花园店的生意好到什么程度？午饭后下班，员工走路都是一瘸一拐的，其实是脚上起泡了——他们每天能走 3 万步。为了打造“爱的能力”，我把所有员工叫过来聊。他们有好多想说的，但不一定敢说，那就需要领导通人性，会沟通。我会问他：“今天服务了多少桌？”“一上午就 8 桌，好厉害！管了 5 张台，一张台翻了 6 次，5 张就是 30 台。那你劳动量多大啊！今天有提成吗？”……每天中午 1 点半后，接待客人，每接一桌多发 5 毛钱。员工开心，状态好，来了客人就会服务好。我说我看到你累得想哭，员工就知道自己被看到了。他确实很累，累得想哭。我说“我看你走路一拐一拐的，是不是脚疼啊？”他会告诉你“我脚上起泡了”，我就给门店“三剑客”开复盘会，必须给大家买足光粉，能消炎的。这就是关怀，要有具体行动，要落到人性当中，落到那个实处。

问　**西贝发展蓝图里有一句话：“如果爱的行动没有增加，一切都不会改变。”**

董俊义 对。员工下午 2 点半下班，加餐质量要提升。我们让大家在菜单里打对钩，大家大部分选择麻辣烫，那就吃麻辣烫。单独给谁做饭不可能，但是对一些年纪大的厨爷、厨娘、洗碗阿姨，我们会单炒个菜给他们吃，区别对待。有的小女孩来例假肚子疼了，有的员工感冒生病休班了，都要去关怀。休息了也得吃饭，我们会送份员工餐给他，甚至帮他洗洗衣服。现在带员工，最核心的就两点：一是让他能挣到钱，二是对他好，让他得到尊重和认可。

你认同我，我为你服务；不认同我，我也为你服务

问 2021 年 1 月 25 日，提到西贝遇到负面舆论报道，您是怎么应对的？当时是因为顾客觉得西贝大馒头卖得贵，舆论“群殴”西贝。我们在毡房讨论了好几天。当时董总说了一句话：“我们做什么事情不能离顾客太远。”

董俊义 老板曾提出“小贵”。比如有个炒菜花，我们用的是 9 个月才出栏的猪，而同行用的是 4 个月就出栏的猪，成本不一样，价格又不能太离谱，这就导致我们表面上比同行定价高，实际上毛利还干不过同行。昨天跟林男探讨了一个最核心的问题：定价，全国大菜统一价。你会发现顾客点击率越高的菜，骂你的人也越多。价格直接关系到顾客体验。

问 2021 年 1 月 26 日发布过一个规定“员工不能在开放性的平台上发布有损公司品牌形象的内容”，是不是当时有什么背景？

董俊义 例如，同在北京，你在 A 店基础工资是 5000 元，在 B 店基础工资是 4000 元，那你肯定有不平的声音。按道理是人力资源全国统筹这件事，你会发现统不了，分部就像一个个王爷，是各个王爷说了算。那我的作用就是：不能让你说了算，公司必须统筹。我要协调各分部实现同工同酬。对菜品是同城同价，对员工也是这样。

问　这个事情超级重要，当时在这个过程中有没有特别棘手、不好解决的地方？

董俊义　当时北京是最难搞的。其实，这个事情好搞，只要你有服务心态，就能搞定：第一，你开会要造个场；第二，开会之前背后去跟人家沟通，单独沟通，知道他心思在哪里，懂得背后那些东西。这种大事一定要见面，要见面解决，见面才有情感交流。见面之后再开个会，请大家一起吃顿饭，把营运区副总、支部经理召集来解决这个事。根据产品定价体系统一管理，分部可以自主定价，但是必须得公司统筹。我那时需要晚上写进工作日记，发到群里，老板看到作业，给你点个赞，老大们就知道了，相当于这个事情老板已经通过了。随时保持信息同步，因为同步才能同频。我的心态是：不管对上还是对下，我就是为你服务的，你认同我，我为你服务；不认同我，我也为你服务。最终这个事要解决的。我还有一个办法：就是你再不听话我就买一把香，我给你上炷香或者给你跪下磕 3 个响头，你认不认？其实不可能到这个程度。

问　这就是老板说的“硬的不行软的来，软的不行跪着来，跪着不行爬着来”。我们做什么事情不能离顾客越来越远。但是我觉得您说的那几点，其实有 90% 的人都做不到。那几点其实挺难做到的，把自己放低下来其实是挺难的，太难了！我真的体会到，能把自己放低，只有你内心是真正的强大，你才能把自己放低。

董俊义　放低有一个关键，不能假装，不能是假的。如果是假的，别人其实都能看得出来。内心一时强大不了怎么办？其实这时候你在这里面能学到很多东西。真的放低又跟你的能力有关，当你能力不够的时候，足够真诚也能做到。真诚就好，没有那么复杂。

问　是不是只有强者才能真正把自己放低？但您说的是其实哪怕自己不强的时候也能坦然把自己放低。我想问的是：有时候我也想把自己放低，保持服务心态，可我会感觉有点做作或者刻意，不

是自然流淌出来的，好像是一种交易，就是看对方是怎样一种态度我才放低；我放低了内心又希望对方能有一个什么样的反应。如果不管别人怎么样我自己就是要放低，不假装，我觉得要做到这样还是很难的。

董俊义 有时候我也感到无力，当你无力的时候你会不会去借助资源？例如，我经常被老板怼，我就会找个人来聊天，不同职务、不同角度一聊，我听懂了就轻松好多。我身边一般不会低于 3 个资源。林男就是我的一个资源。我来到总部，周昕也是我的资源，周总比较通透，脑子又好，区辨力又高。

问 现在您怎么理解“心力”这个概念呢？

董俊义 我提的其实是 6 力：辛苦力、学习力、创造力、心力、耐力、忍受力，前 3 个力好理解，心力就是始终坚定企业的战略方向—— 注意不是自己的方向；耐力是带领团队保持韧劲；忍受力就是挑战难点、锻炼抗压能力。例如，我不仅是跟 13 个老大共事，还要有面对老板的抗压能力。

你在“假装工作”吗？

问 “人把自己放低，关键是不能假装”，我理解人要放低自己特别容易摆摆样子，作个姿态。什么叫假装？

董俊义 内心很纯粹的人他不会假装，不纯的人就会假装。当你能力没有上升到那个程度，更要把自己练得足够真诚。真诚——真实和诚恳，古人造这个词是有含义的。你想干成点事情，变成牛人，你能不逼自己吗？我跟我老婆讲过，我受的苦，不会让你受，受的气，也不会让你受。我不会让我的老婆女儿再去体验。尤其是女儿是爸爸的小棉袄，我会好好照顾她，但我不会惯着她。我女儿从来没有买过品牌的衣服。我和老婆讲，能不能 给她买点品牌的衣服？她说别管她，年轻人就那样。我和女儿聊天，我说你可以买点好衣服，穿出来气质不一样。女儿说，谁和你们那个时代的土豪一样，还要品牌。说我们在网上买了，今天穿一下很美，明天不喜欢转手就卖了，也不至于浪费那么多钱。我开心的就是她不装，活得简单、真实。

问　找到了生活本真的东西。

董俊义　我老婆来北京陪伴我 4 年，很痛苦，像坐牢。没有亲戚朋友，最多自己到小区楼下的小树林转转。最核心的是，一到夏天，基本上两天吃一片药，她对潮湿环境过敏。所以到了夏天经常在内蒙古包头。有时候老板召集会议早，我女儿 6 点半起床，给我做早点，做得特别好，那太幸福了。她受妈妈影响多，跟妈妈学的做菜。我陪伴她们很少，这些年我就去学校给女儿开过一次家长会。我有个习惯，我的内衣袜子，从来不让老婆、女儿洗。尤其是袜子，因为脚上是有真菌的。这都是细节，都是标准，我对自己有很多标准。

问　您把工作风格带到家里来了。

董俊义　家里吃饭的桌椅没有对齐我都难受。我老婆说我神经病啊，在家里还这样。吃完饭，桌面先拿洗涤灵擦一次，第二次拿抹布再擦一次，第三次拿洁厨纸再擦一遍。现在这些东西多好啊，原来就是拿抹布反复洗了擦。我去卫生间看见头发就难受。在包头的家里，我老婆说，你墩地，我擦桌子——我特别不愿意干家务活。她说你看你在家就躲着，去了餐厅就忙死，不愿干那你就抽烟去吧。我看见她干得大汗淋漓，就开始墩地。光女儿的卧室就墩了半个小时，小女孩爱在床边放个小毯子，我就拿滚子把小毯子上的头发滚了，床底下都给她滚了两遍。老婆说你这就搞了半小时。我说你别教育我，教育我我就不开心了，我不开心还得你干。一个上午我给你把地拖完还不行吗？我在家从来是 被老婆教训的，被老婆教育的。这些生活上的事我是特别有体验的，在家里面实际上和工作是一样的。

问 工作、生活，大事小事都是下意识的行为。

董俊义 我看《琅琊榜》，静妃教育靖王，一定长记性长到骨髓里。特别感动，这个母亲这么教育儿子，太厉害了。我看电视剧不虚看，会结合最近工作上的障碍，怎么变成自己解决问题的方法。不然浪费那个时间干啥？

问 永远、随时都在成长，感悟，不虚度光阴。我看您 2021 年 1 月 29 日的工作日志有句话“在工作过程中要把自己真正地代入进去”，您怎么理解的？

董俊义 这就是我刚才和林男的交流，你是真的还是假的？你的工作也好，日常生活也好，你要是假的，别人感受得到。你当老大，就是榜样的力量。你要不亲力亲为，不躬身入局，哪来的力量？如果你一问三不知，那就是假装工作。

问 今天很多人的常态就是假装模式，“假装”大师。

董俊义 对工作负责，负责任背后的核心就是担当，没有担当，哪来责任感。2024 年 10 月 8 日开会，我和老板交接工作，老板说董俊义你带的年轻人多牛啊。其实不是我带得有多牛，他们本来已经在企业里了，那是企业给他们的平台，可能就做事做人上我指点得多一些。很多人把平台给自己的光环，看成自己的能力。

问 有时候不好界定。

董俊义 其实好界定，你谦虚点，不被光环干扰，就厉害，被光环干扰了，就不厉害。哪些是我做的，哪些不是我做的，要划清界限，连这个界限都没有是不行的。

问 您首先是不要光环，这就挺好。人低为王，其实你越谦虚得到的越多。

董俊义 人都是不谦虚才招致的各种雷，各种坑。

化学脑袋与艺术思维

问 2021 年 2 月 5 日总结 2020 年的工作，您说来总部 4 个月，最大的感受就是大营运也是大销售。既要服务好 13 个分部老大，又要服务好公司每个职能部门，当好桥梁，全链条打通，大家在公司战略下一起做事。这是最大的职责。您这样总结是不是有什么背景？

董俊义 这个背景也挺深。原来我们所有的副总裁都像铁路警察，各管一段，没有统筹。我到岗时老板也没给我这个权力，但是我的服务能把大家组织回来，服务到分部，又能服务到门店。统筹是什么？实际上统筹更多的是保持服务心态的那个能力。

问 我们看到 2 月 19 日，您提到“不争第一，我们干什么”，这就是西贝的精神？

董俊义 对，想做牛人，必须争第一。要么争第一，要么讨吃。讨吃就不用去争第一了。

问 我看您 2 月 20 日的最后一句，您说顾客最本质的需求是吃好，需要场景的感染力，艺术的感染力和整体美的感染力，您是想通过提升这几个感染力来促进顾客的消费吗？

董俊义 不是消费，我们重视的是顾客的体验。体验的核心还是围绕着我们的“好再来”。我强调“化学脑袋”“艺术思维”。什么叫化学脑袋？当你没有能力时，找资源学习，汇总信息，变成化学脑袋，就是增强区辨力；艺术思维指的是沟通力，领导者的艺术思维是既会造场，又会引场，像个行为艺术家，能把大家引到你的意图上；整体的感染力，就是让顾客感觉到好牛啊，不愧是贾国龙功夫菜的旗舰店。

问 您在西贝 33 年，我觉得西贝一直强调的是一个好吃能力，

把菜品做到大规模的稳定交付，让顾客觉得好吃，吃得住。再有一个就是感染力，也是一种不冷漠的能力。

董俊义 什么叫美？用到管理当中，你的美就是能让别人通过你做出来的东西看到你内心是美的，让顾客发自内心地感叹，贾国龙功夫菜的旗舰店，好美啊。你有没有感染力，决定了能不能形成很好的体验，能不能形成未来的复购。

问 其实西贝宴会城，那些大型的剧院式歌舞，就是非常美的，西贝的基因就是这样。

董俊义 对，其实这就是西贝的基因。你看我们做呼市的七星宴会城，老板当初只是说这个地方要做一个宴会城，我们定位叫七星宴会城，是受了鸟巢旁边的盘古七星的启发。七星宴会城一听就高级。不光是环境，关键是生意上怎么突破呢？那时候我们就定位四位一体。四位就是饭菜、环境、服务、演出，其中演出必须是剧院级的演出。正常的办宴会演出一般不会超过五个人。拉胡的、弹琴的、唱歌的，组织起来不超过五个人，我起步最低是 16 个演员。最小场是 16 个演员，大场就是 30 多个演员。西贝提出“家有宝贝，就吃西贝”概念后我给宴会城提出“家有宴会，只选西贝”。

一懒就无能，一急就无成，一傲就无礼

问 2021 年 2 月 26 日的日志里提到“爱年轻人就是爱西贝”。作为一个 33 年的老西贝人，这句话说得太好了。

董俊义 “爱年轻人就是爱西贝”，这里面的细节还是很多的。这要看你营造什么氛围和环境，让他见着你不惧。你造的是不惧你的场，他就会接近你。有时候因为你是领导要刻意管理一下，那也尽量注意一下言行举止。你的权威已经在了，你要把他拉到你的场才能和他沟通。我和门店三剑客第一次对话，我问他是不是很紧张，他说有点紧张。问他从刚才的交流中收获到了什么，他说收获到的

是知道了自己能力还不够。我说我能看到你的管理没有痕迹，管理是要有痕迹的。我又开始造场，让他特别兴奋，恐惧感没了。再问他，你现在还紧张吗？他说好点。我说下次你再紧张，我就不再来了。他问为啥呀？我说你这么紧张，我来没有意义啊。你真的会造场，他才会一点点地放松下来。为什么让别人怕你呢？怎么去驱动年轻人成长？就要会经营他的动力。这背后的含义是什么？懂人性。

问　**“去平庸化的核心是祛除自己平庸的思想和行为”，怎么讲？**

董俊义　实际上，祛除平庸的思想和行为，最核心的只有一点，不懒惰。不懒惰，肯定就能解决那个平庸。人一旦不懒惰，有自己的标准，行为都能改变。行为就是习惯，看你是不是愿意为别人服务。不懒惰就是三力中的辛苦力。一懒就无能，一急就无成，一傲就无礼。

问　**2021 年 3 月 2 日讲到“我是一切事情的起因”。您是怎么理解这句话的？**

董俊义　我是事业部一把手。这句话的意思是，所有的事情，哪怕很小的事情都跟我有关。人活脸面树活皮，墙头和了一把圪渣泥。这是强化一种服务心态。我带的队伍，大家的跟随和服从是真愿意听话还是怕被老板收拾，我是知道的，我会借力打力。

问　**有时候发生正面冲突了，借用老板的力量，老板站到你这边了，但后面还怎么和同事继续合作？**

董俊义　处理事情就是要很艺术的。如果找借口说某某人不听我的，那我不就成了个传话人，成了个软蛋了吗？老板也看不起你，你就这么点能力吗？一点事搞到一地鸡毛，让老板也难堪。老板对我说过一个经典的比喻，一锅水烧开了，烧到 100 度了，10 分钟就能降到 80 度，要把 100 度的水持续保温 30 分钟，怎么办？只能烧得更高一点。烧到 120 度。我特别能理解。这就是做生意那种劲儿，往前冲的劲儿，敢打敢拼敢担当的劲儿。

问 **这就是“宁可过一点，不可欠一点”，“半张火车票到不了北京”。2021 年 3 月 12 日的日志里反思美食顾问的破局点，“自己要走心，而不是过脑”，这是什么意思？**

董俊义 过脑是水过地皮湿，浮皮潦草。假设我有一亩地，我要真心干，就必须把这个水放在这个地里面儿淌 20 分钟，这块地就浇透了。浇透了地，庄稼才能吸收营养。这句话最核心的还是在对分部老大们讲的。干事情得进得去，不要自嗨。大部分人是在自嗨，自嗨就会带来假动作，进不去。

问 **有一次老板让大家分析假管理，每个人的假管理，包括贾国龙的假管理。今天您对假管理最大的感触是什么？**

董俊义 管理本质上要有痕迹，假管理就是没有痕迹。假动作带来的是假管理，假管理就是没行动，没痕迹。比如我这个办公室，我有我的习惯，有我的管理痕迹。怎么开窗通风，怎么放置茶碗，怎么摆放这些书……都是管理的痕迹。真管理是以目标为导向的，管理者是目标的执行者也是监督者，也是考核者。管理者要有目标。如果没有目标，大家表面上都在做事情，其实不会有结果。

“要要要”还是“给给给”

问 **3 月 18 日日志里提到，“企业只有一个产品，就是员工”，怎么讲？**

董俊义 老板总是讲，企业只有一个资源，就是员工；西贝只有一项真正的资源；人。实际上人都是在事上磨练出来的。你会在这个事情当中成长、进步，企业是最好的历练人的地方。

问　这句话很有水平："SOP 是地板，员工才是 SOP 的主人"。

董俊义　SOP 是个底线，是个基础。地板是最低的，不能说符合这个基础标准就行了，你还要往上冲一冲，往天花板上够一够。好比我们一起拿着扫把扫地，我是 10 分钟干完，你们每个人用 3 分钟就扫得很干净。现场有神明，员工在现场，员工就是 SOP 的主人，不能让 SOP 把员工框住，它只是预防你最差的一个下限，需要你灵活处理，做得更好，不能低于它。它好像一个导航，能导航到你的家门口，也没有那么精准，你还要发挥更多的主动性。

问　老板还有"宠顾客""激员工"，这个一宠一激，你对这个"宠"字怎么理解。

董俊义　对，这都是老板的语言。爱顾客就是宠，像家里面对小孩的那个宠是一个道理。但过分的关怀也意味着伤害，人与人之间都会有个度。

问　2021 年 5 月 17 日，提到要好好理解老板讲的"既要又要还要"，我们平常对这个说法会有点批评、审视和调侃的味道。您觉得西贝的干部应该怎么理解老板经常讲的这个"既要又要还要"？

董俊义　这还是个目标导向，既要又要还要，不止要给顾客更多的服务体验，重点还是在能力提升上，指的是能力。既要，就是先把团队打造起来；又要，就是把团队的能力本事练起来；还要，就是面对未来，大家都统一到品牌势能里边共同做事。

问　其实您在这个 CEO 的位置上，一直引导大家不要看短期，要看长期，看战略。

董俊义　看短期，看眼前利，就只会觉得少，这不是贪吗？一味对员工"要要要"，会伤害顾客的。比如办储值卡的事儿，是会伤客的。把活动给客人介绍完，客人觉得服务好，生意自然就来。刻意去把客人拉到那个活动里面去，那是过了，还是在"要要要"，不是“给给给”。那是给员工定任务了，关系到考核，他就有压力。为什么要对员工那样做呢？所以我们要洞察员工的感觉，能看到事情背后的因果是什么。

不沟通是一种冷暴力

问　2021 年 9 月 27 日，深度复盘奶酪饼案例，具体是什么情况？

董俊义　当时是这样，功夫菜不是卖奶酪饼吗？我们变成了预制菜，对门店销售有影响。奶酪饼一直用的是西贝莜面村牧场自己的奶酪，特别好，后来有对外采购的一部分，质量就不稳定。老板就召开了奶酪饼复盘会议。当年的奶酪饼线上商城打折很厉害，也出现了一些乱象。这个复盘会主要谈的是奶酪饼生产的事，还有生产交付的功夫菜拿到家里加热的问题。

问　接下来就说说您的经典提法：“带人带作风，管人管行为”。

董俊义　我讲的是一点一点地去亲自打，而不是搞大爷习气。有些干部不免有点大爷习气。我感觉从总部到现场就缺乏体感，不下一线，纸上谈兵没体感。什么是大爷习气？就是到了现场乱指挥、瞎指挥。

问　还有“一知一悟一做”，关键是悟，好多人就是悟不到，难在哪儿？

董俊义　其实“悟”还是个学习力，学习多了就能悟，学习少了就悟不到，把学习变成工作和生活的习惯，随时随地能学习就好了。重要的还是“体感”。我中午常到咱们店里吃饭，看他们的服务。我问一个服务员叫什么名字，发现她的工牌和姓名不符。做承诺时，她的眼神飘忽不定。看这些细节，要统一服务标准多难啊。那还是个优秀服务员呢，还都培训过了。让她介绍置顶的特色菜，比如小锅牛腩用的是哪几种牛肉、牛腩怎么嫩、牛筋怎么软糯，还说不清楚或者忘了说。这就是缺乏有效的考核机制。

问　您这个“一知一悟一做”，“干部一定要进去”，是不是指干部还是要懂具体的业务？

董俊义　有时候我们干部抓的都不是顾客体验的核心。

问　2022 年 9 月 14 日，在西贝蓝图升级会议上，提到一线干部不能对员工冷漠，好像是有感而发。

董俊义　任务过重时，各种考核、各种机制各种“要要要”，都是对员工的冷漠。不沟通也是一种冷漠，时间长了就是一种冷暴力。不是骂人打人才算暴力。长期沟通不畅就会变成管理的瓶颈、障碍。

问　其实西贝的基因是不冷漠。如果按照您的经验和判断，老板提出的事情不太合适，又沟通不畅，怎么办？

董俊义　直接干，直接执行。举例，我们搞过“小饭馆，大外卖”，要百店齐开，百道功夫菜。战略明确了，别管对错，就要快速执行。理解不理解，认可不认可，都得执行。边干边调整，出了问题更不能推脱，不能动不动说是老板说的。你自己没有脑子吗？老板说错了你也干？错了一块担责任就是。

人的动力只有一，没有二

问　2023 年 1 月 5 日您参加“贝爱有约”的公益节目录制时，提到老板什么都好，就是变得太快，跟不上，很多东西还没贯下去就变了。所以您才会说“从未被认可，一直在超越”吧？

董俊义　我对标的就是老板，必须要超越他。超越到什么时候？他能给你授权，让你说了算。不过工作强度太大对身体的伤害也比较大，我是体力不行，心力比较足。

问 这个所谓超越老板是刻意在给自己一股心劲儿，还是您很认真地要在某一点上或者某一年还真的要超越他？

董俊义 老板就好像是“提纲挈领”的纲，是一个榜样，我是朝着这个榜样去做的，老板就是这么一股力量。我从 19 岁跟随老板一直到现在，你看我走路、说话、做事，都在学他。做事雷厉风行像他，穿衣打扮也像他。

问 那你这 32 年，学习老板是你一个重要的动力，还有别的什么动力呢？

董俊义 就这一个动力。人的动力只有一，没有二。我 19 岁时他 24 岁，我 9 岁他 14 岁。我从小就认识他。9 岁的时候我就在临河见过他，看到他爬到一棵大柳树上看书。小时候的情景，印象特别清楚。

问 说说您的成长经历？

董俊义 1997 年，老板提拔我当了经理。当时我在爱丽格斯管采购。老板从深圳回来，同事说老板找我，我想这是谁又告我的状了吧，躲在厨房划菜，不敢去。老板就进厨房来找我，问我为什么叫你不过来？我说我划菜呢。他当时就给我数了 2000 块钱，说这是奖励你的。我都莫名其妙，那时候一个月工资 375 块，2000 块相当于 5 个月的工资了，激动坏了。奖励我之后，他说，“董俊义，我跟你聊，咱们把那个‘自留地’弄下了，你去‘自留地’当经理。”我说我能当得了经理？他说必须去必须去！第二步是 2002 年，他又让我回餐饮广场当经理，那时候每天亏损 13 万，人均消费 17.37 块，愁死了。在这之前老板开会问我想不想当老板，让我中午回去思考一下。我也没有想到，去了两年半我们就把投资都挣回来了。2005 年的 4 月 3 号，老板给我打电话，让我去包头海鲜当经理。我们就在院里面站着，两个大射灯从门面上射下来。老板说这个地方你必须给我站稳。我怕我搞不定，他说别给我扯淡，这是命令，这是政治任务。我们当时投资很大，亏损了 2300 万，也是两年半搞定。

问　这真是知人善任。

董俊义　我这个老板最厉害的是，他战略特别强。你看前三年我们定位儿童餐，“家有宝贝，就吃西贝”，后来我们做七星宴会城，做演出，提出“家有宴会，只选西贝”，这都是跟他学的。2012 年全社会开始反腐，海鲜事业开始转型。13 家店转完之后还有 5 家，全是大规模的店。转型转对了，我就知道哪个决策自己是对的，哪个是自己不对的，自己能下那个狠劲儿，能洞察市场，其实全是跟老板学的。战略必须稳准狠。

西贝生意经：“创”“抢”“管”

问　2023 年 2 月 10 日，提到用豌豆汤解决了蔬菜出餐温度问题。这个细节出现了好几次。

董俊义　原来那个蔬菜没有豆汤。没有豆汤，一到冬天，降温就特别快。我们研发试菜，用了豆汤，温度降得就慢多了。这个研发方面，就需要特别用心，菜品细节要统一标准。统一标准很关键，关键在一把手。

每个部门都有一把手，厨师长是一把手，店长是一把手，服务部的部长也是一把手。一把手的标准低，服务质量就往下落。什么是标准？标准实际上就是一个人的行为习惯。一把手的体感不够，标准就会被降低。一把手工程关键的核心是，不要觉得自己有多牛，对公司的标准能不能贯彻下去，能不能统一用公司和集团的标准，而不是一人一个标准。这么大的企业，各人按自己的想法来，瞎指挥，执行到每个门店，只会导致最后没有标准。

问　2023 年 5 月 13 日，跟老板到阿那亚学习，16 日的日志感慨，“做什么行业都有难点，既然选择了我们这个行业，肯定会遇到

难点”，您觉得餐饮业的难点是什么？

董俊义 餐饮是勤行，勤行就得全力以赴。做什么行业都有难点，餐饮其实没有多大难点，就是看辛苦力够不够。人一懒惰就无能，做什么都不行。

问 2023 年 7 月 18 日，在南京的会议上，您说生意是抢过来的，生意是守不住的。这是什么背景？

董俊义 这是对我分部的赋能。创业难，守业更难，单守业是守不住的，必须以创业来守业。不能不舍得投入，不能等、靠、要，必须主动出击，用好绩效机制，激发团队活力，也就是激发大家的能动性，让大家去创造。当时分部不光业绩不好，下属还觉得管理层管控太厉害，限制了团队的活力。其实这里面关键是用好老大资源。我是他的老大，他用好我这个资源就可以了。

问 2023 年 8 月 12 日，提到门店环境提升，要实诚，不华丽，不怕平淡，朴素是一种价值方向。

董俊义 这是张铭老师提的，他是画家，公司合作的设计师，给西贝做宝贝生日会的背景提升。他的方案最终被老板认可。很清晰，很有品质感。

问 2023 年 10 月 13 日，讲到 2024 年门店的生意怎么创造，紧紧抓住三个字“创”“抢”“管”。您觉得这三个字对今天的西贝还有什么更具体的指向？

董俊义 关键是抢。西贝在商圈里面抢客流的能力不足，是我们的“财神爷”不行。门迎就是“财神爷”。他能抢过来客流，那不就是“财神”吗？门迎太重要了，可惜大家都不重视这个。有句话叫“人无笑脸莫开店”。一个商圈里我转了 21 家门店，家家门迎都比我们的门迎带劲儿。有一次我路过一个门店，门迎迎出来，我没去她家吃饭，但走过还忍不住掉过头再看她两眼，她还是跟你热情地打招呼。我就会想，今天没去，我明天为了她也要去吃一顿饭！这门迎就是个小财神，太可爱了。

问　门迎重要，其实我们也提了很多年了。

董俊义　有个员工不当部长非要当门迎。当部长压力大。她当门迎，一个人干四种工作，一个月挣 1 万块，一天创客 1500 多人。企业选对了门迎，个人选对了企业，都很关键。企业从上到下有选人的标准，比如董俊义就五大特点：牙黄、驼背、近视眼、没文化加粗野，按这个标准选人企业就发了，这是调侃呢。为什么连基础的门迎都选不好？因为我们只管定战略不管落地，其实落地才是关键。落地之后不持续也不行，持续地落地，一年年叠加才能形成企业文化和品牌势能。

问　2023 年 12 月 31 日，生意不是省出来的，生意是创造出来的。这也是有感而发吧？

董俊义　对，服务员，一个门店本来应该用 10 个，你才用 6 个，不舍得投入，顾客体验就会越来越差。当时看着生意盈利了，实际上那是你省出来的钱，不是你创造出来的钱。这样只会越来越削弱品牌竞争力，变成负循环。

问　如果他们认同的话，就把您的理念变成行动了，如果不认同，就阳奉阴违了。

董俊义　我下到门店能看到各种现象。老板说服务不能用力过猛，要精准化，品质好。服务上百花齐放，关键是管理。比如西贝的宝贝生日会，魔术师变魔术，各家门店就有养鸽子的，养兔子的，养鹦鹉的。有个人说养得太少了，我说那你是不是搞个宠物间，搞个动物世界，你应该养个猪，再生个猪娃——乱动作太多了。六里桥的宿舍里养过鸽子，我问他员工开心吗？不开心。我说员工心里得骂死你了。这就是老板讲的“骚操作”。看迪士尼魔术演出，魔术师变出猪、变出大象了吗？如果他心里认同这个战略的话，会想出无数种方案来。一心能生万法，不认同就不会用心，就生不出万法，反而用力过猛，生出一些骚操作来。所以关键是管理。你在门店把鹦鹉提过来，放在外卖柜子上面，让顾客看见是什么心情？

问　2024 年 5 月 26 日的日志里有一句："当缺少想象的时候，就一定要跟上战略走，全身心地投入。"这是什么背景？

董俊义　那个阶段，顾客对"每天一头草原牛"的概念感知不强。我们当时都迷茫，迷茫的时候就缺少想象力，那就跟着老板的战略走。跟党走，听指挥。老板说，我也不是神仙啊，所以他有时候也很冤枉。大家都说你就是那么说的，但是每个人理解的层次和站位不同，结果就不同。老板已经到九段了，我们还在三段，差距太大了。收到信息，得用你的能量去理解，段位高的话就能睡得着觉，段位不高的话就会纠结，睡不着觉，很内耗。人生遇到榜样是一件幸运的事，也是一件危险的事，会用的就是活学活用，不会用的就特别武断，一武断，情商就特别低了。"理解万岁"，其实应该是"理解者万岁"，理解大家是能理解的，"理解者"就是要用心去体会。用心体会了，行动力就不一样。